Pour Eric et O-Kyung

Amicalement,

LES CHEFFERIES DÌÌ DE L'ADAMAOUA (NORD-CAMEROUN)

Chemins de l'ethnologie

Collection dirigée par Gérard Toffin.

Comité de lecture : Marc Abélès, Georges Augustins, Cécile Barraud, Bénédicte Brac de la Perrière, Michael Houseman.

Les ethnologues ont profondément renouvelé leur champ d'études au cours des dernières décennies. Ils ont construit de nouveaux concepts, ils se sont ouverts à de nouveaux terrains et rapprochés d'autres disciplines. Ils ne se proposent plus seulement d'analyser les diversités culturelles et ethniques, mais aussi de promouvoir une connaissance générale de l'homme, c'est-à-dire une anthropologie.

La collection *Chemins de l'ethnologie*, entreprise commune de CNRS Éditions et des Éditions de la Maison des sciences de l'homme, sera le témoin de ces transformations. Attentive à la diversité des problématiques qui font progresser les savoirs, elle a pour objectif d'appréhender l'homme dans sa totalité vivante. Son programme de publications inclura des monographies, des synthèses thématiques, des essais théoriques ou critiques.

Dans la période de mutations qui est la nôtre, le regard de l'ethnologue, à la fois particulier et général, sensible et raisonné, reste plus pertinent que jamais. À l'intérieur du champ des sciences humaines comme à l'égard des grands problèmes de notre temps.

Déjà parus :

Catherine BENOÎT. *Corps, jardins, mémoires. Anthropologie du corps et de l'espace à la Guadeloupe.*

Julien BONHOMME. *Le miroir et le crâne. Parcours initiatique du* Bwete Misoko *(Gabon).*

Pascal BONNEMÈRE. *Le pandanus rouge. Corps, différence des sexes et parenté chez les Ankave-Anga.*

Marine CARRIN. *Enfants de la Déesse. Dévotion et prêtrise féminine au Bengale.*

Christian CULAS. *Le messianisme hmong aux* XIXe *et* XXe *siècles. La dynamique religieuse comme instrument politique.*

Brigitte DERLON. *De mémoire et d'oubli. Anthropologie des objets* malanggan *de Nouvelle Irlande.*

Françoise DOUAIRE-MARSAUDON. *Les premiers fruits. Parenté, identité sexuelle et pouvoirs en Polynésie occidentale (Tonga, Wallis et Futuna).*

Bernard FORMOSO. *Identités en regard. Destins chinois en milieu bouddhiste thaï.*

Mireille HELFFER. *Mchod-rol. Les instruments de la musique tibétaine.*

Christine HENRY. *Les îles où dansent les enfants défunts. Âge, sexe et pouvoir chez les Bijogo de Guinée-Bissau.*

Michael HOUSEMAN, CARLO SEVERI. *Naven ou le donner à voir. Essai d'interprétation de l'action rituelle.*

Bernard JUILLERAT. *L'avènement du père. Rite, représentation, fantasme dans un culte mélanésien.*

Gisèle KRAUSKOPFF, MARIE LECOMTE-TILOUINE. *Célébrer le pouvoir. Dasaï, une fête royale au Népal.*

Danouta LIBERSKI-BAGNOUD. *Les dieux du territoire. Penser autrement la généalogie.*

Denis MONNERIE. *La Parole de notre Maison. Discours et cérémonies kanak aujourd'hui (Nouvelle-Calédonie).*

Caterina PASQUALINO. *Dire le chant. Les Gitans flamenco d'Andalousie.*

François ROBINNE. *Fils et maîtres du Lac. Relations interethniques dans l'État Shan de Birmanie.*

Alexandre SURRALÈS. *Au cœur du sens. Perception, affectivité, action chez les Candoshi.*

Jean-Claude Muller

LES CHEFFERIES DÌÌ DE L'ADAMAOUA

(NORD-CAMEROUN)

Préface de Luc de Heusch

CNRS EDITIONS
15, rue Malebranche – 75005 Paris

ÉDITIONS DE LA MAISON DES SCIENCES DE L'HOMME

ISBN : 2-271-06404-X
et

ISBN : 2-7351-1094-X
ISSN : 1257-9947

À la mémoire
d'Eldridge Mohammadou

PRÉFACE

Qu'il s'agisse des Rukuba du Nigeria, étudiés antérieurement, ou des travaux récents relatifs aux Dìì du Nord-Cameroun, qu'il s'agisse des structures matrimoniales ou des systèmes politiques, Jean-Claude Muller n'a cessé d'enrichir sa compréhension des phénomènes qu'il a observés personnellement en les comparant avec ceux des sociétés voisines. Il a fait sienne en toute indépendance d'esprit la notion lévi-straussienne de « système de transformations », tout en étant attentif à l'histoire susceptible de l'éclairer. Il apporte à présent une contribution majeure à l'anthropologie politique africaine en nous livrant la synthèse de ses analyses de la société dìì.

Fidèle à sa méthode, il commence par retracer l'histoire de la centaine de villages dìì de l'Adamaoua, région où il a séjourné durant vingt-sept mois étalés sur une période de quatorze ans. Ces villages composent autant de chefferies autonomes, parfois de dimensions minuscules. Les agriculteurs autochtones et les forgerons venus d'ailleurs (ainsi que leurs épouses potières membres de la même caste endogame) sont considérés comme appartenant à des essences différentes, formant ensemble l'ethnie dìì. Il existe partout une complémentarité entre le chef du village et le chef du lignage des forgerons. Ce dernier est associé au pouvoir rituel du premier dont il est métaphoriquement l'épouse principale. Cette introduction à l'organisation sociale nous vaut une remarquable analyse comparative de la situation semblable existant sous des formes variables chez les populations voisines. Après avoir passé en revue la configuration de ce couple symbolique chez les Moundang, les Dowayo, les Duupa et les Chamba, Muller conclut : « On trouve, ordonnés dans une région relativement restreinte, presque toutes les possibilités qui accompagnent les relations entre forgerons et population-hôte, forgerons et chef, du forgeron fait chef ou roi – comme dans le cas célèbre des Bakongo – au forgeron méprisé. » Le cas des Moundang où les forgerons non castés (phénomène unique dans la série) jouissent du même prestige que les chefs, et celui des Chamba, où ces artisans sont « investis de valeurs négatives, saleté, mort et sorcellerie, opposées à celles du chef », semblent former les deux pôles de cet ensemble structuré. Au centre de ce continuum se situe le statut ambivalent du forgeron, dont on trouve quelques traces chez les Dìì. Si l'on élargit l'horizon, on remarquera que les valeurs négatives sont particulièrement marquées chez les peuples pastoraux à dominante guerrière, tels les Masai du Kenya qui accusaient les forgerons de verser le sang, d'être responsables, en fin de compte, du sang versé par les guerriers qu'ils arment : ils fabriquent les lances, instruments de mort[1]. Comme si la violence guerrière, associée à la possession du bétail, avait effacé les vertus positives de la houe, responsable de la fertilité du sol, devenue valeur secondaire. En revanche, chez les agriculteurs tetela du Congo (alors colonie belge) les forgerons, qui avaient le pouvoir de maudire la terre, étaient pacificateurs. Dans un beau rêve éveillé l'un d'eux me dit un jour : « Jadis nous étions chefs. » On rapprochera cette déclaration de la croyance propre à un groupe de forgerons dìì qui affirment qu'à l'origine, ils furent élus chefs mais refusèrent cet honneur pour se consacrer entièrement à leur travail absorbant. Dans le même groupe linguistique bantou que les Tetela, chez les Tio, voisins et ennemis des Kongo, le second personnage du royaume était un forgeron. Il portait le nom de « maître des enclumes » et intervenait dans l'intronisation du souverain[2]. À ce propos, notons que la gémellité présente en Afrique un champ de transformations semblables, allant d'une intense valorisation à l'élimination physique pure et simple de l'une de ces créatures jugées monstrueuses. Plus généralement leur statut est doté, comme celui des forgerons, d'une ambivalence plus ou moins accusée. La comparaison entre les jumeaux et les forgerons s'impose d'autant plus que les uns et les autres se caractérisent par une singularité frappante : les premiers sont marqués par un désordre dans l'ordre naturel de la reproduction comme les seconds se distinguent des agriculteurs-éleveurs dans l'ordre culturel de la production. Cette homologie inverse explique que la royauté soit tantôt associée au statut des forgerons, tantôt à celui des jumeaux : si le roi des Kongo est le Forgeron par excellence, le souverain des Moundang est considéré comme un jumeau et les forgerons jouissent du même prestige que les chefs. Michel Cartry a fait observer que dans certaines populations voltaïques les jumeaux sont associés à la brousse « domaine non cultivé, domaine des animaux sauvages[3] ». On se souviendra que chez les Dìì les forgerons, castés comme dans maintes sociétés d'Afrique occidentale, sont censés appartenir à une essence différente de celle des autochtones agriculteurs. Mais, alors que, le

1. L. de Heusch : « Le Symbolisme du Forgeron en Afrique », 1956, Bruxelles, *Reflets du Monde*, n° 10.

2. J. Vansina : *The Tio Kingdom of the Middle Congo (1880-1892)*, 1973, Oxford – New York – Toronto, Oxford University Press, p. 42.

3. M. Cartry : « Résumé de la conférence », Annuaire 1973-1974, tome LXXXII, Paris, École Pratique des Hautes Études (5e section, sciences religieuses), p. 23.

plus souvent, ces artisans sont exclus de l'ethnie ou marginalisés par les autochtones, l'originalité des Dìì réside dans l'existence d'un mythe affirmant que leurs forgerons et leurs « épouses potières se sont volontairement isolés des autochtones » pour s'adonner à leurs activités. Muller tient naturellement compte des changements récents intervenus : comme ailleurs en Afrique, le nombre de forgerons en exercice a drastiquement diminué chez les Dìì, alors que, dans la même caste, celui des potières semble inchangé ; certaines femmes des lignages non forgerons s'adonnent à présent à cette activité rémunératrice.

Les mythes de fondation des villages dìì ne fondent pas le pouvoir politique sur une guerre de conquête. Ils disent au contraire souvent qu'un chasseur étranger, donateur généreux de gibier, devint chef après une ostentation de richesse. Ces mythes appartiennent, souligne Jean-Claude Muller, à une catégorie très répandue en Afrique ; elle met au premier plan la générosité d'un chasseur venu d'ailleurs à qui les autochtones confient le pouvoir après l'avoir adopté comme gendre ou beau-frère. Muller, qui n'ignore pas les nombreuses traditions orales expliquant la fondation des chefferies ou des royaumes par une guerre de conquête, insiste sur la dimension économique d'autres récits. On ne les prendra évidemment pas pour des narrations historiques, mais pour un invariant symbolique susceptible de revêtir divers aspects.

L'auteur en appelle à Marcel Mauss et à son célèbre essai sur le don ; il reprend ici la teneur d'un article très riche publié en 1999, que j'ai déjà eu l'occasion de commenter[4]. Il y a lieu apparemment de distinguer deux modèles à l'intérieur de cet invariant mythique. Dans la variante forte, le gibier abondant offert par le chasseur étranger est la métaphore du pouvoir *sacré*, source d'abondance. Venu d'ailleurs, le chasseur est étranger à l'ordre familial. Il en est ainsi en Afrique centrale dans les gestes luba et lunda comme chez les Moundang du Tchad dans l'aire considérée par Jean-Claude Muller. On observe de curieux renversements dans les traits du héros chasseur. Son destin est semblable chez les Moundang et les Luba : fils exilé d'un prince, il va à la rencontre de deux jeunes femmes au moment où elles puisent de l'eau ; elles deviendront par la suite ses épouses. Mais les Luba le décrivent comme un jeune homme séduisant qui quittera bientôt son beau-père, le chef autochtone dont la brutalité et les manières frustes contrastent avec le raffinement du prince étranger porteur d'une nouvelle civilisation, jugée supérieure à l'ancienne. En revanche, dans le mythe moundang, notre héros a un aspect repoussant et la jeune fille qui l'aperçoit pour la première fois, s'enfuit, prise de peur, car elle le prend pour un

4. L. DE HEUSCH : *Du pouvoir. Anthropologie politique des sociétés d'Afrique centrale*, 2002, Nanterre, Société d'ethnologie, chap. VIII.

sorcier. La suite de la geste luba, mais non le mythe dìì, introduit la fonction militaire : le fils du prince chasseur, né après le départ de son père chez son oncle maternel, tue celui-ci ainsi que ses partisans, créant véritablement l'État hiérarchisé luba, alors que le chasseur fondateur de la dynastie moundang scelle une alliance durable avec les clans autochtones qui ne cessent de détenir la maîtrise de la terre. La royauté est fondée en deux temps chez les Luba, d'abord sur le don (de gibier), ensuite sur la violence guerrière. La royauté moundang se superpose simplement, comme institution rituelle garante de la prospérité et de la fécondité, à la société égalitaire clanique que l'État naissant ne détruit pas ; la royauté est même assujettie ici aux valeurs claniques. Cependant, le roi sacré détient chez les Moundang aussi une part de violence : ses hommes de main, les « lanciers de la nuit » et les « hyènes », pillent et tuent en son nom et à son seul profit. Si Muller a raison d'insister sur le fait que les mythes du héros chasseur placent le don et la générosité au fondement mythique du pouvoir du chef ou du roi, il y a lieu d'attirer l'attention aussi sur sa contrepartie prédatrice.

Il existe à vrai dire deux modèles de la même réalité et les Dìì diffèrent à cet égard des Moundang. Leur mythe d'origine du pouvoir relève en effet du second modèle : il ne concède au héros chasseur aucun pouvoir surnaturel personnel. Dans certaines versions, c'est un homme riche appartenant au village, et non un chasseur étranger, qui reçoit le pouvoir par le déploiement de sa générosité. Dans tous les cas il s'agit d'un pouvoir héréditaire certes, mais celui des Dìì, contrairement à celui des Moundang, est *non sacré*, dépourvu de toute influence directe sur la nature : ce n'est qu'en invoquant ses ancêtres, et tout spécialement son prédécesseur, que le chef est investi d'un certain pouvoir mystique sur les récoltes, alors que le roi sacré moundang détient la grande magie de pluie. On notera parallèlement que la figure morale du chef dìì contraste avec celle du souverain moundang, détenteur redoutable de la « force ». Si le chef dìì est deux fois circoncis c'est pour en faire « un vrai homme, calme et pondéré » considéré comme « un être de valeur supérieure ». La double circoncision qui lui est imposée renforce ses qualités proprement sociales : « il deviendra patient, modéré, impavide, et il ne montrera ni agressivité ni ressentiment envers ceux qui le contredisent ; il fera montre d'équanimité en ne favorisant personne en particulier. » Son travail consiste, selon ses administrés (on hésite à dire ses « sujets »), à « rester à la maison, manger et surveiller le village », administrer la justice avec l'aide de quelques vieillards respectables. Il est qualifié de « chef des richesses » et il est tenu d'effectuer une « dilapidation de prestige au moins une fois lors de son règne ». J'ai signalé qu'il en est de même en Afrique centrale : les grands chefs de lignage dans les chefferies tetela sont tenus d'effectuer un potlatch d'investiture, la qualité d'aîné ne suffisant pas à garantir le prestige. Loin de percevoir un véritable tribut, le chef dìì est tenu de redistribuer en diverses circonstances les nombreux dons prestigieux ou utilitaires, qu'il reçoit en maintes occasions.

Si les Dìì se contentent d'une seule démonstration de générosité de la part de leurs chefs héréditaires, leurs voisins, les Dowayo et les Duupa, attendent qu'un homme riche organise les divers et coûteux festivals. Muller insiste sur le fait qu'il existe entre ces faits et l'institution de la chefferie dìì une rupture radicale : cette dernière s'institue par un rite qui confère à son titulaire un statut le démarquant de l'ordinaire. Il y a lieu de préciser ici que chez les Dìì ce statut exceptionnel ne transforme pas le corps même du chef en une espèce de fétiche magique comme c'est le cas des « big men » de la Cuvette congolaise. Ces derniers acquièrent par un don extravagant suivi d'un rite d'intronisation une forme de pouvoir décrite sous le nom d'*ekopo,* qui est de même nature que la royauté sacrée[5]. Tel est le cas chez les Mongo du Sud-Ouest, où ces « big men » que sont les *nkumu* assoient leur pouvoir sur les compétences mystiques que leur confère une initiation après le potlatch initial. Or Muller est formel : chez les Dìì, « la personne même du chef n'a pas le pouvoir d'influencer la surnature ». Il existe donc en certains endroits, mais pas partout, un phénomène de sacralisation du pouvoir. Il est très accusé dans ces grandes formations politiques que l'on dénomme – parfois imprudemment – « royaumes » ou « États ». Mais Jean-Claude Muller a parfaitement démontré dans un ouvrage précédent consacré aux Rukuba et désormais classique, qu'il était susceptible d'apparaître dans de petites communautés où la stratification sociale et la centralisation du pouvoir politique sont peu accusées[6]. J'ai signalé qu'on retrouvait ce phénomène aussi bien chez les Samo du Burkina Faso que chez les Mongo de la République démocratique du Congo, où apparaît aussi le phénomène inverse de la d*ésacralisation* du pouvoir[7]. Il faut donc renoncer à l'hypothèse, d'inspiration fonctionnaliste ou marxiste, selon laquelle l'idéologie de la royauté sacrée serait un phénomène du même ordre que l'apparition de l'État, sa superstructure, bien qu'elle l'accompagne souvent.

La naissance du pouvoir s'exprime souvent (dans les mythes ou dans la réalité) en termes d'échange, qu'il soit sacré ou non. Muller l'a bien démontré à propos des Dìì et des sociétés voisines. Sa grande originalité est de voir dans le don et le contre-don, et singulièrement dans cette forme exaspérée qu'est le potlatch, l'un des fondements de l'anthropologie poli-

5. L. De Heusch : *Du pouvoir, op. cit.*, chap. VI.

6. J-Cl. Muller, *Le Roi bouc émissaire. Pouvoir et rituel chez les Rukuba du Nigeria central*, 1980, Québec, Serge Fleury éditeur.

7. L. De Heusch : *Du pouvoir, op. cit.*, chap. VIII et IX.

tique alors que Marcel Mauss, qui a attiré l'attention sur ce phénomène, ne laisse pas entendre qu'il pourrait donner naissance à la chefferie. Le potlatch des Indiens de la côte nord-ouest sert seulement à la conserver. Muller prend bien soin de montrer en quoi les phénomènes politiques auxquels il s'attache diffèrent de la hiérarchie alternée qui caractérise le potlatch amérindien ou la kula mélanésienne. Loin qu'il s'agisse d'une sorte de jeu qui consiste à « rendre usurairement les dons acceptés, de façon à transformer en obligés ceux qui vous ont obligés » selon la formule de Mauss, le don initial instaure la chefferie de manière permanente chez les Dìì. Il est vu comme « absolu et unique » écrit Muller ; « celui qui l'initie est supérieur une fois pour toutes », le don initial est transformé en pouvoir politique. La compétition se fait entre agnats descendants d'un chef sur deux générations. Cette thèse est certainement fondée, bien que l'on puisse regretter que Muller ne fasse qu'effleurer une différence essentielle. Dans la chefferie sacrée, si souvent associée à l'État ou à son embryon, le don est illusoire (la fécondité est générale par le rayonnement de la personne royale et les rites qu'accomplit le souverain), et bien réels le tribut voire la tyrannie, sans tenir compte du fait que la magie bénéfique associée au pouvoir est susceptible de se retourner contre les sujets en sorcellerie maléfique. Par contre un tel pouvoir magico-religieux n'existe pas chez les Dìì, bien qu'ils « se bercent de l'illusion que la maison cheffale est investie d'un rôle spirituel dans la production ». Ils prennent en outre « toutes les précautions et toutes les garanties (...) pour que le chef ne se mue pas en despote ». L'auteur démontre fort bien que dans ce dernier cas – mais dans celui-là seulement – le pouvoir adopte le schéma maussien : en dépit de la hiérarchie permanente entre le chef et ses administrés « il y a bien échange de produits et de biens matériels entre deux parties » : le « prince » qui a obtenu la chefferie par un don généreux a travaillé dur pour amasser ces biens. Il a donc d'abord été producteur. Lui et les membres de son lignage sont supérieurs aux autres habitants du village. Il cesse d'être un producteur dès qu'il est élu et reçoit d'eux dans diverses circonstances des biens produits par les villageois. Il est donc devenu théoriquement l'obligé de ceux qui lui ont conféré le pouvoir. Mais il conserve celui-ci car il redistribue périodiquement ces biens reçus. Ainsi l'ordre hiérarchique établi par le don initial ne s'inverse pas et une hiérarchie stable s'instaure.

Un tel système, fondé sur l'échange et un contrat social établissant une complémentarité entre les partenaires, est modifié profondément par l'introduction de la sacralisation de la personne même du chef. Ce phénomène, visible déjà chez les Moundang, dans l'aire envisagée par Muller, n'est pas une simple transformation structurale de l'échange, mais une véritable révolution idéologique, une ouverture sur les diverses formes de centralisation étatique. Le chef ou le roi devient alors un accumulateur de femmes et de richesses et une véritable économie palatiale se crée. Certaines de ces formations politiques ont donné lieu à la naissance de cette science qu'on appelle l'Histoire car elles se sont dotées de l'écriture. Mais cette raison technique, qui explique l'existence même de l'Histoire qui s'appuie sur l'existence d'archives, n'allait pas sans un certain malentendu ethnocentrique qui alimente encore beaucoup d'esprits : cette histoire-là était censée seule porteuse de civilisation.

En adoptant une théorie « économique » originale du Pouvoir Muller prend à contre-pied Clastres, qui définissait de manière radicale le pouvoir du chef amazonien comme négation radicale de l'échange, qu'il s'agisse des mots du discours, de la circulation des biens ou du circuit matrimonial. Muller évoque cependant l'une des thèses défendues par cet auteur en mettant l'accent sur la générosité du chef. On sait que Clastres voyait dans le chef de la société « archaïque » amérindienne le Donateur par excellence. L'ethnographe des Dìì constate de son côté que les dépenses somptuaires, les dilapidations festives et les manifestations de générosité « sont partie intégrante du contrat social qui lie le chef aux administrés un peu partout dans le monde ».

Il existe une antinomie entre la fonction de chef et celle de guerrier : le chef dìì ne combattait pas ; il se tenait debout immobile un peu à l'écart des combats devant un pot de remèdes censés protéger son armée. Ce trait, qui marque fortement l'opposition entre la guerre et la paix, est fréquent en Afrique, particulièrement là où la sacralité de la personne du chef est liée à la fécondité et à la fertilité, c'est-à-dire au maintien de la vie[8]. Nous avons vu que tel n'est pas le cas chez les Dìì, bien que le chef soit appelé le « remède du village », le terme *gam* s'appliquant aussi bien à un remède préventif que curatif. C'est que la double circoncision qu'il a subie rituellement l'a rendu « calme ; posé, tranquille », son humeur égale est dite « froide », par opposition à la chaleur qui caractérise la méchanceté, la nervosité, l'emportement. Cette opposition thermique est bien connue ailleurs. En Afrique australe, la reine des Lovedu, maîtresse pacifique de la pluie, entretient dans un état bienfaisant de fraîcheur la société et l'univers ; la terre est censée devenir dangereusement chaude à la mort de la souveraine. Les Lovedu partagent avec les Zulu et les Thonga une philosophie du chaud et du froid, fondée sur l'action rafraîchissante des rites[9]. Les Dìì ne semblent cependant pas avoir adopté ce point de vue général.

Si un bon chef doit être « froid » en toute circonstance, il doit organiser deux ou trois ans après sa nomination une fête qui porte le nom de

8. L. De Heusch : *Du pouvoir, op. cit.*, chap. x.
9. *Ibid.*

« réchauffer la place de danse ». Ce qui implique, selon Muller, que cet endroit était resté froid depuis le décès du chef précédent. En d'autres termes, certaines manifestations vitales semblent participer d'une chaleur bienfaisante.

La personne du souverain, dont la fonction rituelle est de maintenir la paix, est souvent flanquée en Afrique d'un double qui le représente dans la guerre. C'est ainsi que le roi du Rwanda était représenté sur le champ de bataille par un général qui se tenait immobile tout en ne participant pas aux combats. Le chef dìì, qui adopte en personne le même comportement face aux ennemis, possède un double d'une tout autre nature, lié cette fois à sa nature sexuelle ambiguë. Il possède en effet un masque féminin. Muller montre qu'il représente « le principe contraire de sa nature exclusivement masculine », acquise par sa double circoncision. La fonction de cette dualité serait de réaliser ainsi, pour le plus grand bien de la communauté, la fusion des deux sexes. Une fois de plus, la comparaison avec les sociétés voisines est éclairante. Bornons-nous à constater que chez les Moundang, les masques sont l'apanage des clans, et non du roi. Chaque masque clanique mâle est apparié à un autre, qui est féminin ; or celui-ci ressemble par sa forme au masque féminin détenu par les chefs dìì. Les masques masculins jouent un rôle décisif au cours des rites de circoncision moundang : ils avalent les nouveaux circoncis avant de les « vomir », c'est-à-dire d'en faire des hommes complets. Mais les princes – parmi lesquels figure le futur roi – sont exclus de cette partie de l'initiation. Le souverain moundang est donc un sous-initié, gardant une part de sa féminité, alors que le chef dìì, deux fois circoncis, est un sur-mâle. En effet, le roi est femme disent les Moundang[10]. Un interdit sépare le masque et le pouvoir souverain, contrairement au chef dìì, qui se trouve associé à un masque féminin.

Ajoutons une observation. La dualité du roi moundang s'exprime d'une autre manière : il est censé être le jumeau d'un double imaginaire. Les Moundang considèrent d'ailleurs les jumeaux comme des rois[11]. Nous retrouvons ainsi un problème déjà évoqué. Les rapports du souverain africain avec la gémellité mériteraient une étude d'ensemble, au même titre que ses affinités avec la forge. Dans le monde bantou, la royauté est fréquemment associée aux jumeaux ; on rassemble ceux-ci à la cour chez les Kuba qui conçoivent la royauté comme un corps gémellaire, expression d'une unité primordiale de deux divinités qui finirent par se séparer. Chez les Swazi, la mère du roi, qui règne avec son fils, est assimilée à sa jumelle. Mais il arrive aussi que les jumeaux soient dévalorisés. C'est ainsi que les Luba

10. A. ADLER : *La mort est le masque du roi. La royauté sacrée des Moundang du Tchad*, 1982, Paris, Payot, p. 252.
11. *Ibid.*, p. 230-258.

les appellent « les enfants du malheur » ; corrélativement la geste de fondation de la royauté fait du héros civilisateur un enfant unique, face à un couple de jumeaux, dont le mâle est un géant balourd. Demi-frère de celui-ci, il devient le fondateur de la dynastie luba après l'avoir défait. Nous nous trouvons alors dans la situation inverse des Moundang, qui dotent cependant d'un statut ambivalent les jumeaux comme le roi[12]. Nous avons détecté la même fluctuation structurale à propos des forgerons, ces autres êtres d'exception.

Si Muller met l'accent sur les aspects symboliques du Pouvoir, il ne manque pas d'analyser aussi ses fondements économiques. Il attirait déjà l'attention sur ceux-ci dans les mythes de fondation. Il passe en revue les ressources de la chefferie dìì, dont les esclaves éventuels et les épouses du chef constituaient la force de travail permanente. La ressource principale était les travaux collectifs entrepris sur ses champs. On insistera sur le caractère volontaire que ces contibutions revêtent ici, comme dans d'autres communautés africaines traditionnelles qui ignoraient toute notion de tribut. C'est le cas notamment de la société segmentaire tetela évoquée précédemment. Mais ce n'est pas en termes d'échange que sont conçues les relations politiques dans cette société bantoue d'Afrique centrale ; le chef du lignage aîné était considéré comme l'Aîné par excellence et la générosité sur laquelle s'appuyait son prestige était conçue comme une preuve d'amour quasi filial. Réciproquement les membres de ces communautés constituées par un ensemble de lignages apparentés (c'est-à-dire pensées comme une grande famille) étaient censés lui apporter spontanément une part du gros gibier abattu, voire une part de leur récolte. Un adage tetela affirme « celui qui t'aime te donne ». C'est davantage sur l'échange que se fondent apparemment les prestations dìì car les groupes de travail qui se formaient recevaient abondamment à boire et à manger. Dans les deux cas les « sujets » étaient loin d'être corvéables à merci. Muller note d'ailleurs que cette participation spontanée aux travaux collectifs de la chefferie dìì a bien diminué depuis trente ans. Le chef recevait aussi de ses sujets « un tribut volontaire » de grain après la récolte. Il continue à le recevoir de certains traditionalistes. Les chasseurs lui apportaient de même de la viande. Une différence considérable apparaît d'évidence entre cette conception des relations politico-économiques et celles qui ont été décrites à maintes reprises dans les royaumes centralisés, fondés sur une hiérarchie de classes, ou de statuts, plus accusée que celle existant entre les lignages autochtones et ceux des forgerons chez les Dìì.

12. L. De Heusch : *Le Roi de Kongo et les monstres sacrés*, 2000, Paris, Gallimard, p. 149-154.

Muller s'interroge pour terminer sur le problème, fort controversé de nos jours, de l'identité et de ses fluctuations historiques. Il commente longuement le rôle majeur que les invasions peules, qui ont apporté à la fois l'islam et une nouvelle forme d'organisation politique, ont joué dans l'Adamaoua depuis la fin du XVIIIe siècle. Les Dìì conquis sont demeurés relativement indépendants des différents lamidats qui les encerclaient. Les Peuls étaient vus comme des patrons mais non comme des maîtres. Ils n'exigeaient la conversion à l'islam que des chefs de village. Les Dìì devaient payer aux lamibés un tribut et exécuter certaines corvées. Ces chefs peuls jouèrent par la suite habilement des aspirations des colonisateurs allemands, peu nombreux dans la région, qui se reposaient sur eux pour assurer une paix relative. Les exigences des lamibé augmentèrent et la colère grandit chez les Dìì qui étaient aussi obligés de payer à l'administration coloniale l'impôt de capitation. Par la suite les Français exercèrent sur les Dìì le même type de gouvernement indirect, du moins au début. Mais les Dìì se plaignirent auprès des missionnaires protestants des exactions commises par les lamibé. La nouvelle administration coloniale, qui voyait, comme les Allemands, dans l'islam local un facteur de maintien de la stabilité, était fort divisée à ce sujet. Les partisans de l'administration directe n'obtinrent qu'en 1938 la création d'un canton autonome administré par un lamido choisi parmi les chefs de village dìì. Mais la crainte des chefs peuls demeura vivace après l'indépendance du Cameroun. Le président Ahidjo décréta en 1965 l'abolition des tributs et des travaux forcés pour les populations païennes du Nord-Cameroun, tout en imposant leur islamisation. La situation fut particulièrement dure pour les Dìì, persécutés par les hommes de main des lamibé. Les chrétiens, qui en principe n'étaient pas obligés de changer de religion, eurent à subir comme les païens de nouvelles exactions. L'arrivée au pouvoir de Paul Biya, le successeur d'Ahidjo, ne changea guère les choses en dépit de l'introduction du multipartisme.

Muller ne se contente pas de nous rapporter ces faits historiques. Il a enquêté personnellement sur la situation sociologique la plus récente. Il soumet ainsi à un examen attentif un problème qui préoccupe au premier chef la nouvelle génération des ethnographes : comment une société, traditionnellement sans écriture, s'insère-t-elle dans ce que l'on a appelé, trop sommairement sans doute, la mondialisation ?

Les Dìì s'interrogent sur leur identité et les intellectuels rêvent, indépendamment de leurs opinions politiques, de réunir tous les Dìì, chrétiens et musulmans, dans une même préfecture. La société dìì contemporaine se caractérise par une curieuse juxtaposition de croyances divergentes. Cette situation est ancienne comme l'attestent ces propos d'un chef dìì, recueillis par un administrateur français en 1949 : « Je prie Allah parce que c'est un dieu important qu'il faut se concilier ; mais je continue à m'adresser au diseur de choses sacrées pour éloigner les sorciers et pour que les génies de la terre me soient favorables. Enfin j'envoie mes enfants à l'école protestante pour qu'ils apprennent le français et qu'ils deviennent des lettrés. » Le taux de scolarisation est très élevé puisqu'il s'élevait en 1965 à plus de 95 % et les Dìì sont nombreux à occuper des postes importants dans la fonction publique depuis l'indépendance du Cameroun. Dans les villages, chrétiens et musulmans coexistent en proportions variables mais sans conflit. Muller constate que la religion n'oppose pas ici les deux groupes de croyants. L'islam pratiqué par un certain nombre de Dìì est limité à des « manifestations minimales », et dépourvu de tendances fondamentalistes. On notera l'absence quasi totale d'écoles coraniques. Chrétiens et musulmans (entre lesquels se pratiquent des intermariages) s'ingénient – en avançant des raisons différentes – à maintenir les importants rites collectifs de circoncision où paraissent les masques. Ils s'efforcent de les faire passer du statut socioreligieux à celui de simple représentation d'une identité recherchée. Passionnante est cette controverse. Muller décrit fort bien l'ambiguïté de la situation. Il conclut que les cérémonies de circoncision « sont le marqueur identitaire le plus visible dans une société nationale, ou plus précisément régionale, où le vêtement et les marquages corporels n'en sont plus ». On se demandera si l'on ne peut pas déchiffrer, dans ce « compromis en évolution entre la tradition dìì, le christianisme et l'islam », un phénomène analogue, *mutatis mutandis*, à la folklorisation qui caractérise, depuis l'industrialisation massive, l'affirmation publique des différences culturelles régionales en Occident. Prenons garde toutefois que ces manifestations, réaction à une uniformisation croissante, sont loin de plonger dans un passé immémorial. Un instituteur catholique dìì résume cette recherche d'identité à partir des coutumes anciennes dans une déclaration qui prête à équivoque : « Autrefois c'était mystique alors qu'aujourd'hui, c'est symbolique. » Muller prend bien soin de nous dire qu'il ne faut pas prendre le premier mot dans l'acception de Lévy-Bruhl pas plus que le second dans celle de Victor Turner.

Luc De Heusch

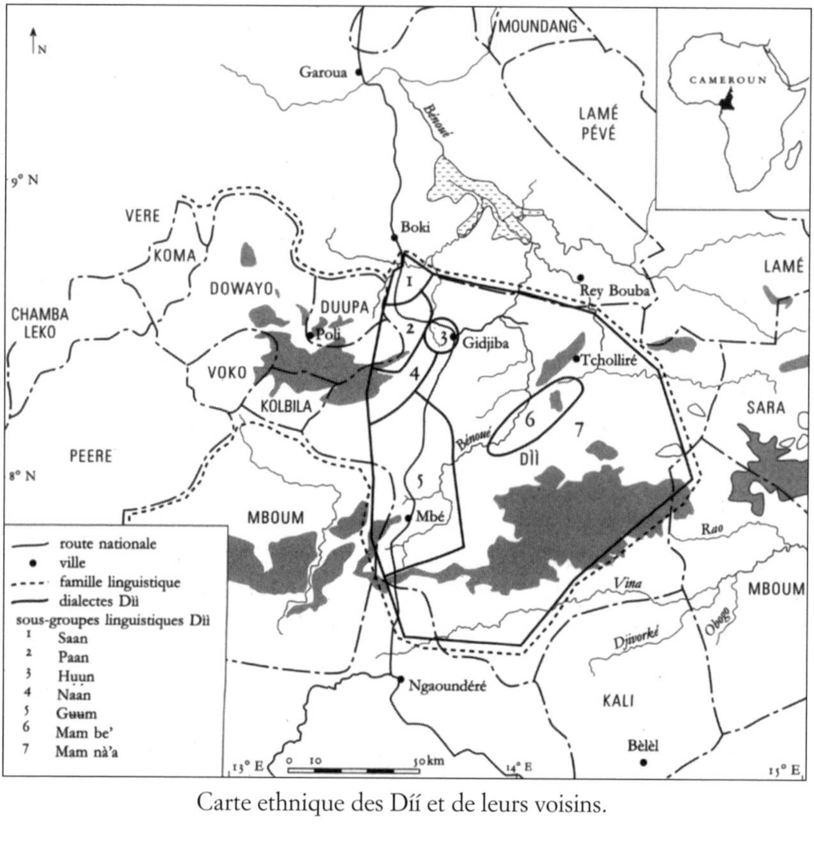

Carte ethnique des Dìí et de leurs voisins.

INTRODUCTION

Les Dìì sont une population d'environ 50 000 personnes occupant une vaste étendue chevauchant la Province du Nord et celle de l'Adamaoua au Nord-Cameroun. Ils sont établis sur un axe nord-sud le long de la route Garoua-Ngaoundéré, depuis Mayo-Boki et Carrefour Poli, jusqu'à Ngaoundéré. Sur l'axe ouest-est, ils s'étendent le long de la route Ngaoundéré-Ganha et au pied de la falaise de Ngaoundéré (voir carte) jusqu'à Tchollíré.

Leur langue est classée par Greenberg (1966 : 9) dans le groupe Adamawa, famille n° 4, mais cette classification a été quelque peu modifiée par Boyd (1989 : 182-184) qui rapproche ce groupe des locuteurs du groupe 2 de Greenberg, qui sont connus et proches des Dìì, pour faire des groupes 2, 4, 5, et 12 un groupe central dont toutes les langues sont très proches. Les groupes 2 et 4, géographiquement contigus, comprennent aujourd'hui : les Chamba-Leko, les Dìì, les Dowayo, les Koma-Vere, les Duupa, les Voko, les Kolbila et les Péré, populations toutes groupées prouvant l'ancienneté de la différenciation linguistique et donc du peuplement dans la région.

La langue dìì est constituée de quatre dialectes principaux (Bohnhoff et Kadia 1991) : le gʉʉm ou vạ̀'ạndɨb, dont les villages locuteurs sont majoritairement situés au sud-ouest, le mam be' qui est principalement le dialecte du centre-est, le mam nà'a (avec sa variante très proche, le mgbaŋ, parlé sur le plateau de Ngaoundéré), au sud-est, et enfin le naan, le paan (avec sa variante le sagzee)[1], le saan et le hụụn qui sont des dialectes minoritaires caractéristiques du nord-ouest, se succédant le long de la route Ngaoundéré-Garoua depuis le village de Soota jusqu'à Carrefour Poli. Les frontières dialectales

1. Le dialecte paan a donné lieu à toutes sortes de confusions. Les gens qui le parlent sont quelquefois appelés les Pâni, Paano, Paana ou Panon dans le langage administratif (voir Mohammadou 1983 : 238-240) mais aussi les Papé fusionnés ici avec les Duupa, jumelant ici deux groupes ethniques et linguistiques différents, les Duupa et les Dìì paan. Mohammadou et Lode (1992) – ainsi que quelques rapports administratifs – les distinguent en Papé Duupa pour les premiers et Papé Panon pour les seconds. Mais, dans tous les cas, les Paan dont il est question dans cette littérature englobent les Saan – et les Hụụn –, sinon les Naan, ce qui gêne les intéressés et fausse la réalité.

correspondent, en gros, à des frontières géographiques mais on trouve des villages d'un autre dialecte au milieu de ceux occupant majoritairement une zone linguistique donnée. Par exemple, on trouve quelques villages mam nà'a dans les aires linguistiques mam be' et gʉʉm, et vice versa, et des villages gʉʉm chez les Mam nà'a, les Mam be' et les Paan. Les dialectes minoritaires du nord-ouest sont restés groupés, mais ils ont reçu les quelques villages hụụn, dont le dialecte est très proche du mam be'. Ils étaient auparavant leurs voisins, établis au nord-est de l'aire dìì d'où ils furent chassés par les premières guerres peules. Dans certains cas, les dénominations proprement linguistiques de quelques-uns de ces villages migrants ne sont plus vraies, ceux-ci parlant aujourd'hui le dialecte de leur aire de migration. La dénomination est alors devenue une simple référence historique à leur origine. Tous les Dìì s'entendent pour dire qu'ils parlent une même langue, connue sous des noms différents selon les dialectes ; ceux-ci sont aussi nommés de manière variée par les uns et les autres, sauf le hụụn désigné partout sous le même nom car ses locuteurs étaient connus de tous les autres groupes par une particularité singulière : ils étaient de grands chasseurs d'hippopotames. Le tableau ci-dessous donne les dénominations globales de la langue dìì ainsi que les dialectes tels que classés par les groupes dialectaux particuliers.

X/Y	mam be'	mam nà'a	mgbaŋ	vạ̀'ạndɨb	naan	paan	saan	sagzèè	hụụn
mam be'	mam be'	mam nà'a	mgbaŋ	gụụm	naan paan	paan	saan paan	paan	hụụn
mam nà'a	mam be'	mam nà'a	mgbaŋ	gụụm	naan paan	paan	paan	paan	hụụn
mgbaŋ	mam be'	mam nà'a	mgbaŋ	gụụm	paan	paan	paan	paan	hụụn
vạ̀'ạndɨb	ɓow mam be'	ɓow mam nà'a	mgbaŋ	vạ̀'ạndɨb	naan paan	paan	paan	paan	hụụn
naan	gɔl	gɔl	gɔl	vạ̀'ạndɨb gụụm	naan	paan	saan	paan sagzèè	hụụn
paan	gɔl	gɔl	gɔl	vạ̀'ạndɨb gụụm	naan	paan	saan	paan sagzèè	hụụn
saan	gɔl	gɔl	gɔl	vạ̀'ạndɨb	naan	paan	saan	paan sagzèè	hụụn
sagzèè	gɔl	gɔl	gɔl	vạ̀'ạndɨb	naan	paan	saan	sagzèè	hụụn
hụụn	gɔl	gɔl mam nà'a	gɔl	vạ̀'ạndɨb	naan	paan	saan	paan sagzèè	hụụn
langue dìì générale	yạg dìì	yạg dìì	yạg dìì	yạg dìì	dugun	dugun	dugun	dugun	dugun

Dialectes dìì

Colonne horizontale : le nom que se donnent eux-mêmes les groupes dialectaux
Colonne verticale : le nom que leur donnent les autres groupes dialectaux

Les migrations internes récentes ont été engendrées par les perturbations découlant des guerres peules du XIXe siècle. Les Peuls de Ngaoundéré et Rey-Bouba ont d'abord enrôlé des Dìì mam be', mam nà'a et gʉʉm pour razzier des esclaves dans les populations localement dites laka et, plus tard, chez les Gbaya. Le lamido (chef en peul : pl. lamibé) de Rey-Bouba fit ensuite des pressions sur les Dìì pour leur extorquer des tributs et des corvées. Quelques villages se soumirent mais la plupart se replièrent à quelque distance pour échapper à son contrôle tout en continuant à servir volontairement dans les armées peules. La dispersion linguistique la plus marquée survint entre 1877 et 1887, lorsque le lamido de Rey-Bouba voulut faire payer des tributs à tous les villages dìì encore libres. Plusieurs villages mam be' et mam nà'a migrèrent alors chez les Gʉʉm, qui étaient sous la gouverne plus ou moins épisodique du lamido de Ngaoundéré auquel ils firent allégeance, ses exigences étant moins fortes que celle de son homologue de Rey-Bouba. D'autres villages, la plupart mam nà'a, montèrent aussi sur le plateau, pour se retrouver sous la tutelle du lamido de Ngaoundéré (Muller 1997).

La première mention des Dìì dans la littérature les inclut sous le nom de Douï ou Dui, peut-être une corruption de Dìì, mais la chose n'est pas sûre (R. Boyd : communication personnelle). Le premier explorateur, Mizon (1896 : 88 sqq), qui parcourut la région de Yola à Ngaoundéré en décembre 1891, mentionne que : « À Boki [limite nord du territoire des Dìì saan] nous entrions sur le territoire d'une nouvelle tribu païenne qui semble avoir accepté la domination des Foulbé et qui occupe la haute vallée de la Bénoué, du Mayo-Boki à la source de celle-ci. Ce sont les Douï dont les nombreux villages occupent la plaine et le plateau peu élevé qui, au delà de Szadjé [Sagzee], sépare le Faro de la Bénoué. » Le territoire de cette région nord-ouest, ainsi que les villages, sont aussi appelés Duru (autre nom générique donné par les Mboum – et les Peuls à leur suite – aux Dìì) sur la carte Moisel, dressée au début du XXe siècle par les Allemands. Le sentiment d'unité ethnique entre ces divers parlers dialectaux, même si Dieu et Renaud (1983 : 96), à l'encontre des autres linguistes spécialistes de la région, Lars Lode et Lee E. Bohnhoff, font du paan une langue distincte bien que très proche du dìì, date donc, à tout le moins, d'un peu plus d'un siècle et possiblement de plus longtemps. Ceci est facilement compréhensible puisque tous ces dialectes sont groupés de manière compacte. Le fait que les villages paan, naan et saan disent être descendus du massif de Poli, d'où certains descendent encore, nous inciterait à chercher l'origine des Dìì dans cette région. Il n'est pas question ici de faire, ou de refaire, une histoire qui nous échappe en grande partie mais plusieurs indices nous poussent à faire cette hypothèse, surtout en regard des groupes linguistiques qui bordent les Dìì du nord-ouest au sud. Mais avant d'entreprendre cet examen, il nous faut placer les Dìì dans leur propre groupe linguistique.

Boyd (1989 : 183-184) les met dans le groupe 4 de la famille Adamawa qui comprend, outre les Dìì, les Dowayo, les Duupa, les Voko et les Péré, avec qui ils ont des frontières communes, et les Vere-Koma, qui sont un peu plus à l'ouest et qu'ils connaissent de même que les Chamba-Leko qui sont les voisins des Koma. Ces Chamba-Leko, comme les Kolbila qui sont aussi voisins des Dìì, font partie du groupe 2 de la famille Adamawa qui a de très fortes affinités avec le groupe 4 (*ibid.* : 178). Toutes ces langues sont groupées de manière compacte, les Dìì étant situés à l'extrême est du groupe. On peut penser que la différenciation linguistique s'est faite *in situ* puisqu'ils sont tous voisins, et que les Dìì ont connu une expansion vers l'est depuis le pied du massif de Poli en suivant ensuite les escarpements et les contreforts de la falaise de Ngaoundéré pour pouvoir continuer à élever le bétail sans bosse, les taurins, qu'ils possédaient – comme les Duupa et les Dowayo – et qui ne prospèrent pas dans la plaine (les Naan et les Paan descendus il y a quelques années ont perdu toutes leurs vaches lorsqu'ils se sont établis au pied du massif de Poli…). Ce bétail jouait jusqu'à tout récemment un rôle important dans les funérailles des Saan, des Naan et de la plupart des Paan, et dans les mariages chez les Mam be', les Mam nà'a et les Gʉʉm. Il a disparu aujourd'hui mais il a dû avoir un rôle déterminant dans la direction de l'expansion dìì vers l'est en suivant les contreforts des montagnes de la falaise de Ngaoundéré.

Ce scénario est tout à fait plausible au regard de la position linguistique des voisins des Dìì qui s'échelonnent du nord-est au sud. Ils sont en majorité du groupe Adamawa 6, les Moundang étant si bien connus des Dìì hụụn qu'ils ont conservé, après la fuite des seconds devant les Peuls, les relations à plaisanteries qu'ils entretiennent à propos de leurs masques respectifs (Muller 2001). Les Moundang et les Mboum, qui bordent les Dìì au sud-ouest et au sud, sont de la même famille linguistique et se disent « frères ». Les premiers sont linguistiquement classés comme groupe du nord, avec les Gambay, les Dama et les Galké ; les seconds, le groupe du sud, sont les Mboum et les Mboum-Mbéré qui bordent les Dìì au sud-est et au sud. Les Dìì ont tendance à classer les gens du groupe central des linguistes, les gens parlant les dialectes karang, parmi les Mboum-Mbéré ou dits Laka Mbuli (qui se désignent par ailleurs comme Mboum) laissant plus à l'est des ethnies du groupe central que les Dìì ne connaissent pas ou peu, séparés qu'ils en sont par les Lamé ou Nyok à l'ouest. Ceux-ci font partie d'une autre famille linguistique, la famille tchadique, dont ils sont les représentants les plus méridionaux, séparés du gros de leur groupe (Sachnine 1982) et qui ont contribué aussi à créer plusieurs chefferies dìì au terme de leur périple.

On a la nette impression que les Dìì sont des intrusifs, s'étant immiscés entre les groupes nord et sud du groupe linguistique Adamawa 6. D'autres présomptions viennent à l'appui de cette hypothèse : les Dìì ont une architecture qui les apparente au groupe des montagnards du massif de Poli, les Dowayo et les Fali plus au nord (Seignobos 1982 : 169), plutôt qu'aux gens de la plaine qu'ils auraient, selon notre hypothèse, colonisée. De plus, les Dìì ont une terminologie de la parenté de type crow, caractéristique des peuples matrilinéaires ou à double descendance unilinéaire et qu'on retrouve dans leur famille linguistique n° 4 (Muller 1997a). Cette caractéristique, inhabituelle en système patrilinéaire, ce que sont tous leurs voisins des autres groupes linguistiques, est partagée par les Péré, matrilinéaires, les Chamba-Leko, à double descendance et les Koma matrilinéaires. Les Duupa ont aussi cette terminologie couplée à un système duel qu'on ne sait pas très bien où placer car les premiers enfants appartiennent au lignage du père tandis que le dernier est donné à celui de la mère. Quant aux Dowayo, ils ont aussi la même terminologie crow, mais sont, comme les Dìì, patrilinéaires.

De plus, les Dìì sont les représentants les plus à l'est des populations cultivant l'igname, une caractéristique des ethnies de la Moyenne Bénoué. Les masques dìì font aussi grand usage des graines d'*Abrus precatorius* qui sont une des marques distinctives des masques de ces peuples. Les Dìì sont donc plus que probablement venus de l'ouest et ont pénétré la plaine qu'ils habitent actuellement en suivant cette direction. On ne peut actuellement dater cette pénétration mais Raymond Boyd dit, dans une communication personnelle : « À mon avis, il n'est pas du tout illusoire de penser qu'on peut faire une reconstruction assez précise d'un "proto-dourou" à 800-500 ans de distance... », ce qui daterait le début de la diversification des dialectes dìì, et de leur dissémination, entre l'an 1200 et 1500. Leur emprunt de l'institution de la chefferie se serait fait entre cette période et l'arrivée des Peuls au XVIIIe siècle, sauf pour les Dìì du nord-ouest, les Paan, Naan et Saan qui l'auraient empruntée au XIXe siècle, comme le laisse entrevoir leur histoire orale.

Cependant, Boyd, dans une autre communication personnelle, fait remarquer que « rien dans les faits ne permettrait de distinguer *a priori* entre une telle pénétration et un double mouvement de contournement par des locuteurs du groupe 6 (repoussant peut-être d'autres locuteurs du groupe 4) sous une pression venue de l'est, soit des Gbaya, soit des Sara ». Les deux hypothèses sont pensables chacune pour soi mais, plus encore, elles le sont aussi simultanément, la pénétration dìì s'effectuant dans le même temps que le contournement par les autres.

Les migrations d'est en ouest, qui ont donné lieu à des spéculations sur une origine orientale des Dìì (Seignobos 1982 : 169 et revue de la question dans Hamadjoda et Mohammadou 1979 : 281-285, n. 89) ne sont que la mémoire très récente de la fuite de certains villages vers le massif de Poli devant les attaques peules. Les Dìì ont des traditions historiques qui se résument à la création de leurs villages à partir d'un fond commun de gens sans chefs, quelquefois dits tombés du ciel dans une région où il n'y avait personne. L'expansion des Dìì vers l'est semble s'être faite sans problèmes, aucun conflit n'étant remémoré avec les voisins. Ceci est facilement compréhensible car la contrée est vaste et peu peuplée. La densité de la population est faible, 8 habitants au km^2 dans l'arrondissement de Mbé (qui se prononce en réalité Mbəə mais dont je garderai dorénavant la graphie Mbé) et 2 habitants au km^2 seulement dans la partie occidentale de Rey-Bouba en 1976 (Roupsard 1983). Le territoire dìì comprend aussi la réserve faunique du Faro, le parc national de la Bénoué et il a une frontière avec le parc national de Bouban-Njidda.

Les Dìì sont des agriculteurs céréaliers avisés (Hata 1973 ; 1976 ; 1980 ; Garine *et al.* 2003). Leurs principales cultures sont le mil chandelle, *tʉ́d sẹm*, et divers types de sorgho, *tʉ́d zɔlɔ́m*, dont les nombreuses variétés sont localisées. Ils plantent aussi des taros, *ɓád*, des goumbo, *hɔ̀ɔ̀g*, des haricots, *hʉ'*, des arachides, *ạ̀ạ̀m*, des pois de terre, *ạ̀ạ̀m kin*, du sésame, *'nɔ̀'ɔ̀m*, des courges, *ɗàg*, des concombres, *'yɛ́g*, et des augergines, *bo'*. Ils se sont mis plus récemment à la patate douce, *dəmbə̀ə̀*, au manioc, *mbàỳ*, et au maïs, *nàm̀bàm̀*, de plusieurs sortes, ces deux derniers cultigènes ayant remplacé depuis environ quarante ans des variétés hâtives d'éleusine de saison des pluies, la plus populaire étant le *sàd*, qui a presque disparu aujourd'hui mais qui jouait un grand rôle au moment de la soudure des récoltes. Les Dìì sont cependant plus connus pour leurs ignames, *dʉb*, dont ils sont exportateurs, surtout ceux qui sont établis le long de la route transcamerounaise entre Mbé et Gamba et ceux résidant au bord de la piste Mbé-Sasaa mbəəsị' (Roupsard 1983 ; 1987 : 35-42). L'igname, bien que reconnue dans le régime alimentaire comme un ancien cultigène qui entre dans les rites agraires des prémices – contrairement au maïs et au manioc –, est considérée comme une nourriture de second ordre, inférieure aux céréales et les Dìì n'aiment guère être identifiés comme des « gens de l'igname » (Muller 2005). Jusqu'à tout récemment, les plus riches louaient des tracteurs aux services agricoles de la mission protestante norvégienne de Mbé pour labourer leurs champs de ces cultures de rente. Ces tracteurs sont aujourd'hui possession privée depuis que la mission les a vendus à ses anciens chauffeurs, après la fermeture de ses services agricoles. Quelques timides essais de charrue attelée ont été tentés depuis 1996 à Mbé pour prendre beaucoup d'extension à partir de l'année 2000. Le coton est aussi une culture de rente, pratiquée depuis longtemps aux alentours de Tcholliré, surtout au bénéfice du lamido et de ses courtiers (Motaze 1999), mais seulement introduite en quelques rares villages depuis le milieu des années 1990 le long de la transcamerounaise et sur le plateau de Ngaoundéré.

Les Dìì décrivent leur système foncier comme étant exploité « en rayons ». À partir du centre du village, les agriculteurs choisissent une partie du territoire, le défrichent comme une tranche de tarte et l'exploitent jusqu'à épuisement du sol. Le défricheur borne un grand champ d'un seul tenant, bien plus grand que la superficie nécessaire pour l'année, il plante d'abord des mils et sorghos en vrac sur une première superficie et, pendant leur croissance, il prépare un second champ pour les patates douces, les haricots et les aubergines. Le premier champ est consacré la seconde année aux mils et aux arachides pendant que le second est réservé aux mils. Un nouveau champ est ouvert pour les patates douces et autres cultures, excluant le mil. La troisième année, le premier champ est consacré aux ignames, alors que la terre est bien retournée, le second aux mils et aux arachides. Le deuxième champ ouvert la seconde année est semé de mil et planté de patates douces, d'aubergines et de haricots. Une autre portion du champ est ouverte la quatrième année pour ces cultures, le reste des champs ouverts la seconde et la troisième année étant semé de mil, comme le sera le dernier champ la cinquième année. On alterne ainsi les cultures jusqu'à épuisement du sol qui peut survenir à ce moment mais aussi après dix ans pour les bonnes terres. Ceci est le patron pertinent pour le champ d'un homme. S'il est marié, il donnera à sa femme un champ plus petit, qu'elle cultivera seule ou avec l'aide de son mari mais l'idéologie veut que ce soit l'inverse qui prévale, l'épouse travaillant plutôt sur le champ du mari si besoin est. Chaque femme a aussi un petit jardin autour de la maison pour ses condiments, ses concombres et courges qui mûrissent sur le toit des maisons.

Lorsque les terres sont épuisées, on se déplace vers un autre rayon et, quand le cercle est bouclé, on recommence si les champs sont suffisamment régénérés. Si les terres sont encore épuisées, le village en entier déménage dans un endroit plus propice. Ce modèle a été quelque peu altéré depuis les années 1960, qui ont vu l'apparition de maisons en dur avec des toits de tôle. On ne déplace pratiquement plus les villages mais, à moins d'aller à plusieurs kilomètres pour établir son champ dans un endroit naturellement fertile, il faut employer des engrais chimiques pour pallier la pauvreté du sol. La culture intensive pendant plusieurs années, avec engrais, a aussi causé dans les grands villages comme Mbé et autour de Tchollíré, l'apparition de la striga qui tue les mils et les sorghos et est difficile à combattre, sauf si l'on plante des maïs hâtifs qui mûrissent avant que le parasite ne puisse les étouffer, une des raisons de la récente expansion rapide de ces types de maïs. Les villages dìì sont aujourd'hui à différents stades d'un continuum entre un village autour duquel les terres sont bonnes, où tout le monde reste à la maison et se déplace journellement sur ses champs, et un autre où la distance à parcourir jusqu'aux bonnes terres est trop longue pour permettre de rentrer chez soi chaque soir. Les habitants désertent alors le village pour s'établir en brousse, sur leurs champs et y créent des hameaux habités de l'époque des semailles à la moisson, non seulement à cause de la distance, mais aussi des singes et des perroquets, prédateurs redoutables qui sévissent à l'aube, nécessitant une présence humaine permanente pour les éloigner. Ces hameaux sont appelés *lumnde* ou *dumɗe*, « camp de saison des pluies », un emprunt au foulfouldé, la langue peule, qui tendrait à indiquer une situation non traditionnelle chez les Dìì. Interrogés sur cette question, certains répondent qu'aux temps anciens, ces hameaux auraient constitué le noyau d'un nouvel emplacement du village, ce qui n'est plus le cas aujourd'hui à cause de la proximité de la route et des maisons permanentes, plus personne ne voulant s'isoler en brousse pour l'année entière.

La période des cultures est assez longue, débutant par la préparation des champs d'ignames au début de mars et ne s'achevant qu'en mars suivant par les battages prestigieux de mil et de sorgho dont le cycle de croissance et de maturation est de sept à neuf mois. Le cultivateur peut moissonner pour ses besoins au fur et à mesure de la maturation différentielle des épis, commençant d'abord avec le champ de sa ou ses femmes pour finir par le sien. Mais il peut garder son propre champ pour y faire un battage global, de plus en plus rare, qui lui assurera la considération du village. Pour ce faire, le cultivateur construit une aire à battre carrée, *kɔɔg*, dans son champ, en terre argileuse mouillée et lissée avec le jus de l'écorce de l'arbre *və̌y* qu'on recouvre d'une couche de cendres. Une fois sèche, on y érige des tréteaux sur lesquels on empile les épis qu'on bat en une fois lors de *tʉ́d gbɔ̀lɨ̌*, « mil battre », une activité prestigieuse qui prend place en février-mars et qui donne l'appellation de « grand cultivateur » au maître d'œuvre, *gbaŋ bàà nàà*, litt. « chef cultiver beaucoup », un statut qui demande toute son attention pour la culture au détriment de la chasse. Ce statut est en pratique incompatible avec celui de « grand chasseur », *gbaŋ tà' kpàà*. Bien que le cumul ne soit pas interdit, le temps consacré à exceller dans l'une ou l'autre des activités empêche de réussir dans les deux ; on n'a pu m'en citer aucun cas.

La chasse et la pêche sont des occupations de saison sèche. La pêche se fait individuellement à la ligne ; elle permet aux pêcheurs habiles du long de la Bénoué de ramener des capitaines de belle grosseur. Une technique collective était la pêche à la digue, organisée par les petits villages dans leur entier ou par les quartiers qui établissaient une digue dans les affluents de la Bénoué quelques jours avant la pêche. On y amenait du poison, de grandes quantités de feuilles asphyxiantes, et l'on recueillait le poisson dont une partie était consommée fraîche et le reste séché. L'usage d'insecticide s'est substitué aux feuilles dont la récolte et la préparation demandaient davantage de travail. Les riverains mettent aussi des nasses dans les trous d'eau.

Plusieurs sortes de chasses collectives sont organisées à partir de décembre. Elles concernent surtout le petit gibier, dont les aulacodes et divers autres types de rongeurs. Les champs en friche qu'on désire brûler sont isolés des autres en arrachant une bordure d'herbes tout autour pour ne conserver que l'aire à brûler. Les chasseurs entourent le champ, y mettent le feu et tuent le gibier qui en sort. On recueille ensuite les animaux qui ont péri consumés. Ces petites chasses, auxquelles tous peuvent participer, se terminent par une grande chasse collective finale réservée au village entier. D'autres chasses concernaient les chasseurs proprement dits qui pouvaient se grouper pour opérer avec un grand filet constitué d'un assemblage des filets individuels ou familiaux, devant lequel le gibier était rabattu. Mais les chasses les plus prestigieuses étaient celles qui se déroulaient loin en brousse, soit avec plusieurs chasseurs à la lance et à l'arc, soit seul au piège. Celles-ci concernaient surtout les grandes antilopes, les cobs, les buffles, les éléphants et les hippopotames, ces derniers harponnés avec des lances empoisonnées redoutablement efficaces. Divers pièges étaient utilisés, comme les fosses ou des lances suspendues retombant sur le buffle ou l'éléphant. Ceci demandait beaucoup de patience et d'énergie. La chasse semble avoir constitué un apport de protéines animales bien plus important que l'élevage. Lesur et Langlois (2002) ont effectué des analyses d'ossements mis à jour lors de fouilles archéologiques montrant une proportion négligeable d'animaux domestiques. Aujourd'hui, avec l'introduction des permis de chasse – que personne ne peut se payer sauf les chasseurs européens et américains ! –, l'établissement des parcs nationaux et des réserves cynégétiques contrôlées par des gardes-chasse, les Dìì en sont réduits à braconner au fusil, généralement le matin, à l'affût. Le gibier, malgré les gardes-chasse, a diminué drastiquement dans les réserves, le rhinocéros noir, il y a trente ans encore relativement abondant, étant en voie d'extinction ; les antilopes se font plus rares, ainsi que les lions et les léopards. Seuls les éléphants semblent se maintenir et même, selon les régions, augmenter peut-être à cause de leur migration depuis le nord, due à la sécheresse du Sahel qui a aussi fait apparaître des girafes au nord du territoire dìì.

Nous avons rapidement parlé de l'élevage des taurins, que les Dìì désignent aujourd'hui du terme peul *ndàà mbuzìì*, et de leur rôle probable dans l'expansion des Dìì vers l'est. Comme pour les peuples du massif de Poli (Seignobos et Thys 1998 : *passim*), ils étaient relativement rares et seuls les riches en possédaient. Certains villages, même parmi ceux du pied du massif de Poli descendus récemment, n'en élevaient pas ; d'autres avaient quelques enclos. Les chefs de village étaient en meilleure position pour en détenir mais ce n'était pas général. Par exemple, parmi les villages dìì descendus du massif il y a cinquante ans, celui de Geeri n'avait pas de bétail sauf le troupeau d'un résident voko du petit lamidat de Bantadje qui avait fui son lamido porté à imposer un peu trop lourdement son cheptel. Le village de No'tọọ n'avait pas non plus de bétail alors qu'à Mbazəə, il n'y avait qu'un seul propriétaire. Kundini avait deux enclos, dont un pour le chef, qui avaient près de deux cents têtes – un chiffre que je crois exagéré – ; à Gamba, le chef actuel avait treize têtes ; à Soota il y avait un troupeau collectif d'environ cent têtes avec plusieurs propriétaires ; la famille du chef de Lieimbee avait une vingtaine de têtes. Lorsque Soota, Gamba et Mbazəə sont descendus, leur bétail est redevenu sauvage à tel point qu'il fallut flécher les têtes qu'on voulait sacrifier mais les bêtes ont finalement péri en quelques années, décimées par les taons, *vam dʉ̀kɛw* et la mouche tsé-tsé, *həl*. Les deux derniers villages à descendre, forts de cette expérience, ont d'abord vendu leurs bêtes aux montagnards voisins.

Il est plus difficile de se prononcer sur les autres villages car le bétail y a déjà disparu dans les années 1910-1920. Les plus âgés de Mbé m'ont toutefois affirmé que cette chefferie avait quatre enclos, l'un avec cinq têtes pour le chef d'un des lignages fondateurs du village, un autre avec quatre pour le chef du lignage du circonciseur, un autre pour le chef et le dernier pour un autre lignage fondateur, sans que le nombre de têtes soit précisé pour ceux-ci. Il y aurait eu aussi cinq enclos à Waag à la même époque.

Ce relatif petit nombre de têtes de bétail semble comporter un paradoxe lorsqu'on connaît les exigences en bœufs nécessaires à la vie sociale. Un bœuf est toujours requis chez les Dìì du nord-ouest lors du décès d'une belle-mère et d'un beau-père et des peaux étaient obligatoires lors de l'ensevelissement. Chez le reste des Dìì, il était très bien vu – mais pas nécessaire – de faire une cérémonie de mariage dont le propos principal était de festoyer avec la viande d'un bovin tué pour l'occasion. C'est là qu'interviennent les Peuls nomades qui allaient littéralement colporter quelques vaches dans les villages dìì ; les familles endeuillées mais sans bétail leur en achetaient à ce moment-là. Aujourd'hui, les Dìì du nord-ouest vont directement à Ngaoundéré s'en procurer, comme le faisaient aussi le reste des Dìì pour les mariages avant l'extinction de cette coutume dans les années 1970. On peut dire que le bétail peul a petit à petit remplacé le cheptel local dans les usages sociaux du bétail qui restent encore en vigueur. Aujourd'hui, quelques Dìì un peu plus riches que les autres achètent une ou deux têtes de bétail aux Peuls et les laissent sous leur garde pour les revendre plus tard.

Le lamido de Mbé avait, à son décès en 2000, un petit troupeau sous la garde d'un Peul dont il soustrayait des bêtes pour ses fêtes et circoncisions.

Les raisons de la disparition du bétail local sont d'abord la descente des Dìì dans la plaine et leur établissement le long des routes mais la présence du bétail peul et la facilité à s'en procurer depuis longtemps expliquent aussi en partie l'abandon du taurin de même que la virulence de certaines épizooties dans les années 1910 et 1920 (Seignobos 1998 : 375-382). Toutefois, mes informateurs ne m'en ont jamais parlé, pas plus que de saisies massives de bétail par les lamibé qui se seraient produites chez les Mboum voisins.

Un dernier mot sur le déroulement des enquêtes qui ont servi de base à cet ouvrage. Le travail de terrain s'est concentré en vingt-sept mois de présence effective étalée sur une période de quatorze ans. Le choix de la région, au sens large du terme, a été déterminé par une première contrainte, celle de la stabilité politique. Comme il m'était impossible, pour diverses raisons, d'entreprendre d'un seul jet un long travail de terrain et qu'il fallait donc le planifier sur plusieurs années, le Nord-Cameroun m'avait semblé réunir les conditions de tranquillité et de stabilité nécessaires à un travail de longue haleine. Mes collègues qui avaient travaillé – ou qui travaillaient encore – dans la région, Igor de Garine, Françoise Dumas-Champion, Jeanne-Françoise Vincent, Alfred Adler et Chantal Collard me firent plusieurs suggestions utiles, la dernière me mettant en rapport avec l'Institut des Sciences humaines de Garoua (ISH), aujourd'hui, hélas !, fermé. Entrepris rapidement par une préenquête financée par le Comité d'attribution des fonds internes de recherches (CAFIR) de l'université de Montréal en été 1990, il se poursuivit ensuite de septembre 1991 à la mi-janvier 1992, puis durant les étés 1992, 1993, 1994, 1995, 1996, 1998, 1999 et 2003 grâce au Conseil de recherche en sciences humaines du Canada (CRSHC) et du FCAR du gouvernement du Québec pour les deux enquêtes de terrain de 1998 et 1999. Les deux premiers séjours ont été grandement facilités matériellement par le regretté Institut des sciences humaines de Garoua dont le directeur à l'époque, l'éminent historien Eldridge Mohammadou, m'avait recommandé les Dìì comme sujet d'études prometteur, corroborant ainsi les opinions antérieurement émises sur ce même peuple par Igor de Garine et Françoise Dumas-Champion. Une brève visite chez les Dìì lors de cette préenquête et des conversations avec quelques Dìì, dont M. Issac Paul, alors directeur des écoles primaires protestantes à Mbé, me décidèrent à travailler avec eux sur leur histoire. Ceci d'autant plus que les autres régions visitées lors de ce préterrain s'avéraient difficilement accessibles en saison des pluies alors que la plupart des routes qui desservaient les villages dìì étaient carrossables en tout temps.

Après la fermeture de l'ISH, les sept derniers séjours ont bénéficié du support matériel et secrétarial d'Anthropos, un projet conjoint des universités de Ngaoundéré (Cameroun) et Tromsø (Norvège) auquel son instigatrice, le professeur Lisbet Holtedahl, m'avait aimablement invité à participer. Je n'aurai garde d'oublier le ministère de la Recherche scientifique et technique du Cameroun qui m'a donné les autorisations nécessaires pour effectuer mes recherches.

Outre ma dette envers M. Eldridge Mohammadou et Lisbet Holtedahl, mes remerciements nominaux vont d'abord à M. Adamou Galdima qui m'a servi de fidèle interprète du début à la fin des enquêtes ainsi qu'à M. Oussoumanou Babbawa, chauffeur à l'ISH puis à Anthropos. Sans l'aide de ces deux collaborateurs, je n'aurais pas pu faire grand-chose. Les linguistes Lee E. Bohnhoff, Kadia Mathieu et Lars Lode, de la Mission évangélique luthérienne du Cameroun, ainsi que le personnel de cette mission, m'ont apporté une aide linguistique précieuse. M. Raymond Boyd, linguiste au CNRS-LLACAN à Paris, m'a éclairé sur la chronologie linguistique probable de la région. Pour ce qui est de mes amis dìì, je serais volontiers tenté de leur appliquer la formule standard des discours de remerciement publics dìì qui va comme suit : « Pour ce qui est des remerciements, je ne nommerai personne en particulier car il y a tellement de gens auxquels je suis redevable que je crains d'en oublier. » Je ferai pourtant quelques exceptions en citant le lamido de Mbé, Mohaman Kún bàà (décédé en janvier 2000) et son fils Abbo, chez qui j'ai logé pendant les derniers séjours, qui m'ont toujours soutenu, M. Issac Paul et son épouse, Mme Aïssatou, M. André Siroma, son fils Bobbo et son cousin Maïwa ainsi que M. Nestor Laouane et M. Salmala, chef des forgerons de Mbé. Mais ma plus grande dette a été contractée envers M. Abdukadiri, Galdima de Mbé qui, né au début du siècle passé, a été impliqué très tôt dans les transformations et les changements amenés par le colonialisme allemand puis français ; sa mémoire vive pouvait faire revivre l'esprit et l'image d'une époque qui ne sont plus ceux que s'imaginent les générations postérieures. Je dois aussi remercier les chefs et les membres des conseils des nombreux villages dìì qui m'ont aidé à reconstituer une histoire assez mouvementée.

Les chapitres I, III, IV, VI, VII et l'Annexe reprennent, de façon modifiée et transformée, la matière des publications incluses respectivement dans la bibliographie sous Muller 2001b, 1999, 2001, 1997, 2000b et 2001c.

Chapitre Premier

STRUCTURE SOCIALE

DÌÌ ET NAŊ

Les Dìì sont organisés en plus d'une centaine de villages qui sont autant de chefferies, *kaa*, de tailles variables, souvent minuscules. Les termes chefferie et village sont synonymes et seront employés indifféremment. Les premiers administrateurs allemands appelaient les chefs *Häuptling* et les chefferies *Herrschaften*, deux termes qui dénotent leur petite taille. Des recensements effectués par les administrateurs coloniaux donnent les chiffres suivants : le premier recensement, fait par le Lt. Bernard en 1926 (Baudelaire 1938) donne un échantillon de 21 villages d'une moyenne de 122 personnes chacun. Baudelaire (*ibid.*) rapporte, dans la même région du nord-ouest de la zone dìì, une moyenne de 71 habitants pour un autre échantillon de 41 villages ; Lacroix (1950) compta une moyenne de 159 résidents dans cinq villages au sud du plateau de Ngaoundéré, 87 dans un échantillon de douze villages sur le plateau et également 87 dans un échantillon de l'est du plateau.

Ces petites chefferies diffèrent un peu de celles de l'arrondissement de Mbé, dans l'angle sud-ouest du territoire dìì où les chiffres sont plus élevés. Un recensement de treize chefferies exécuté par le démographe Podlewski (1971 : 35) entre 1965 et 1968 donne une moyenne de 333 personnes par chefferie et le dernier recensement administratif de 1981 – il n'y en a pas de plus récent – arrive à une moyenne de 364 habitants par agglomération, avec un minimum de 33 et un maximum de 2 025 pour Mbé (Mbəə), déjà à l'époque une sous-préfecture qui abritait un poste de police, le personnel administratif, une mission protestante importante, un hôpital, un dispensaire et des écoles primaires et secondaires, tous ces organismes employant bon nombre d'étrangers. Des 34 chefferies reconnues par l'administration de l'arrondissement, dix ont moins de 100 personnes, cinq ont entre 100 et 200, neuf ont entre 200 et 400 habitants, les neuf restantes – excepté Mbé

– entre 400 et 900. Cependant, ces chiffres sont basés sur les agglomérations qui peuvent abriter plusieurs chefferies à la fois. Mais avant d'aborder ce problème, il faut voir comment se présente une chefferie.

Les Dìì décrivent souvent la structure sociale de leurs chefferies comme une justification de leur principale cérémonie collective, la circoncision (Muller 2002). Ils disent qu'il faut un lignage, *zig*, de chef, *gbanàà*, pour la planifier et la coordonner, un lignage de circonciseur, *dọ̀ŋ nàà*, pour pratiquer l'opération, et un ou, la plupart du temps, des groupes pour balayer le lieu de l'opération, appelé *təə*, situé à l'extérieur du village. Ces groupes sont appelés *waa hág*, litt. « enfants du territoire », et il est sous-entendu que les circonciseurs en font aussi partie. Un dernier groupe est nécessaire pour fabriquer les couteaux de circoncision, c'est celui du forgeron, *naŋ*, qui est vu comme extérieur et différent en nature. Les lignages ont un nom, sauf celui du circonciseur et du chef qui sont connus sous leur nom de fonction, *zig gbanàà* et *zig dọ̀ŋ nàà*, mais leurs segments peuvent aussi avoir un nom ou être affublés d'un sobriquet. Cette structure sociale est le fait de la majorité des Dìì, les Mam be', les Mam nà'a, les Naan, les Paan, les Saan et les Hụụn. Les Gʉʉm, eux, n'ont pas de circonciseurs, ce rôle étant tenu ici par le forgeron. Ces lignages sont exogames (Muller 1997 ; 1998 ; 2000 ; 2000a ; 2003). Les lignages qui se sont scindés pour fonder un nouveau village conservent en général la règle d'exogamie avec le segment qu'ils ont quitté mais ils peuvent quelquefois décider que la scission a eu lieu depuis si longtemps que la règle ne s'applique plus. Le système matrimonial fait partie des structures semi-complexes mais permet certains redoublements avec des germains de même sexe à la même génération. Les lignages se marient indifféremment entre eux, de préférence au plus près géographiquement et les lignages de chefs ne cherchent pas à se marier entre eux. C'est la proximité physique qui dicte les choix, se marier si possible dans sa chefferie étant le modèle préféré.

Outre les titres héréditaires conférés aux lignages autochtones, d'autres titres sont donnés par le chef à l'un ou l'autre des membres des lignages du village ; ils ne sont pas héréditaires – mais peuvent l'être suivant les chefferies. Le président des délibérations du conseil du village et du tribunal se nomme *gbaŋ dʉ̀ moo*, « chef/couper/parole ». Un lignage autochtone détient le titre de *kpạ̀n*, un titre traditionnel emprunté aux Mboum. Dans la plupart des chefferies, le lignage titulaire est en charge de distribuer la nourriture lors des festins donnés par le chef aux villageois. Dans d'autres, ce sont tous les membres des lignages autochtones qui sont aussi désignés comme *kpạ̀n*. Le crieur public, *nán moo palɨ́*, « personne/paroles/crier », est aussi nommé par le chef pour faire les annonces aux administrés et convoquer par deux fois les notables, le soir tard et le matin de bonne heure, en parcourant le village.

Chez tous les Dìì, les autochtones sont réputés être des gens auparavant sans chefs, *nán gbaŋ pɛ́lí*, « gens/chefs/sans », tombés du ciel avec une longue queue chez les Mam be', les Mam nà'a et les Gʉʉm, qui ont rencontré des forgerons, aussi tombés du ciel, qui leur coupèrent la queue dans un premier temps pour les rendre plus humains et ensuite parachevèrent ce statut d'humanité en les circoncisant. Mais, comme chez les voisins dowayo, les Dìì et les forgerons, les Naŋ, se définissent comme des êtres d'essence séparée, les non-forgerons, les Dìì à proprement parler, et les forgerons, les Naŋ, qui forment une classe endogame constituée de nombreux lignages, dont chacun a un nom, les femmes étant potières. Chaque chefferie doit en principe inclure au moins un lignage de forgerons, mais quelquefois beaucoup plus[1], comme le dit l'explication « fonctionnelle » des chefferies que nous venons de donner.

Mais cette explication fonctionnelle cadre difficilement avec les versions « mythiques », d'une part, et « historiques » de l'autre, qu'il est impossible de mettre bout à bout pour en faire une périodisation linéaire. Les fonctions restent les mêmes mais l'origine profonde de la différence entre Naŋ et Dìì est sujette à de multiples ambiguïtés et contradictions. Par exemple, une version de l'origine de la circoncision parle d'une femme qui, observant des singes qui circoncisaient, trouva le pénis privé du prépuce plus esthétique et persuada son mari de subir l'opération à laquelle il souscrivit, passant son pénis à travers une fente de secco. Les lignages forgerons acceptent aussi cette version mais en précisant que c'est une de leurs femmes qui surprit les singes en plein travail.

Les forgerons seraient aussi tombés du ciel indépendamment des Dìì, avec leur pince, *mạ̀gan* et leur marteau, *mbigi*, ou avec leur pince et un morceau de fer, *hɨɨ waa*, « fer/petit » sans qu'aucune version ne dise qui, des deux groupes, a atterri en premier. Le fait qu'ils soient tombés du ciel est expliqué quelquefois par le second sens du terme *naŋ* qui veut dire « il pleut », les forgerons étant tous tombés d'un coup comme une averse. Plusieurs Dìì prétendent que, à cause de leur nom, ce ne sont que les forgerons qui sont tombés du ciel. Quoi qu'il en soit de cette origine céleste ou non, les deux groupes, même s'ils se dénomment comme deux ethnies diffé-

1. Dans les années 1950, le village de Ngawyanga avait encore cinq hauts-fourneaux et quinze forges en activité employant quarante forgerons. Les villages de Nabun, de Gandi et de Man étaient les principaux producteurs de fer ; les forgerons étaient exemptés des corvées imposées par Rey-Bouba. Le village de Gandi était auparavant sur les contreforts du plateau mais Rey-Bouba le déplaça pour avoir les forgerons plus près de lui. Quelques forgerons dìì, au contact des forgerons haoussa établis à Rey-Bouba, ont appris au siècle dernier la fonte à la cire perdue. Cet art a aujourd'hui disparu, plus aucun forgeron dìì ne le pratiquant bien que plusieurs puissent encore en décrire les techniques.

rentes, sont tous classés comme dìì d'une certaine manière pour avoir tous deux parlé la langue dìì dès l'origine.

Leur rencontre se serait faite selon plusieurs modalités différentes : la plupart relatent que les Dìì ne connaissaient pas le fer auparavant, travaillant la terre avec des houes faites de lames d'un bois d'une espèce très dure, *ɓɛ̀ŋ*, alors que d'autres, plus rares, prétendent que ces outils étaient en pierre, les deux sortes étant malcommodes et peu efficaces. Les forgerons, voyant ceci en rencontrant les Dìì, leur fabriquèrent des outils pour les aider à mieux vivre. Selon un lignage de forgerons – mais un seul ! –, ceci incita les Dìì reconnaissants à leur donner la chefferie qu'ils refusèrent pour se confiner à leur travail, les deux tâches se révélant trop lourdes à assumer à la fois. D'autres versions affirment que les Dìì entendirent le bruit des enclumes et se dirigèrent vers sa source. Ils invitèrent ces créateurs d'outils inconnus et miraculeux à venir vivre avec eux. Une version plus élaborée de ce récit dit que les forgerons s'étaient établis dans une grotte. Ils sortaient pour travailler mais rentraient précipitamment dans leur refuge dès qu'ils voyaient les Dìì s'approcher, intrigués par le bruit. Ceux-ci recoururent à une ruse pour mieux connaître ces farouches habitants des profondeurs : ils tressèrent un grand filet qu'ils fixèrent au rocher surplombant la caverne sur lequel quelques-uns se mirent à l'affût. Une fois les forgerons sortis, ils déroulèrent leur filet devant l'entrée de la grotte pendant que d'autres s'avançaient par-devant.

Les forgerons, en voulant rentrer dans leur abri, furent pris dans les rets. Après discussion, ils consentirent à se joindre aux Dìì[2].

Ces comptes rendus sont les versions traditionalistes. Plusieurs lignages de forgerons islamisés prétendent descendre, eux, du prophète David (Anabi Daouda) qui, dans une des traditions musulmanes, est l'ancêtre des forgerons. Podlewski (1971 : 30), qui rapporte une de ces versions recueillie chez les forgerons de Gangasao, s'étonne que le prophète leur aurait enseigné les arts du feu au Mali. Mais les Dìì savent bien que les Peuls disent venir du Mali et cette narration ne fait qu'islamiser davantage ces forgerons puisque ce sont les Peuls qui introduisirent l'islam dans l'Adamaoua. Cette version, comprenant ici une migration, fait état d'un voyage périlleux en pirogue sur la Bénoué jusqu'à la falaise de Ngaoundéré que les forgerons de Gangasao escaladèrent pour s'établir avec les gens de cette localité. Ce voyage, qui ne se retrouve pas dans les autres versions, ressemble à celui conté par Bouimon (1991 : 268) pour les forgerons voisins

2. En ce qui concerne l'introduction réelle de la forge chez les Dìì, il faut pour le moment se borner aux indications de Seignobos (1991 : 121) qui remarque que le terme « pinces », chez plusieurs populations situées au nord des Dìì, est dérivé de son nom arabe, *magas*, comme le semble celui utilisé par les Dìì, *'mągan*, réminiscent des noms de même racine utilisés par ces populations emprunteuses du terme arabe.

moundang et toupouri. Une autre version islamisée raconte que les Dìì reçurent chez eux un prophète du nom de Souleïmanou qui faisait tout le travail du fer avec ses mains sans se brûler. Il enseigna ses techniques à quelques Dìì et, avant de retourner au ciel, il fit une prière à Dieu qui envoya une pince et un marteau pour que les Dìì ne se brûlent pas, une histoire qui est similaire à celle racontée par les forgerons hausa islamisés de l'Ader (Pilaszewicz 1991 : 246, citant Échard 1965). Cette version vient de Novee, un village proche de Ngawyanga qui, lui, transmet une variante dérivée : les forgerons du village savaient comment fondre le fer mais ils ne réussissaient jamais à le sortir du foyer car ils employaient une pince en bois qui ne cessait de brûler. Dieu, dans les deux versions appelé par son nom dìì, Tayɨɨ, envoya un prophète qui leur apporta une pince en fer.

Les Dìì naan, paan et saan ne partagent pas ces traditions bien que certains les connaissent. Ils disent être venus du massif de Poli et prétendent ne pas être tombés du ciel, pas plus que leurs forgerons qu'ils affirment avoir acquis des populations voisines – surtout des Dowayo – en les « achetant » selon la procédure suivante : les Dìì adoptèrent une petite fille forgeronne et la donnèrent sans dot à un forgeron impécunieux qui devint de la sorte leur client, ou alors, inversement, adoptèrent un jeune forgeron qu'ils pourvurent d'une épouse forgeronne, se l'attachant aussi de cette manière. Mais la question est plus compliquée car, dans toute l'aire dìì, on trouve aussi des « forgerons dìì », Naŋ Dìì – une contradiction dans les termes –, qui sont les descendants d'un mariage en théorie interdit ; il s'agit dans certains cas de celui d'une princesse et d'un forgeron ou, aussi à l'inverse, d'un homme dìì et d'une potière. Le statut matrimonial de leurs descendants varie selon les chefferies ; certaines les assignent à la classe des forgerons alors que d'autres les assimilent aux Dìì.

L'histoire mythique fait donc état de deux groupes, les Dìì et les Naŋ qui vivaient sans chefs – à part dans une version naŋ, unique et citée ci-dessus mais niée par les Dìì, qui prétend que les forgerons furent élus chefs mais déclinèrent cet honneur. Dans tous les cas, le forgeron est intégré dans la vie dìì en tant que partie nécessaire au tout avant même la création des chefferies.

Avant d'examiner comment le forgeron est inséré dans ce schème et quel est son statut, il nous faut revenir aux temps mythiques pour connaître les raisons de leur endogamie. Dans presque toutes les versions, les deux groupes se sont rencontrés déjà constitués, et la caractéristique d'endogamie réciproque n'est pas expliquée mais sous-entendue. Les forgerons sont aussi responsables de l'invention de la poterie, bien que la plupart des versions de la rencontre des Dìì et des Naŋ passent cet aspect sous silence. Il va de soi que, dès la rencontre, les femmes des forgerons, *naŋ kẹ́ẹ́*

« femmes/forgeron », étaient déjà des potières. La découverte de leur art découle directement de celle de la forge. Les forgerons et les potières disent que leurs ancêtres ont observé que les hauts-fourneaux qu'ils érigeaient ainsi que les tuyères, tous en terre argileuse, durcissaient lors de la réduction, devenaient imperméables et résistaient au feu. Tout le monde, à cette époque, cuisait la nourriture en faisant chauffer à blanc des pierres qu'on jetait dans des calebasses contenant de l'eau et de la farine – et même des morceaux de viande – pour faire de la bouillie. C'est une méthode qui est encore quelquefois utilisée lorsqu'on va en brousse pour la journée. Une autre technique, plus spectaculaire, était de chauffer avec force bois une roche comportant des creux. Lorsque la roche était brûlante, on balayait les cendres, on remplissait les trous avec de l'eau à laquelle on ajoutait la farine pour faire cuire le tout. Les hommes, voyant la résistance au feu des hauts-fourneaux et des tuyères, demandèrent aux femmes d'aller chercher une argile particulièrement malléable signalée par les terriers et les déjections du crabe de terre, *ka̦a̦g*, argile qui leur semblait la plus appropriée, et d'en façonner des récipients qui pourraient être mis au feu. Ce que firent les femmes qui, ensuite, perfectionnèrent leur art en observant les pratiques de la guêpe maçonne, *di̦di̦i̦*[3].

Pour préserver ces deux arts du feu, *he̦n túúlɨ á ti sa*, « chose/forger/ne/perdre/pas », les forgerons refusèrent de donner leurs filles aux Dìì et se marièrent entre eux. Les Dìì qui prétendent avoir donné une de leurs filles après avoir trouvé un forgeron tombé du ciel, – mais qui adhèrent à la règle d'endogamie – disent que leurs enfants se marièrent à d'autres enfants de forgerons pour mieux conserver leur savoir-faire. La découverte de la poterie engendra donc plus tard l'endogamie et Dìì et Naŋ partagent la même interprétation. On notera ici que, contrairement à la plupart des autres sociétés africaines dans lesquelles forgerons et potières sont castés, ce ne sont pas les forgerons qui ont été exclus ou marginalisés par la majorité ; ce sont les forgerons et les potières qui l'ont fait d'eux-mêmes pour protéger et conserver leurs activités conjointes.

Mais les Dìì croient-ils en ces histoires ? Paul Veyne (1983) s'est posé la question à propos des Grecs. Dans un livre célèbre, il nous montre que la question est bien plus compliquée qu'elle n'en a l'air et que dès les premières rédactions des mythes par écrit, ceux-ci ont engendré maints commentaires des intéressés eux-mêmes sur ce qui, en eux, était vrai et ce qui était faux. Les premiers ethnologues ont surtout transcrit des versions mythiques complètes, sans nous donner les commentaires locaux sur ce que

3. La forge précède ici la poterie alors que c'est le contraire plus au nord, chez les peuples du nord et de l'ouest de Maroua qui avaient des tessons de poterie comme outils agricoles avant de rencontrer des forgerons migrants (Seignobos 1991 : 64 ; 178 et *passim*).

les gens croyaient et ne croyaient pas ; la génération lévi-straussienne a ensuite montré les mythes en transformations mais, dans les deux cas, les ethnologues laissent souvent l'impression d'avoir toujours obéi à un invariant, celui de tenir pour acquis que les énonciateurs des mythes y croyaient. Or, c'est justement une pomme de discorde chez les Dìì dont beaucoup mettent en question la véracité des histoires de leur origine et de celle des forgerons. Nous avons dit que l'origine céleste des uns et des autres était contestée par au moins une partie des groupes linguistiques dìì et même de bien des membres de ceux qui officiellement en colportent l'histoire. Leur argument est que personne – chrétien, musulman ou traditionaliste – n'a jamais vu quelqu'un tomber du ciel – et encore moins des gens nantis d'un savoir important. Ceux qui adhèrent à la croyance la tempèrent en disant qu'après tout, nul n'était là à l'époque pour confirmer le fait et qu'ils se contentent simplement de répéter ce que leurs grands-pères leur ont dit. En revanche, l'invention de la poterie dérivée de la forge est vue comme tout à fait plausible mais il reste à justifier celle de la métallurgie qui pose problème. Si le forgeron n'est pas tombé du ciel nanti de ses savoirs, il les aurait tenus de prophètes musulmans venus les lui enseigner, ce qui provoque des haussements d'épaules de bien des gens, incluant les musulmans. Il reste toutefois une dernière possibilité logique que plusieurs Dìì envisagent sérieusement : le forgeron aurait découvert la métallurgie tout seul – ou l'aurait à moitié inventée selon la version musulmane dans laquelle il ratait la fin de l'opération puisque sa pince en bois brûlait avant qu'il puisse sortir le fer du feu. Ceci prouve sa grande intelligence, bien plus aiguë que celle des simples mortels. Enchaînant sur cette constatation, quelques Dìì plus radicaux que les autres, dont certains chefs de villages importants, disent que c'est précisément cette capacité à inventer des choses extraordinaires qui fait dire qu'ils sont tombés du ciel. Cette conclusion, selon eux, partirait de l'étonnement tout à fait légitime devant une telle réussite technique. Elle est si surprenante qu'elle ne peut se penser comme une création de l'homme ; les anciens Dìì n'ont rien trouvé de mieux pour l'expliquer que de la faire émaner d'un ailleurs super-humain. Si les Dìì affirment que les forgerons sont tombés du ciel, c'est parce qu'ils n'ont pas voulu croire à la valeur intrinsèque du forgeron qui les surpassait en intelligence et en industrie. Mais ce plaidoyer à partir du mythe, qui est en même temps une explication de celui-ci, nous ramène sur terre puisqu'il prétend que le mythe découle directement des activités terrestres presque miraculeuses du forgeron. Cependant, la situation est loin de s'éclaircir car la réalité est aussi coriace à interpréter que les disputes sur les mythes.

DE QUELQUES SCORIES MÉTAPHORIQUES DIFFICILES

Malgré tout le crédit qu'on leur accorde, on entend quelques commentaires ironiques au sujet du refus des forgerons de pratiquer l'agriculture. En effet, forgerons et potières ne s'y adonnaient pas, la forge et la poterie étant des activités à temps complet, ce qui n'est plus tout à fait le cas aujourd'hui puisqu'on a cessé de réduire le minerai – autrefois recueilli autant sinon plus par les potières que par les forgerons. On dit quelquefois que forgerons et potières ont choisi de se spécialiser par paresse pour éviter d'aller aux champs et de grelotter sous la pluie en restant bien au chaud dans leur forge à fabriquer les outils qu'ils échangeaient avec les Dìì du village contre du grain ou d'autres récoltes. Ils seraient des profiteurs utilisant leur monopole pour se protéger des intempéries. À quoi les forgerons et ceux qui leur sont reconnaissants ont beau jeu de répondre qu'en premier lieu il fallait d'abord savoir forger pour jouir du bénéfice marginal de rester à la maison, près du feu. En effet, le forgeron était le client d'un certain nombre de familles qu'il approvisionnait en armes et outils. Les familles aisées le rémunéraient en grand style lors de leur battage de mil prestigieux auquel le forgeron et sa famille étaient invités. Abritée et honorée sous un auvent pour la protéger du soleil, la famille forgeronne sirotait de la bière et rentrait chez elle le soir avec une partie de la récolte. On raconte que les forgerons, à l'annonce du battage du mil d'un de leurs clients, forgeaient fébrilement d'un coup tous les outils et ustensiles qu'ils pensaient nécessaires à sa maisonnée, quitte à ne pas dormir pendant quelques jours, et les lui apportaient à cette occasion.

Mais ce n'était pas leur seule source de revenus. Outre la vente ou l'échange avec d'autres ethnies proches de blocs ronds de fer brut (environ 25 kg), plusieurs forgerons s'unissaient souvent temporairement pour faire à la chaîne un certain type d'outil ou d'arme – le nombre d'une centaine faite à la fois revient comme un cliché – et envoyaient un des leurs les vendre en ville, au marché de Ngaoundéré. Ce travail à la chaîne se fait encore quelquefois pour les couteaux qui se vendent dans tout l'Adamaoua et jusqu'au Bornou. Aujourd'hui, on vend surtout à la pièce, sur commande, bien qu'une petite quantité d'objets puisse s'écouler au marché.

Mais cette absence d'activités agricoles met aussi les forgerons, au moins pour plusieurs Dìì, du côté du chef à qui il était interdit de pratiquer l'agriculture. Ceci est vrai mais d'autres font remarquer que le chef n'avait pas le droit de travailler de ses mains. La prohibition de cultiver met le forgeron du côté du chef mais ses activités manuelles le plaçent où exactement ? Pas du côté des agriculteurs mais de son propre côté exclusif, qui inclut aussi l'usage d'une harpe géante, dite « harpe du forgeron », *khòn naŋ*, qu'il se réserve (Grelier 1999).

La symbiose et la complémentarité entre forgerons et agriculteurs est expliquée en termes d'échange, *pị̀n*, d'outils contre des denrées vivrières. Elle justifie la prohibition – en voie de disparition – pour un Dìì de manger et de boire après un forgeron dans la même calebasse. À extrapoler la littérature anthropologique consacrée à cette question, on en conclurait immédiatement à une protection contre une contamination due au statut impur attribué au forgeron dans nombre de sociétés africaines. Cependant, il n'en est rien car les Dìì ont une vision résolument maussienne de la chose basée sur le don et le contre-don : puisque toute nourriture et toute boisson vient des grains donnés par les Dìì aux forgerons, manger après eux de leur nourriture reviendrait tout simplement à leur reprendre d'une main ce que l'autre leur a donné ! Ce serait ni plus ni moins que les voler… Cette justification est encore plus appuyée par le fait que, pour bien des Dìì, cette prohibition ne vaut que pour les forgerons de leur propre chefferie, en particulier ceux qui ont participé à sa création, et qu'elle ne s'applique pas aux autres. C'est l'échange de deux types d'objets incommensurables mais complémentaires qui dicte la prohibition et non une question d'impureté. Les forgerons s'abstenaient de manger de la viande de mouton car sa peau trop lâche ne pouvait servir à faire des soufflets. Par contre la viande de chèvre leur était réservée car plus dure et sa peau servait pour les soufflets de la forge. Ces prohibitions, qui n'avaient rien à voir avec l'impureté, ne sont plus guère respectées aujourd'hui.

Cet aspect de complémentarité nous permettra d'aborder le statut du forgeron au sein des chefferies dìì car un lignage forgeron, au moins, est étroitement associé à celui du chef de village. Les forgerons dìì ont toujours été très mobiles, allant où le travail était payant, quitte à revenir chez eux après des exils plus ou moins longs ou à émigrer définitivement[4]. Comme l'indiquent la structure et la fonction des chefferies, un lignage forgeron a toujours été un des éléments nécessaires à son établissement. L'on dit même, au village de Ze'ed, qu'il cumulait les offices d'autochtone, de forgeron et de circonciseur mais qu'il se plaignit d'un surcroît de travail, ce qui incita le chef à créer les offices séparés d'autochtone et de circonciseur. Le lignage forgeron le plus proche du chef est souvent appelé *zig tʉ̀ gbaŋ*, « lignage du surveillant, ou gardien, du chef » pour le distinguer, s'il y en a,

4. Le nombre des forgerons a drastiquement diminué en territoire dìì depuis l'abandon de la fonte. Plusieurs se sont établis au sud, chez les Mboum et les Gabya où ils ont fait souche. Nombre d'entre eux n'exercent plus que partiellement la métallurgie, consacrant le reste de leur temps à l'agriculture, leurs épouses demeurant potières. Le nombre de ces dernières ne semble pas avoir diminué et certaines femmes de lignages non forgerons ont augmenté leurs revenus en devenant potières. Pour plus de renseignements techniques et esthétiques sur – entre autres – la poterie dìì, voir Wallaert-Pêtre (1998 ; 2001 : *passim*).

des autres lignages forgerons de la chefferie. Les lignages forgerons appartenant vraiment à la chefferie sont dits « sortis », *vúd*, avec celle-ci ; ils en sont les forgerons originels qui ont participé à sa création. Même s'ils ont émigré au loin et que leur rôle a été donné à un forgeron nouveau venu, on parle toujours d'eux comme des « vrais » forgerons de leur chefferie d'origine. En l'absence d'un représentant du lignage originel, ce qui est très fréquent, on donnait l'office de « surveillant » du chef – et on le donne encore – à un autre lignage forgeron qui devient le lignage officiel de son village d'adoption. Dans les villages qui n'ont plus de forgerons, leur forgeron originel est invité à venir effectuer son travail rituel dans son ancien village. Si le lignage s'est éteint, on fait venir un remplaçant d'un village voisin.

En plus d'être le chef des forgerons du village, le gardien a – ou plutôt avait, car l'office n'est plus aujourd'hui que nominal – un rôle important à jouer au point de vue rituel. Ce surveillant est choisi par le futur chef, juste avant son intronisation, parmi les jeunes gens déjà circoncis du lignage forgeron. Son rôle de « surveillant » lui confère une position privilégiée et lui donne le statut métaphorique de « première épouse du chef » car ce dernier se confie davantage à lui qu'à sa femme. Il est aussi « première épouse » car il est chargé de faire la paix entre les vraies épouses du chef en cas de zizanies domestiques. Il accompagne le chef en voyage pendant lequel il fait office de goûteur de plats de crainte qu'un ennemi ne veuille l'empoisonner. Il supervise le travail aux cuisines lorsque le chef donne des festins publics. Bien que ne vivant pas à la chefferie, il y passait, au moins dans les premières années d'un règne, la plus grande partie de son temps et agissait en majordome. S'il mourait, il n'était pas remplacé et, si le chef décédait avant lui, il perdait son titre, le nouveau chef s'attachant un autre gardien plus jeune. Il redevenait alors simple forgeron, mais gardait le prestige attaché à son ancienne fonction.

Les forgerons sont aussi très valorisés car ils fabriquent les couteaux de la circoncision qui sont des sortes d'esprits assimilés à ceux des morts, *yọọb*, investis de puissances redoutables que nous discuterons plus loin. Lorsque le forgeron remplaçait les exemplaires rouillés, abîmés ou réformés, le chef lui donnait un costume luxueux. Le forgeron a donc une position très importante qui, dans ce contexte, le met tout près du chef.

Mais le forgeron, sauf chez les Dìi gʉʉm, n'est pas le maître de la circoncision, malgré son rôle crucial dans la fabrication des couteaux. Ce rôle échoit à l'un des groupes d'autochtones, les autres ayant un statut moindre. Ce lignage principal, tout de suite derrière le chef, est sans conteste celui du circonciseur qui est aussi le grand prêtre de la chefferie. Il est le seul officiel avec le chef à être salué par le terme de « *Bàa* » qu'on pourrait traduire par « Monsieur », laissant les autres lignages autochtones se disputer un ordre hiérarchique dont personne, à part les intéressés, ne se soucie vraiment. On peut donc dire que, vis-à-vis du chef, le circonciseur et le forgeron sont, quant à leur importance, difficiles à départager. De plus, lors des circoncisions collectives, les fils de chef passent souvent en premier, avant tous les autres mais, quelquefois, c'est un petit forgeron qui les précède. Si une circoncision particulière ne comprend pas de prince mais un fils de forgeron, il est circoncis avant ceux des autres groupes d'autochtones, incluant le circonciseur, pour honorer le lignage producteur des couteaux. Cette place variable donnée au forgeron, au circonciseur et aux autres groupes d'autochtones selon le contexte est exprimée surtout en disant que le chef est « devant » tous les autres lignages, qui sont « derrière » lui, en suivant leur ordre particulier en chaque occasion. Les Dìì voient bien qu'il est impossible de donner une hiérarchie stable à leurs lignages, sauf celui du chef. Ils résolvent la difficulté en disant que le forgeron n'est ni en haut ni en bas, ni devant ni derrière, mais simplement « à côté », *kə́kə̀d*, un terme qui signifie aussi et à la fois « en dehors », « à part » ou « différent ».

Mais, d'un autre côté, la perception populaire des choses assigne aussi des stéréotypes assez négatifs aux forgerons, stéréotypes abondamment discutés parce qu'ils sont loin de faire l'unanimité. Les forgerons sont tenus pour voraces et gloutons, toujours prêts à faire la fête. Ils ont des comportements exhibitionnistes lors des réjouissances publiques (le lieu où se trouve présentement le bâtiment de la sous-préfecture de Mbé est dit « le lieu du bas-ventre » car des forgerons se mirent à y danser tout nus – une grande indécence chez les Dìì – à l'issue d'une fête très arrosée). Mais là encore, cette gloutonnerie est ambiguë car elle est aussi partagée par les circonciseurs qui officient en même temps que les forgerons. Ce groupe est collectivement appelé *zanan*, « les léopards de la boule de mil », pour souligner cet aspect de voracité. Dans les chefferies qui n'ont plus de forgerons, on en fait venir un ou deux pour la circoncision et l'accent est mis sur leur gourmandise en disant qu'il n'est pas bien difficile d'en trouver un car il suffit de leur évoquer un pot de bière pour les faire accourir à toutes jambes. Les forgerons sont aussi tenus pour insouciants, imprévoyants, distraits et sans attaches. Ils vont et viennent selon les opportunités et s'établissent facilement ailleurs s'ils y trouvent leur compte, ce qui est aussi le cas de bien des Dìì (Muller 1996), mais on passe cette similarité sous silence. Pour faire contrepoids à ces allégations ironiques, on assure aussi que les forgerons prennent tout sur eux et savent employer leur statut ambigu pour le plus grand bien de ceux qui les respectent et à qui ils sont fidèles. Pour illustrer ce point, on raconte l'anecdote suivante :

Un forgeron était très ami avec un chef de lignage important. Celui-ci, lors d'une réunion formelle à la chefferie à laquelle assistait aussi le forgeron, lâcha un pet incongru. Le chef sursauta et regarda sévèrement le coupable. Le forgeron immédiatement s'accusa en s'excusant, sauvant son ami d'une solide réprimande.

De plus, quelques rares Dìì les brocardent aussi en disant qu'ils sont des femmes parce qu'ils ne vont jamais à la guerre. Ce statut de femme métaphorique est le sujet de débats casuistiques – comme le fait d'être tombés du ciel – que ne renieraient ni les théologiens médiévaux ni nos classes de rhétorique. Nous avons mentionné que le gardien du chef est sa première épouse métaphorique parce qu'il reçoit toutes ses confidences ; il en sait plus que la vraie première femme et régente les autres épouses en cas de disputes intestines. Mais les Dìì voient plusieurs modalités d'être femme. Dans ce cas, on dit qu'il est la première femme du chef – ou comme la première femme – tant qu'il est dans le bâtiment de la chefferie mais qu'il redevient homme dès qu'il en sort. Il n'y a donc rien de réellement féminin dans cette comparaison. Les tenants de cette théorie rejettent aussi l'opinion de ceux qui assimilent tous les forgerons aux femmes parce qu'ils n'allaient pas à la guerre : il n'y a qu'un forgeron femme, le gardien du chef, et encore seulement lorsqu'il est auprès de lui et ceci n'a rien à voir avec le statut féminin assigné aux forgerons qui ne faisaient pas la guerre car cette absence au combat était due au fait qu'ils forgeaient les armes qui permettaient aux autres hommes de la gagner, leur conférant par là un statut masculin complet et, soutiennent certains Dìì, plus important et relevé que celui des simples utilisateurs des armes.

Ces métaphores assimilant les forgerons aux femmes selon le genre (*gender*) le font pour d'autres raisons que celles qui les placent avec le sexe féminin en suivant une analogie, cette fois, biologique. Dans plusieurs sociétés africaines, le forgeron est dit accoucher du fer lorsqu'il effectue une réduction et/ou lorsqu'il forge les outils. Mais là encore, les choses sont ambiguës car la fonte peut être interprétée de plusieurs façons. Dans un article devenu classique, Pierre de Maret (1980) cite des exemples d'Afrique centrale montrant le forgeron comme un accoucheur masculin des initiés à la fin de leur initiation. Si la femme accouche selon la nature, le forgeron le fait selon la culture mais rien ici ne nous démontre que parce qu'il accouche métaphoriquement, il se change en femme. Sous un autre de ses aspects, la fonte est quelquefois assimilée simultanément à un accouchement et à un coït : le fourneau est la femme et la tuyère du soufflet un pénis ; le minerai extrait représente l'enfant de cette opération. Mais rien ne nous dit, ici aussi, que le forgeron soit une femme : tout au plus peut-on supposer qu'il conjoint éventuellement les deux sexes. Il existe pourtant un cas bien attesté où le forgeron, si l'on peut dire, littéralement change de sexe lors de la fonte : Yves Monino (1983 : 305-307) dit expressément que les fondeurs gbaya – voisins des Dìì au sud – deviennent des mères qui accouchent du fer lors de la réduction, fer explicitement engendré par un père qui est l'esprit d'un fondeur décédé. Ce n'est plus ici une métaphore basée sur une analogie de genre, mais une métonymie temporaire qui ne dure que le temps de la fonte.

Nous n'avons qu'une faible allusion de ce type chez les Dìì et encore, seulement lorsqu'on pose explicitement la question. Les forgerons et les fondeurs dìì – il y avait des fondeurs non-forgerons chez les Dìì saan – peuvent être considérés comme les accoucheurs de leurs outils ou du fer mais, assurent les intéressés, ceci ne veut strictement rien dire car les potières aussi – et elles confirment également en riant – accouchent non seulement de leurs enfants mais aussi de leurs pots. Il n'y a là rien de plus que des jeux de mots… Ceci est encore plus évident lorsqu'on découvre que les termes « engendrer » et « accoucher » ont souvent le même sens. Engendrer se dit *hąą̣* aussi bien pour les hommes que pour les femmes alors qu'accoucher ou enfanter, *kə̣ə̣*, s'applique normalement aux femmes mais on emploie souvent les deux termes l'un pour l'autre, et ce pour les deux sexes. Chez les Dìì, la métaphore biologique est plutôt un sujet de plaisanterie lorsque l'ethnologue l'évoque[5]. Il ne reste plus que la métaphore de genre que les Dìì soit restreignent au seul chef des forgerons – comme épouse du chef –, et encore uniquement lorsqu'il est dans la chefferie, soit étendent à toutes les femmes, mais par un trait analogique différent du premier – ne pas aller à la guerre – interprété aussi par ailleurs comme un signe d'hypermasculinité puisque cette absence sert à forger les armes qui permettent aux autres hommes de la gagner[6].

La proximité du forgeron et du chef est aussi inscrite spatialement. Les forgerons étaient établis immédiatement derrière la chefferie, un peu à l'écart à cause, dit-on, des risques d'incendie. Lors de l'établissement des villages le long des routes carrossables, les forgerons des villages qui en comprenaient encore beaucoup se mirent d'un côté de la route et les Dìì de l'autre. Aujourd'hui, les forgerons – et bien d'autres Dìì – se mettent n'importe où.

5. Elle est spontanément présente pour les potières des Chamba voisins qui font métaphoriquement des enfants en cuisant leurs pots mais, comme elles en font beaucoup, on en infère une sexualité débridée (Fardon 1990 : 83).

6. Ces discussions dìì et ce qui précède sur les analogies entre forgerons, fondeurs et femmes nous font prendre avec un grain de sel les hypothèses généralisantes de Sterner et David (1991). Le genre est discuté et manipulé chez les Dìì de manière multivoque et contradictoire. Il n'en reste pas moins vrai que l'introduction du genre comme élément essentiel à prendre en compte dans l'analyse des représentations variées et quelquefois antithétiques que les populations concernées se font des forgerons et des potières reste incontournable, comme le montre bien l'exemple dìì et de nombreuses citations des deux auteurs ci-dessus.

FORGERONS DÌÌ ET FORGERONS VOISINS

Après cette exposition de la position des forgerons dans la structure politico-rituelle dìì et les opinions divergentes entretenues par ces mêmes Dìì, il peut être utile de voir quelles sont les attitudes correspondantes chez les voisins immédiats pour lesquels nous possédons des renseignements utiles. Nous ne pourrons mentionner que les Moundang, les Dowayo, les Duupa et les Chamba, les renseignements manquant pour les voisins de l'est, Lamé et Mbéré, ceux du sud, les Mboum, et ceux du sud-ouest, les Péré, Kolbila, Voko et Koma. Il n'en reste pas moins que ceci nous aidera à cerner un peu mieux l'éventail des transformations – ou des variations – entre les diverses positions des forgerons dans ces populations voisines.

Chez les Moundang qui sont situés au nord-est des Dìì, les forgerons sont traités à l'égal des chefs, jouissant du même prestige (Adler 1982 : 126-131). Les forgerons ne sont pas castés ; leurs clans originaux viennent du sud du territoire moundang et ont joué un rôle important dans la protection des Moundang lors des guerres contre les Peuls au XIXe siècle. Le forgeron n'est pas le maître de la circoncision ; celui-ci provient d'un clan dìì de l'extrême nord du territoire antérieurement dìì, qui introduisit à la fois le couteau métallique et les masques chez les Moundang, alors que ceux-ci pratiquaient déjà la circoncision mais avec des éclats tranchants de tige de mil. Il est, en somme, le pendant dìì du circonciseur.

Au nord-ouest, les Dowayo ont, comme les Dìì, des forgerons castés endogames, vus comme une ethnie différente et dont les femmes sont également potières (Barley 1983 : *passim* et 123 pour un utile index). Ils vivent un peu à l'écart des « vrais » Dowayo ; ils ne peuvent normalement ni partager leur nourriture ni leur boisson avec eux, pas plus qu'avoir de relations sexuelles. Les forgerons ne peuvent entrer dans la maison d'un homme ou d'une femme dowayo. Ils sont les clients d'hommes riches qui payent leurs dots et, même s'ils sont dits « riches », ils sont « sales ». Alors que leurs femmes, outre leur travail de la poterie, sont des sages-femmes et accoucheuses, le forgeron est fossoyeur. Comme le dit joliment Barley, l'une introduit les Dowayo au monde alors que son mari a pour tâche de les en faire sortir. De plus, ils sont enterrés séparément. Le forgeron est associé à la mort et aux excréments. Les relations d'évitement sont encore plus fortes entre un forgeron et un faiseur de pluie ; le premier ne doit en aucun cas se rendre dans un village où réside un des seconds sous peine de le faire mourir et celui-là, s'il se rend près d'une potière entreprenant une fournée, fera éclater les pots en cours de cuisson. Tout se passe comme si le forgeron était un médiateur entre les Dowayo ordinaires et les chefs de pluie.

Si l'on se tourne maintenant vers les Duupa, à l'extrême nord-ouest des Dìì, on remarque que les forgerons – et les potières – forment toujours une caste endogame. Ils peuvent être circonciseurs - comme d'autres agriculteurs dont ils étaient les clients. Ils n'ont aucun rôle comme fossoyeurs (Garine 1995 : 10-11). Ils semblent être venus d'ailleurs, sans qu'on sache bien d'où, et leur spécialisation comme circonciseur n'est pas exclusive, des agriculteurs étant aussi responsables de ce travail, bien qu'il soit probable que les forgerons aient été les introducteurs de la circoncision chez les Duupa.

Un peu plus au nord-est se trouvent les Chamba qui, eux aussi, ont des relations ambiguës avec les forgerons. Ils sont aussi castés et leurs femmes sont potières. Ils ne peuvent vivre parmi les Chamba, ne peuvent les épouser ni participer aux cultes des uns et des autres, ni manger ensemble. Le forgeron est, à première vue, l'antithèse du chef Chamba. Les forgerons sont supposés venir d'ailleurs – de chez les Vere dans la région qui nous concerne – et investis de valeurs négatives, saleté, mort et sorcellerie, opposées à celles du chef.

Mais ces attitudes négatives sont contrebalancées par d'autres, plus franchement positives. Certains les créditent de l'introduction du feu et de la poterie pour cuire les aliments, de la manière exacte de copuler pour faire des enfants, de l'accouchement naturel[7], des outils de fer, des façons d'enterrer les morts et de faire des portes aux maisons[8]. D'autres valeurs les associent au chef : les forgerons sont nécessaires à plusieurs rites annuels de la chefferie. Ils sont les tambourineurs des doubles cloches et des tambours royaux. Comme le chef et les sous-chefs, le chef des forgerons porte un des insignes royaux et il est salué comme un chef. Lors du rituel royal de Yeli, le chef et le forgeron s'assoient ensemble sur une natte neuve tissée par le forgeron pour attendre le cortège revenant du cimetière (Fardon 1988 : 225-234). Ce chef des forgerons est « like a shadow image of the chief » (Fardon 1990 : 83) ; il est choisi dans un patriclan alors que le chef provient d'un matriclan. Le chef représente les qualités chamba essentielles et intrin-

7. Fardon (1988 : 230-231) cite une histoire recueillie par Frobenius qui raconte qu'après s'être mise à copuler correctement selon les préceptes du forgeron, une femme tomba enceinte. Les hommes lui ouvrirent le ventre, tuant ainsi la mère et l'enfant. Le forgeron les instruisit sur la vraie manière de procéder pour un accouchement réussi. La césarienne originelle chamba fait écho à celle des Birom (Davies 1949 : 154) du plateau de Jos qui ignoraient aussi l'accouchement naturel, avec pour résultat la mort de bon nombre de femmes et d'enfants jusqu'à ce qu'une femme enceinte, voyant en brousse une antilope naine accoucher naturellement, décide de se cacher aux alentours du village et d'attendre. Son retour avec un enfant vivant fit cesser la césarienne.

8. Cette histoire des maisons sans portes est rapportée dans le cas d'un village dìì, Yạn (Nyan), dont les habitants ignoraient les portes, se mettant à l'ombre sous la paille qui débordait du toit. Lorsqu'il pleuvait et ventait, ils tournaient autour de la maison pour échapper aux rafales. Ce comportement de fous, *yạŋ*, légèrement modifié pour ne pas les vexer, donna son nom au village, dont les habitants eux-mêmes racontent aussi cette histoire. Lors d'une de leurs circoncisions, des invités du village de Mbow se moquèrent d'eux et leur montrèrent comment faire des portes.

sèques tandis que le forgeron est censé être venu d'ailleurs, même si c'est un héros culturel majeur. Le chef doit être sérieusement protégé contre la pollution alors que le forgeron est pollué de manière permanente.

Cette petite excursion en terres voisines montre plusieurs choses : les Dìì paan, saan et naan, à l'extrême nord-ouest du territoire, expliquent l'origine de leurs forgerons exactement comme le font aujourd'hui les Dowayo qui les jouxtent : ils disent les avoir acquis en payant le prix de la fiancée d'un forgeron que le village s'attache ainsi, comme les « big men » dowayo se les subordonnent. Ceci confirme encore que ces Dìì sont plus récemment descendus des montagnes pour se joindre au gros des autres Dìì.

Les Dìì gʉʉm conjoignent les fonctions de forgeron et de circonciseur ce que font partiellement les Duupa voisins des Paan, des Saan et des Naan sans qu'on puisse dire, cependant, qui a influencé l'autre. Alors que les forgerons dìì des groupes linguistiques mam be', mam nà'a, hụụn et gʉʉm disent qu'ils sont tombés du ciel – avec quelquefois les autres Dìì – près des Dìì, soit avant eux soit après, les forgerons duupa sont censés être venus d'ailleurs. Ces trois populations, Dìì, Duupa et Dowayo ont des forgerons castés, mais, rien n'est dit d'une origine géographique extérieure tant chez les Dìì que chez les Dowayo. Comme Duupa et Dowayo n'ont pas de chefs politiques, il ne saurait y avoir ici de comparaison mais il existe tout de même une opposition cardinale entre forgeron/potière et chef de pluie chez les Dowayo.

Les forgerons chamba sont aussi censés être venus d'ailleurs mais, même si ce sont des héros culturels majeurs, ils sont en quelque sorte des inverses du chef matrilinéaire. Bien que le chef forgeron soit une figure positive, les autres forgerons sont polluants et les explications des interdictions de manger après un forgeron rappellent celles des Dowayo, qui ont pour fonction d'éviter la pollution. Les forgerons chamba sont aussi soupçonnés d'avoir des liens avec la sorcellerie. Ceci fait contrepoint avec la position des forgerons chez les Dìì, qui est plus positive. Le chef des forgerons est étroitement associé à la chefferie, à tel point qu'on le place très haut dans la hiérarchie, les prohibitions de manger et de boire après un forgeron s'expliquant de manière tout à fait différente de ce qu'on a l'habitude de trouver dans les sociétés africaines et, aussi, dans les sociétés voisines. Ce n'est pas la crainte de la pollution qui les motive mais le fait qu'en buvant et mangeant après le forgeron, on lui reprendrait ce qu'on lui aurait donné, la nourriture ou la bière qui vient des grains cédés en échange de ses services artisanaux. Aucune connotation de sorcellerie ne s'y trouve et les forgerons connus et réputés peuvent informellement être crédités – comme d'autres hommes de même réputation – d'être justement des anti-sorciers, *kpìn*, qui protègent le chef par leur pouvoir occulte. L'ambivalence bascule ici plutôt du côté positif.

Elle continue sur cette lancée chez les Moundang au nord-est des Dìì où les clans forgerons, autochtones ici et provenant du sud, sont non castés et forment des clans salués comme les chefs. Ce sont ici des Dìì non forgerons qui ont apporté les masques et les couteaux de circoncision.

On trouve, ordonnées dans une région relativement restreinte, presque toutes les possibilités qui accompagnent les relations entre forgerons et population hôte, forgerons et chef, qui vont du forgeron chef ou roi – comme dans le cas célèbre des Bakongo – au forgeron méprisé. Cet éventail nous rappelle les hypothèses de Lévi-Strauss (1961 : 49-52), reprises ensuite par Luc de Heusch (1963) sur les ambivalences entretenues par la société envers leurs grands techniciens, comme les forgerons, ou les physiciens de l'atome qui sont soit honnis soit adulés. Ces êtres hybrides incitent les autres membres de la société à les voir comme des héros culturels – allant jusqu'à les faire rois, ainsi qu'il en va chez les Baguirmiens relativement voisins au nord-ouest (Pâques 1967), ou comme des porteurs de désordre potentiel qu'il faut contenir et rabaisser. Dans le premier cas, ils sont vus comme un facteur de progrès de par leurs nouveaux outils et leurs nouvelles armes et sont alors placés très haut. Dans le second, au contraire, ils sont perçus comme un élément potentiellement perturbateur, leurs inventions, telles les armes de métal plus efficaces, pouvant servir à anéantir la société qui les abrite.

On aurait ainsi des sociétés traditionnelles à tendances « modernistes » qui approuvent le progrès en se mettant du côté de son promoteur principal allant jusqu'à le faire roi. Elles soutiendraient ce virage technologique en magnifiant les novateurs alors que d'autres sociétés, plus « réactionnaires » celles-là, se préoccuperaient davantage de contenir d'éventuels dérapages technologiques futurs, tout en admettant, avec réserve et restrictions, ces porteurs du progrès technique, le mélange des facteurs positifs et négatifs oscillant de manière variable dans chacune des sociétés que nous venons de voir, ainsi que celles situées plus au nord (Seignobos 1991a), ceci de manière ordonnée pour préserver, ou créer, des différences entre elles à l'intérieur de ces deux pôles extrêmes.

Chapitre II

STRUCTURE ET ÉVÉNEMENT

THÉORIE LOCALE ET HISTOIRE

Les chefferies qui présentent aujourd'hui exclusivement leur profil originel, c'est-à-dire tous leurs lignages tels qu'ils s'assemblèrent à leur création sont rares, car nous avons mentionné que les Dìì sont très mobiles, tant au point de vue individuel qu'au point de vue des lignages. Les lignages forgerons le sont un peu plus que les autres. Lors d'une scission, *hɨ̀'ɨn*, « se diviser, se scinder », un ou plusieurs lignages peuvent soit rester avec le village souche soit partir avec le nouveau, laissant un vide dans l'autre village. Ceci n'est pas important dans le cas des lignages autochtones : s'il en reste un seulement, il prend toutes les prérogatives des autres. Dans le cas d'un lignage de circonciseur, il faut en trouver un nouveau qui vienne d'ailleurs ou donner cette fonction à un autre lignage. C'est donc le schème théorique qui informe et infléchit la pratique et non l'inverse, l'événement étant toujours digéré par le modèle structural de base.

Prenons l'exemple du village de Kaana'a de dialecte mam nà'a. Cette chefferie dit s'être créée à partir de quatre groupes d'autochtones qui reçurent un prince mboum venu du plateau et qu'ils élurent chef. Ces groupes autochtones sont : 1) les Bɨb waa appelés aussi Pɛ zʉʉ ag (*ag* signifie affin ou « mère de », *pɛ* indique une descente, une chute et *zʉʉ* un perfectif). Ce terme expliqué comme « affin de (gens) venus du ciel » se rapporte à une charmante petite fille tombée des nuages lors d'un orage de grêle, *ta'ab*, qui fut subséquemment adoptée puis épousée par un Bɨb waa. C'est donc une Bɨb waa par son père et une Pɛ zʉʉ ag par sa mère. La fonction de ce lignage est de s'occuper du masque fạ̀ạ̀ ; 2) les Gə̀ yaa de *gà*, « jaillir, bouillonner », et *yaa*, « venir, arriver » parce qu'ils étaient près d'une source jaillissant d'un rocher : ce sont les circonciseurs qui contrôlent aussi le masque gə́g ; 3) les Fa' waa (enfants des Fa') et 4) les Gbugu waa (enfants des Gbugu), dont l'étymologie est inconnue. Les Fa' waa portent une enseigne qui précède le masque fạ̀ạ̀ et les Gbudu waa supervisent la réclusion du nouveau chef. Il y avait aussi un lignage forgeron appelé simplement « gardien du chef », *tʉ̀ gbaŋ*. Ce sont ces lignages qui se mirent ensemble pour former la chefferie lorsqu'ils rencontrèrent un prince mboum.

Une première scission, bien avant les bouleversements occasionnés par les Peuls, donna le village de Leena mais on ne se remémore pas les détails, Leena étant maintenant géographiquement très éloigné. Aujourd'hui moribonde, cette chefferie ne se connecte plus qu'indirectement avec Kaana'a.

Lors de la seconde scission qui donna Yạạdu [Nyaadu] (population totale de 608 habitants en 1982), ce village s'éloigna avec une partie du clan cheffal, une partie seulement des Bɨb waa comme autochtones et s'adjoignit un groupe de princes dissidents du village de Sasaa gʉʉ gàm̀ qui devinrent leurs circonciseurs. Leur forgeron vint plus tard du village de Waag. Au cours du temps, le village s'accrut de plusieurs groupes de princes dissidents des chefferies suivantes : 1) Gaga sur le plateau ; 2) Gʉb/Baosi sur le plateau ; 3) Naga près de Kurug ; 4) ɗawan près de Holmbali. Il leur fut donné à chacun un *tǝǝ* sans qu'ils ne constituent des chefferies pour autant. D'autres personnes affiliées venues plus tard font que le noyau fondateur du village ne constitue plus aujourd'hui qu'un sixième de la population totale.

Kaana'a se scinda ensuite en Kaana'a waa « petit Kaana'a » (population totale de 177 habitants en 1982) et en Kaana'a gbọọ « grand Kaana'a » (population de 661 personnes en 1982). Le premier conserva quelques circonciseurs, quelques Bɨb waa et quelques forgerons. Tous les lignages originels restèrent représentés dans le second village qui s'adjoignit encore des ressortissants des villages de Kabba, Dʉkee et Dʉgọŋ juste après la scission avec Kaana'a waa, ressortissants dont les descendants sont toujours là.

Kaana'a waa eut des ennuis avec l'administration de Ngaoundéré au début du siècle dernier et retourna sur le territoire de Rey-Bouba, près de Tchollíré, pour revenir, vers 1946, près de Kaana'a gbọọ, sauf une partie du noyau cheffal qui resta près de Tchollíré – dont il est aujourd'hui un quartier – comme une petite chefferie appelée, de manière dérogatoire par les autres Kaana'a, Kaana'a wààn bí « Kaana'a règne avec les herbes ». Kaana'a waa s'adjoignit des ressortissants des villages disparus de Tin dòò et de Nǝguǝ, parents de Kaana'a par les femmes mais dont on a oublié les connexions exactes. Plus tard, quelques princes du village de Ndiu vinrent rejoindre leurs oncles maternels, les circonciseurs et, comme ils étaient princes, on leur donna un *tǝǝ* mais ils quittèrent Kaana'a en 1998. La chefferie abrite encore d'autres ressortissants d'ailleurs venus s'établir près de parents : 1) une famille de neveux utérins du grand-père du chef actuel ; 2) une famille de princes de Waag et 3) une autre du village de Yɛd, toutes deux venues rejoindre leurs oncles maternels, les Bɨb waa ; 4) une famille de neveux utérins du chef du village venus du village de Yạn (Nyan) ; 5) une autre venue de Yẹsse (Nyesse), ces deux dernières familles descendantes d'une princesse de Kaana'a qui eut deux maris dans chacun des deux villages et dont les fils la suivirent lorsqu'elle retourna chez ses frères ; 6) une autre encore de neveux utérins du lignage princier de Tagbuŋ où s'était mariée une princesse de Kaana'a. Il y a encore une famille du village de Man venue se faire soigner par un guérisseur non parent et qui est restée.

On voit par cet exemple qu'une chefferie qui se sépare d'une autre peut soit prendre un nouveau nom soit garder le même assorti d'un modifieur, dans notre cas « grand » et « petit ». C'est invariablement le cas lorsque deux villages qui se sont séparés restent relativement géographiquement proches. Aujourd'hui, on tend à accoler le numéro un, *daga*, au village qui reste sur place et le numéro deux, *idu*, à celui qui part, comme dans le cas de Waag I et Waag II mais lorsque deux villages se sont séparés il y a longtemps et ont gardé le même nom, le plus souvent lorsqu'une partie s'est enfuie de Rey-Bouba pour aller sur le territoire de Ngaoundéré, on spécifie l'endroit comme Tagbuŋ/Rey ou Tagbuŋ/Mbé s'il y a la moindre possibilité d'équivoque. Le nom du village le plus proche du sien n'est jamais employé avec le modifieur.

La chefferie de Ngəsəg ŋgạy (318 habitants en 1982) de dialecte gʉʉm est aussi un bon exemple de ces manipulations. Ngəsəg s'est créée lors de la rencontre d'un groupe d'autochtones, les Tellere, et d'un prince de Kal d'origine mboum. Comme c'est un village gʉʉm, il n'y avait pas de circonciseur, la place étant réservée à un forgeron dont le lignage a disparu. Le village se scinda en deux, Ngəsəg tạd et Ngəsəg ŋgạy qui reçut un groupe de Waa hág de la chefferie de Man, groupe appelé ici Ba' ndaa car leur mère était de la chefferie de Ba' ndaa. Ils furent placés dans la catégorie des autochtones, de même qu'un autre groupe, les Gbanaa məə, « chefs de Məə », un groupe de princes du village disparu de Məə, qui devinrent aussi autochtones. Il y a deux générations, un groupe d'autochtones de la chefferie de Man/Tcholliré, deux fils d'une princesse de Ngəsəg, ont suivi leur mère et sont restés. On leur a donné la fonction de circonciseur, copiant ainsi les Mam be' et les Mam nà'a. Ils sont en fait *gbaŋ ạn* (petits-neveux utérins) mais on les classe toujours parmi les *gbaŋ ag* (neveux utérins) tant qu'ils restent dans le village, ceci incluant également leurs descendants. Il y a aussi un lignage de petits-neveux utérins issus d'une princesse du village mariée à un prince de Hạạr qui eurent un fils ; ce fils est venu rejoindre son oncle maternel à Ngəsəg après le décès de ses parents. On lui a donné le masque gə́g à porter. On trouve encore une famille du village disparu de Zɛg dont le fondateur est le frère d'une des femmes d'un ancien chef de Ngəsəg ; il suivit sa sœur au village comme beau-frère et y fit souche. Un cousin au premier degré du village de Dʉgoŋ est venu habiter chez son cousin : ils sont fils de deux sœurs originaires de Ngəsəg ; l'une s'est mariée au village et eut un fils, l'autre à Zɛg eut également un fils. Les deux cousins ont décidé de résider dans le même village. Un homme de Gʉb gabdo a rejoint sa mère, qui elle-même avait rejoint la sienne à Ngəsəg dont elle était originaire, pour y établir une famille. Enfin, un homme de Dəəna habitant le village voisin de Vudnyɛ' où il avait des problèmes, fut invité par le chef de Ngəsəg à venir y résider. Il y a aussi un forgeron né au village mais qui est forgeron originel de Ze'ed et une famille de catéchistes protestants. Hata (1976) mentionne en outre un groupe qu'il nomme « yugu » ; ce sont les membres de la famille du chef du village de Yugud qui suivirent leur chef lorsqu'il alla trouver refuge chez son oncle maternel à Ngəsəg pour être mieux à même de suivre des traitements au dispensaire de Mbé. Ils sont tous retournés chez eux plus tard. On voit bien que les causes de ces nouvelles affiliations sont nombreuses, souples et flexibles puisqu'on peut éventuellement les changer.

Les personnes du village dont les lignages n'ont pas présidé à la création de la chefferie sont désignées globalement ou individuellement sous le vocable de *í bẹ̀ǹ* qui veut originellement dire « célibataire » ou « dépendant » mais qui signifie dans le contexte villageois « personne du village d'un lignage sans charge traditionnelle ». Comme la plupart sont des parents matrilatéraux d'un lignage ou l'autre du village, on peut être plus précis : le terme *ag kaa*, litt. « affin de la chefferie », ou *gbaŋ ag*, « affin de chef », désigne soit un beau-frère venu s'établir chez sa femme, par définition une princesse du village, soit un neveu utérin venu lui aussi s'y établir (tous les autres neveux ou nièces utérins, où qu'ils vivent, peuvent aussi se désigner comme *ag kaa* ou *gbaŋ ag* de telle ou telle chefferie si leur mère est une princesse de cette chefferie). Si un neveu reste et a des enfants, ceux-ci seront nommés *ạn kaa*, « les cendres de la chefferie », ou *gbaŋ ạn*, un terme qui a même signification. Les arrière-petits-neveux utérins n'ont pas de nom particulier mais, dans les lignages matrilatéraux qui font souche dans leur village d'adoption, on continue de les nommer *ag kaa* ou *gbaŋ ag* quel que soit le nombre de générations, car le statut s'hérite de parent à enfant à la mort du père. Les matrilatéraux des autres lignages sont nommés de manière plus spécifique en tant qu'« affins » des circonciseurs, des autochtones, etc., en précisant au besoin le nom du lignage ; les petits-neveux sont désignés comme les « cendres », *ạn*, des mêmes. Ces termes sont généraux et se réfèrent au statut de ces habitants dans le village considéré globalement ; ils sont employés concurremment avec le terme plus spécifique de *pạạ* pour désigner de vrais neveux ou nièces utérins ou *waa* « enfant » pour un petit-neveu ou une petite-nièce. Les résidents de la chefferie qui s'y sont établis sans avoir de connexions matrilatérales ou parentales sont désignés comme « venants », *í yààlí*, un terme qui signifie « étranger » et qui peut être employé aussi pour les matrilatéraux de manière dérogatoire. Ce terme est utilisé de cette façon un peu méprisante surtout pour les nouveaux venus, mais pas autant que pour le vrai étranger, *yúkaa*. Cette catégorie de personnes englobant les matrilatéraux et les étrangers au village peut être grandement supérieure en nombre aux vrais autochtones, incluant le chef et son lignage arrivé en dernier.

Cependant, un prince sécessionniste qui part seul et qui réussit à faire sa chefferie est crédité avec approbation et admiration d'avoir su attirer ses beaux-frères, maris de ses sœurs, et d'y avoir conservé ensuite ses neveux. La création de nouvelles chefferies est quelquefois expliquée ainsi dans l'abstrait, comme un modèle avéré, ce qui est vrai mais plutôt rare.

Une chefferie peut aussi en abriter une – ou plusieurs – autre(s), plus petite(s) qui, suite à un déclin démographique, a préféré se joindre à une plus grande. On dit alors que cette chefferie est « entrée », *dɔ̀*, dans la plus grande. Elle garde ses prérogatives rituelles, en particulier le droit de tenir des circoncisions séparées de la plus grande et de faire ses autres rites, mais elle se subordonne à la plus grande pour les affaires politiques. Vu son statut de chefferie, leur hôte donne à ses membres une place de circoncision propre pour faire leurs rites séparément. En fait, ils emploient le plus souvent le même *təə* mais ils ne circoncisent pas sur les mêmes pierres. Ces chefferies ont toujours leur noyau cheffal, mais elles sont en veilleuse, attendant de croître à nouveau pour éventuellement « sortir », *vùd*, de la chefferie qu'elles ont rejointe pour s'établir à quelque distance. S'il n'y a pas de noyau cheffal, ce n'est plus une chefferie, mais simplement des gens qui sont parents de la chefferie qui les recueille ou des « venants » dans celle où ils se réfugient. Un lignage de princes qui migre seul ne constitue pas non plus une chefferie bien qu'on puisse leur donner aussi un *təə*.

Deux chefferies indépendantes, même si elles sont physiquement très proches, sont territorialement séparées. Cette question des frontières est délicate : il faut une séparation physique visible – qui peut être à la limite un sentier assez étroit mais bien marqué – entre les chefferies pour qu'elles se considèrent indépendantes même si, au premier regard, elles semblent se réduire à une masse compacte, comme c'est le cas dans l'agglomération de Gamba (Gam) où s'alignent les chefferies de Gamba, Mbuuzi II, Kundini, Koti waa, Boko, Lunda (Nigba) et Vagam. Les résidents sont prompts à montrer les limites des différentes chefferies, ce qui n'est plus le cas pour une chefferie qui est « entrée » dans une autre, bien que les habitants tendent à rester groupés en quartiers, *ka' kìì*. Le cas le plus spectaculaire est celui de Mbé qui, au fil des années, a accueilli une dizaine de ces minuscules chefferies.

La mobilité et la souplesse des structures dìì permettent ainsi tout un éventail potentiel de compositions et de recompositions. Prenons l'exemple de Sʉ́g dúú, aujourd'hui chefferie « entrée » ou plutôt « formée » dans Mbé dans les circonstances suivantes : le village gʉʉm de Wą̣' était voisin des Mboum de Mbang-Mboum qui les ennuyaient. La chefferie se déplaça et se mit à la frontière du lamidat de Rey-Bouba ; le Rey envoya alors cinq de ses hommes pour demander au village de se soumettre à lui. Le village refusa et le Rey expédia dix hommes qui emmenèrent tout le village à Kongrong, le bagne de Rey d'où personne ne revenait jamais. Seulement trois personnes échappèrent, trois frères du lignage des autochtones. L'un alla à Ngəsəg tạd, le second à Yẹsse et le troisième à Gʉʉ naa. Le premier épousa une femme d'un des lignages autochtones de Mbé après qu'il eut reçu dans son village d'adoption le titre de Bàa Sʉ́g dúú, « Monsieur/rassembler/foule », car il faisait des battages de mil somptueux, étant un grand cultivateur. Il alla habiter chez sa femme et persuada ses deux autres frères de venir le rejoindre. Le chef de Mbé, constatant sa réussite économique qui continuait, le confirma dans son nouveau titre. Leur quartier grandit et reçut deux princes dissidents de Ngəsəg tạd. Le quartier s'empressa alors d'en choisir un comme chef. Depuis, c'est une chefferie autonome pour ses affaires internes, un arrangement avec Ngəsəg tạd leur permettant d'utiliser leur *təə*. L'actuel Bàa Sʉ́g dúú, fils du précédent, après avoir travaillé dans l'administration de la sous-préfecture, n'a plus voulu jouer son rôle d'autochtone, rôle qualifié par lui d'archaïque, et la chefferie emploie aujourd'hui un autochtone de Yẹsse, village avec lequel, on ne sait pourquoi, Sʉ́g dúú est en relation de parenté à plaisanterie, *zàà*. Leur forgeron est le dernier de Ngəsəg tạd, ayant migré à Mbé il y a longtemps et qui, devenu chef des forgerons de Mbé, vit dans le quartier de Sʉ́g dúú. Le chef organise les circoncisions avec le forgeron. Ce sont des Gʉʉm qui, traditionnellement, n'ont pas de circonciseurs. Il empruntent la place de circoncision du village voisin de Yẹsse, qui leur donne aussi maintenant leur officiant autochtone depuis la démission du Bàa Sʉ́g dúú.

Toutes ces personnes étrangères, qu'elles soient de simples individus ou membres de chefferies constituées, sont ostensiblement bien accueillies car elles grossissent la chefferie d'accueil et on a vu que les Dìì sont très sensibles à la taille de leur village. On dit qu'elles « nous aident à habiter la chefferie », *máń vɔ́ kaa wààlɨ*, (ils) aident/nous/chefferie/habiter. Bien que les lignages originels puissent les dénigrer – lorsqu'ils sont absents – en les traitant de « venants » et en disant qu'ils ne peuvent prétendre aux « titres hérités », *yɛ́g fẹẹlɨ*, ou « titres traditionnels », *yɛ́g dikab*, c'est-à-dire des titres comme ceux d'autochtone ou de circonciseur, en réalité, on fait tout pour les intégrer en leur donnant éventuellement des titres au mérite, dits

« titres achetés », *yég hìlí*, qui sont copiés de ceux de l'appareil administratif des lamidats ou empruntés aux Mboum. Les titres peuls ont, à leur tour, été empruntés aux Bornouans et, plus encore, aux Haoussa. Bien qu'aucune étude comparative n'ait été faite à ce propos, il appert que leur nombre est très élevé et qu'ils ne confèrent pas les mêmes prérogatives d'un lamidat à l'autre, une même situation que chez les Dìì. Ces titres sont donnés au mérite et concernent potentiellement tous les habitants de la chefferie, descendants des fondateurs ou venus ensuite, qui ont aidé le village et le chef ou qui se sont illustrés par des fêtes somptueuses ou des avis particulièrement éclairés. Leur nombre varie selon les chefferies ; quelques-unes, comme Mbé et Gangasao, en ont une grande quantité alors que d'autres se bornent à quelques-uns, en justifiant cette rareté justement par le fait de n'être pas des Peuls. Cependant, l'un de ces titres se retrouvait dans tous les villages ; c'est celui de Kaïgama qui désigne l'adjoint principal du chef et son substitut. Il a été imposé par l'administration coloniale française qui voulait, en théorie tout au moins, que les représentants du gouvernement puissent toujours trouver un responsable lors de leurs visites impromptues (pour une situation presque similaire chez les Moundang, voir Schilder 1994 : 146-147). Bien des chefferies l'ont conservé et en usent comme des autres titres peuls. Tous ces titres sont nominaux mais ils peuvent être renouvelés au décès du porteur dans le même lignage, ce qui est très commun. Le tenant du titre peut aussi s'en voir conférer un autre, son ancien titre étant donné à un nouveau porteur. Je donnerai ici comme exemple les titres conférés à Mbé. Le premier chef qui donna des titres peuls fut Hamina (les Dìì insistent sur le H inital), au tournant du XIXe siècle, quelques années après s'être rallié au lamido de Ngaoundéré. Il conféra trois titres, ceux de Kaïgama, de Saki Fada et de Kofa, les deux derniers à des étrangers méritants. Le chef Kún mbàà de Mbé, qui régna de 1916 environ à 1976, en donna quelques-uns alors qu'il était encore chef de village mais en conféra encore plus lors de son intronisation formelle comme lamido et chef de sous-préfecture en 1948.

1. Kofa : chef des guerriers. Le premier était circonciseur avant de devenir Galdima (voir ci-dessous), le second un homme du village guum de Mal, le troisième un homme du village mam be' de Waag et le troisième un homme du village mam nà'a de Gandi.

2. Galdima : assesseur principal du tribunal. Le premier tenant du titre a été un membre du clan du circonciseur de Mbé jusqu'à sa mort. Le titre est porté aujourd'hui par un de ses fils cadets. À Mbé, ce titre a remplacé celui, traditionnel, de *gbaŋ dʉ̀ moo* « chef/couper, raccourcir/parole », que nous avons mentionné plus haut.

3. Kaïgama : le premier Kaïgama était un homme du village mam be' de Gʉb dont la mère était du lignage du circonciseur de Mbé. Après son décès, son successeur fut un homme de Yẹd qui, fuyant Tcholliré et le Rey-Bouba, fut incité à rester à Mbé alors qu'il voulait aller s'établir chez son oncle à Waag ; il aida volontairement le premier Kaïgama, ce qui lui valut le poste et, à son décès, son fils fut nommé en 1996 après que le lamido eut songé à donner le titre à un homme de Tagbuŋ qui refusa cet honneur de peur que des jaloux ne l'attaquent par sorcellerie.

4. Saki Fada : chef des délibérations au conseil, aujourd'hui le chef du lignage autochtone des Kạm yạgá de Mbé.

5. Toulaké : aviseur du chef, placier et chef du protocole lors des cérémonies publiques où viennent des officiels de la préfecture. Actuellement, c'est un neveu utérin du chef, originaire du village de Mal. C'est aussi le waziri, neveu utérin conseiller du chef.

6. Gelbou : majordome du lignage autochtone des Gbaga hágá.

7. Mala : majordome du lignage autochtone des Bàa tii gọ́m̍.

8. Magaji : chargé des relations avec les étrangers. Originaire du village gʉʉm de Vạ' zin.

9. Mizim Daadi : chef des travaux collectifs d'entretien à la chefferie. Originaire du même village que le précédent.

10. Saki Sanou : chef du petit troupeau du lamido. Ce titre était autrefois virtuel car le lamido n'avait pas de bétail. Le responsable est aujourd'hui un Moundang établi à Mbé, marié à une femme dìì de Mbé.

11. Samaki : palefrenier du lamido lorsqu'il avait encore un cheval. Le premier fut un ressortissant du village de Laa sɨɨ et le second un homme du lignage des Kạm yagá de Mbé. Office disparu aujourd'hui car le lamido a une voiture mais plus de cheval.

12. Mbarya (titre probablement peul mais peut-être mboum) : s'occupe des travaux collectifs en brousse, de poursuivre les léopards et animaux sauvages et des relations avec les villages avoisinants. Office rempli par un homme du village mam be' de Waag ; actuellement vacant.

13. Zeka : espion du lamido auquel il est censé rapporter les rumeurs du village ; homme du même village que le précédent.

14. Ndivoo (titre mboum) : superviseur des chefs de quartiers.

15. Zalami : crieur de louanges du lamido lorsqu'il sort pour raisons officielles. Actuellement un résident de Mbé originaire de Ze'ed.

16. Sakin Zongo : chargé de collecter les taxes – en nature – sur les marchandises amenées au marché. Le précédent tenant de l'office était un Mboum. Son successeur, du village gʉʉm disparu de Waa vom et résidant à Mbé, fut destitué pour abus de pouvoir et exactions en 1996. Aucun successeur à cette date.

17. Saki Pawa : chef des bouchers qui collecte la taxe en viande sur les bêtes abattues pour la maisonnée du lamido. Actuellement un boucher du village gʉʉm de Dəəna.

18. Saki Yaki : crieur de louanges et placier lors des festivités. Un homme de la chefferie mam be' de Gʉʉ vee « entrée » dans Mbé.

19. Gado : placier du lignage autochtone des Bàa tii gọ́ḿ.

20. Nán moo palɨ́ : sonneur de cloche quand le chef sort lors de cérémonies officielles et crieur public du lignage autochtone des Ansa de Mbé.

21. Saki Bambala : chef des tambourineurs qui vient de Gʉʉ vee. Ce dernier est chargé de taper le tambour le jeudi soir pour rappeler la prière du lendemain. Chaque chef de village avait son annonce rythmée, sonnée lorsqu'il entrait dans la chefferie lors de réunions officielles. Le Sarkin Bambala avait quatre tambourineurs au temps de la splendeur de Mbé, deux hommes de Waag et deux de Ngəsəg ŋgạy, tout les quatre vivant à Mbé, ainsi qu'un sonneur de trompe en cuivre, *gagasii*.

Malgré ses distinctions internes, la chefferie fait front et se décrit en public comme une. Lors de mes enquêtes, quelques villages n'ont pas voulu me donner spontanément la provenance de leurs étrangers en disant que tous étaient des « enfants de la chefferie », *waa kaa*, et qu'il n'était pas question de divulguer leurs multiples origines pour ne pas « diviser le village ». On a donc une mobilité individuelle intense et une compétition entre villages pour augmenter la population. Il reste à voir quelle est l'idéologie qui préside à ce type d'organisation et ce qui la justifie aux yeux des Dìì.

LES MYTHES DE FONDATION DES CHEFFERIES OU MARCEL MAUSS CHEZ LES DÌÌ

Les villages dìì sont autant de chefferies autonomes dont aucune ne reconnaît la supériorité d'une autre. Les Dìì sont très pointilleux là-dessus et insistent sur cette autonomie, quelle que soit la taille de la chefferie. On reconnaît que les plus grandes sont plus imposantes et qu'elles ont plus de prestige et de poids mais, formellement parlant, aucune n'est plus importante qu'une autre. Leur origine est expliquée par des mythes qui font partie d'une catégorie extrêmement répandue dans toute l'Afrique. Ces innombrables mythes de fondation de chefferies et de royaumes expliquent et justifient la structure sociopolitique des sociétés qui souscrivent à ces institutions par le partage des tâches entre un ou des étrangers et des autochtones qui leur ont donné la chefferie. Un des archétypes de ces mythes, qui comportent de nombreuses variantes, fait état d'étrangers vagabonds qui rencontrent au gré de leurs pérégrinations un groupe qu'ils vainquent par les armes et qu'ils entreprennent d'administrer non sans leur avoir laissé les prérogatives de continuer à faire les rites nécessaires à la bonne marche de leur société. Ces versions insistent sur la ruse ou encore la force des étrangers qui sont finalement acceptés après quelques tractations avec les autochtones. Ceux-ci vont fournir par la suite les prêtres chargés de gérer l'aspect religieux, laissant le politique et la guerre aux nouveaux arrivants. Le statut de ces prêtres est souligné dans leur appellation même, les « maîtres de la terre » en français, une traduction assez exacte des langues africaines qui mentionnent d'une façon ou d'une autre leur autochtonie dans le terme même qui sert à les désigner.

Ces mythes guerriers ont occulté d'autres versions, moins belliqueuses, qui mettent en évidence une caractéristique plus pacifique des nouveaux venus. Ces récits de la création d'entités politiques insistent sur l'économique et sur l'importance du don et de la générosité, ce que les autres font aussi mais seulement conquête faite. Ces mythes mettent souvent en scène, non pas un groupe de guerriers, mais un chasseur solitaire. C'est le cas de la plupart des mythes de création dìì. Ces versions impliquant un seul chasseur ont été bien moins examinées jusqu'ici que celles mentionnant des conquérants guerriers, probablement à cause de la plus grande taille des ensembles politiques basés sur la ou les conquêtes et du plus grand rôle joué par celles-ci dans l'histoire africaine jugée à l'aune des événements que nous considérons nous-mêmes comme les plus importants. Quelques études sont consacrées à confronter ces mythes avec l'histoire pour vérifier si l'identité ethnique du chasseur étranger, quelquefois précisée, relève de la vérité historique ou de la simple plausibilité qui servirait des buts politiques actuels (Boston 1964). Ces tentatives de raccorder le mythe et l'histoire – ou à l'histoire – ont toujours pour résultat de laisser les dimensions proprement mythiques qui ne sont pas exploitées, comme le dit très justement Luc de Heusch (1972 : 15-16). En ce qui concerne les aspects mythiques s'y intégrant éventuellement – qui manquent dans nos récits – ce dernier a brillamment montré, dans l'ouvrage qui vient d'être cité, comment les analyser. Il a d'autre part insisté sur les dimensions d'altérité et d'extraterritorialité du chasseur ou du guerrier qui préfigurent la distance qui existera plus tard entre le chef qu'il va devenir et ses futurs sujets (*ibid.* : 1988 ; 1991). De Heusch s'est en partie inspiré du livre remarquable d'Alfred Adler (1982) qui, le premier, a analysé en profondeur un des mythes de la région nous concernant, celui des Moundang, qui est aussi un mythe mettant en scène un chasseur. Mais ces deux dimensions, l'extraterritorialité et l'altérité, ne sont pas très importantes dans nos mythes, bien que la première, le statut d'étranger, y soit aussi présente maintes fois. Nous ne nous intéresserons pas ici à ces variables, mais nous insisterons plus particulièrement sur l'aspect transactionnel de la création des chefferies dìì en mettant l'accent sur l'échange, le don et le contre-don, qui fondent toutes nos chefferies dìì. C'est donc sur cet invariant que nous porterons essentiellement notre attention.

Le canevas commun de ces mythes dits « à chasseurs », généralement très courts, met en scène un groupe d'individus sans chef qui voient arriver près de chez eux un chasseur solitaire – ils sont quelquefois plusieurs frères – en expédition. Le chasseur civilisateur est souvent un prince d'une ethnie voisine, un Mboum la plupart du temps dans notre cas, ou un prince d'une chefferie dìì déjà créée, les autochtones du village qui le reçoivent n'en ayant, quant à eux, pas encore. Le prince chasseur donne généreusement du gibier aux autochtones qu'il visite, ou encore ceux-ci viennent le voir pour se renseigner sur son identité ; il leur dispense alors avec libéralité les produits de sa chasse. Les autochtones se demandent en retour comment faire pour garder chez eux un si bon pourvoyeur. Quelques versions disent que les bénéficiaires lui donnèrent une de leurs sœurs comme épouse parce qu'il était célibataire : ils le gardent ainsi à proximité avant de lui conférer la chefferie, ce qui est le plus sûr moyen de garder le nouveau venu de manière permanente. Dans deux versions, c'est après la naissance d'un grand et gros bébé qui impressionne tant les villageois que ceux-ci décident de donner la chefferie à son père. Dans ce cas, le chef est un gendre et un beau-frère idéal qui pourvoit le village non seulement en viande mais aussi en neveux utérins particulièrement remarquables. Cependant, la plupart des narrations ne mentionnent pas cet épisode, et la chefferie est donnée rapidement et d'un seul coup à l'étranger. Une version assez comique et plutôt expéditive explique qu'un inconnu – qui n'est pas ici un prince – descendit de la montagne et se mit à distribuer ses largesses au village qui l'accueillit. Il donnait des festins à toute la population et les résidents, croyant qu'il n'allait pas rester, convoquèrent en toute hâte une assemblée secrète en brousse sans rien lui dire pour tenter de trouver un moyen de le garder avant qu'il ne parte. Chaque homme se rendit subrepticement à la réunion sans se faire voir pour donner le change. Les comploteurs prirent la parole : « Comment faire pour que cet étranger reste avec nous ? C'est lui qui nous fait tout ! Il nous faut trouver un moyen de le garder », dirent-ils. Après délibération, la décision fut prise de le nommer chef. Le groupe rentra alors au village, se saisit incontinent de l'étranger médusé et lui fit subir immédiatement les rites d'investiture. Une fois promu chef, plus question qu'il s'en aille… On remarquera que la ruse n'est pas ici au service des tenants d'un pouvoir conquérant, comme c'est si souvent le cas dans des mythes similaires, mais du ressort de gens qui veulent tout simplement un chef, quitte à l'élire en lui forçant un peu la main… Une version mentionne cependant la crainte de se faire berner : des princes chasseurs viennent vivre près de gens sans chefs habitant dans une grotte. Les nouveaux venus les traitent avec libéralité et leur suggèrent de venir vivre avec eux. Ceux-ci refusent d'abord, de crainte que les nouveaux voisins leur confisquent leurs pouvoirs et leurs « médecines ». Ils font part de leur appréhension aux nouveaux arrivants qui déclarent ne rien vouloir leur prendre : les autochtones choisissent alors un des princes comme chef. Cette constance du rôle joué par l'économique s'exprime directement dans le terme qui désigne le chef, *gbanàà*, qui signifie littéralement « chef des richesses », ou mieux, « chef de l'abondance ».

Ces mythes ne sont nullement des versions historiques car comment croire qu'on ait pu inventer ainsi sur-le-champ, dans le cas de gens sans chefs qui accueillent un chasseur semblable à eux puisqu'il ne connaît pas non plus la chefferie, une structure politique telle que nous allons l'exposer ? En réponse à cette question, la plupart des Dìì restent muets. Pourtant, deux de ces mythes d'origine que j'ai recueillis disent que ces gens soi-disant sans chef en avaient un, mais qu'il était l'inverse du nouveau venu sur le plan de sa caractéristique principale, la générosité. Ces histoires mentionnent que ce chef couvrait systématiquement les calebasses qu'il transportait pour que personne ne lui demande d'en partager le contenu, qui n'était en fait – et en plus – que de l'eau... Refuser de donner de l'eau – et même la cacher – est le comble de l'avarice et de la cachotterie dans une société où l'exposition publique des richesses alimentaires est une des caractéristiques frappantes. Les cérémonies familiales comme les mariages et les circoncisions sont ponctuées de cortèges où les parties en présence apportent les cadeaux de nourriture et de bière à qui ils sont destinés en défilés publics ostentatoires. Les distributions de pièces de tissus se font aussi publiquement lors des circoncisions ou à la fin d'une cure médicale particulière. En ces matières, un chef doit être encore plus visible que ses administrés, ce qu'est bien le chef de notre histoire, mais il l'est à l'inverse d'un vrai chef car il refuse de montrer ouvertement – donc de partager – une chose sans valeur en la protégeant des regards par un couvercle, un luxe de précaution extravagant pour une denrée qui, en réalité, n'en est pas une.

Les versions du mythe faisant intervenir un chasseur sont surtout répandues chez les Dìì mam be', mam nà'a et guum. Chez les Dìì du nord-ouest, un ou deux des villages de ces groupes reçoivent aussi un étranger généreux – un Mboum, un Dowayo ou même un Peul qui donne quelques vaches en signe de bon voisinage – dont ils font leur chef, les autres villages les copiant en élisant chef le ressortissant le plus riche du village à défaut d'étranger prestigieux. Certaines de ces versions où le chef n'est ni un étranger ni un chasseur insistent aussi sur le bénéfice qu'il y aurait à élire chef un citoyen si libéral. Une des traditions recueillies dit explicitement qu'un homme riche du village donnait à manger à tout le monde. Les villageois se concertèrent et se dirent que s'ils l'intronisaient chef, il se sentirait obligé de leur donner à manger encore davantage, ce qui les décida à créer leur chefferie.

Toutes les versions recueillies, qu'elles mentionnent un chasseur étranger ou un homme riche issu du village même, peu importe, possèdent un élément invariant tournant autour de largesses, de banquets, de générosité, de distributions festives qui fondent en retour, si l'on peut dire, le politique. Ce n'est pas ici une guerre de conquête ni une tricherie qui inaugure l'ordre politique présentement existant : c'est un don initial, une sorte de « big bang » – au moins dans le mythe – qui nous renvoie directement à Mauss et à son fameux essai sur le don et le contre-don. Le don initial est vraiment dans notre cas, selon l'expression consacrée, un fait social total ou un phénomène social total puisqu'il institue véritablement la société politique hiérarchique divisée en administrateurs et administrés.

Mais avant de discuter les implications théoriques de ce schème pour notre propos, il nous faut poursuivre la description et voir comment se traduit cette générosité dans chaque chefferie en suivant le cycle cérémoniel annuel. Le chef est un distributeur et un redistributeur de biens. Les mythes d'origine insistent sur le rôle de la nourriture dans ces prestations ; elle reste toujours importante aujourd'hui avec une addition cruciale introduite par les Peuls. Après avoir cohabité au XVIIIe siècle, mais probablement déjà avant, avec les Dìì de manière pacifique, ceux-ci ont conquis les chefferies dìì au cours du XIXe siècle – ou se les sont associées –, chefferie après chefferie, cette conquête débutant vers 1830 et se terminant juste après 1901, date de l'arrivée des Allemands qui attribuèrent aux divers lamibé peuls les dernières chefferies dìì qu'ils se disputaient encore entre eux ou qu'ils cherchaient à asservir davantage (Muller 1997). Les lamibé utilisaient, en sus de l'oppression armée pour ceux qui résistaient, des cadeaux faits à leurs clients et affidés pour se les attacher, en particulier sous forme de vêtements que les Dìì ne connaissaient pas à l'époque. Mise à part l'introduction d'un tribut et de corvées, les Peuls laissèrent les chefferies dìì fonctionner comme à l'accoutumée, mais les chefs dìì les plus importants se mirent à distribuer eux aussi des vêtements aux villageois qu'ils voulaient honorer.

Outre les dons de vêtements, une dilapidation de prestige est obligatoire au moins une fois lors d'un règne, juste après l'installation d'un nouveau chef. Dans les deux ou trois ans qui suivent sa nomination, celui-ci est tenu d'organiser une fête appelée *búg sàà*, « réchauffer la place de danse », où il doit abattre des bœufs et des moutons, faire brasser une grande quantité de bière pour régaler ses administrés et ses invités. Ceux-ci sont les chefs des chefferies voisines, l'aire d'extension des invitations étant proportionnelle à la taille démographique de la chefferie organisant la fête. Cette cérémonie s'appelle aussi *kɔ́ gbaŋ* ou *gbaŋ kɔ̄lí*, litt. « faire le règne », où le chef est supposé, selon l'expression française joliment évocatrice utilisée par les Dìì scolarisés, « se mettre à plat », c'est-à-dire se ruiner. Une seule de ces invitations par règne suffit, mais le chef peut en faire plusieurs si son règne est long. Les festivités où sont circoncis ses fils et petits-fils sont aussi l'occasion de rehausser sa gloire de même que les circoncisions – défrayées par le chef – qui suivent immédiatement son accession au trône et un changement de site de la chefferie. Le prestige relatif d'une chefferie est donné par sa taille et, dans les voisinages qui comprennent plusieurs villages, par le respect plus grand donné, lors de ces invitations collectives, au chef le plus âgé, quelle que soit la dimension de sa chefferie. Lors du cycle agricole annuel, le chef agit aussi comme redistributeur au cours de plusieurs cérémonies que nous verrons plus loin.

Mais l'accession du chef chasseur et pourvoyeur ou de l'homme riche à la chefferie, qui est, comme le disent les intéressés, un contre-don pour les biens initialement donnés – et nous revenons ainsi au schème maussien – conduit, économiquement parlant, à une inversion capitale ; le chef était un producteur de biens sans être leur distributeur car il laissait, dans plusieurs versions du mythe, ce soin à un vieil autochtone après avoir produit les biens ou tué le gibier. Certaines narrations disent en clair que le futur chef alla trouver un vieux du village avec les largesses qu'il destinait à la communauté en général et lui confia la tâche de les distribuer. Ce rôle de répartiteur des biens donnés par la chefferie est encore, comme nous l'avons vu, un titre traditionnel, d'origine mboum, *kpạ̀n*, réservé à un des clans autochtones de la chefferie. Le futur chef du mythe était donc à l'origine essentiellement un producteur, et on juge encore aujourd'hui les candidats potentiels à la chefferie sur leur capacité à travailler dur et à amasser des biens. Cependant, une fois nommé, tout change : le chef n'est plus un producteur, il devient strictement un redistributeur et il lui est – était plus exactement car la situation a changé récemment – interdit de travailler de ses mains. Au village de Kaana'a, une telle infraction était immédiatement découverte, dit-on, car elle se manifestait par l'apparition d'un nombre accru de serpents dans les champs cultivés. Les agriculteurs, qui ne manquaient pas d'en être incommodés, en devinaient immédiatement la raison et venaient alors reprocher au chef d'avoir travaillé manuellement dans sa maison, ne serait-ce que pour en redresser la barrière de secco (nattes de paille) qui l'entoure…

De producteur qui nourrit les gens qui l'accueillent, le chef se change en son inverse : il devient récipiendaire au lieu de producteur de toutes sortes de dons prestigieux ou utilitaires qu'il a la charge de redistribuer ou de convertir en d'autres biens ; il reçoit une défense de chaque éléphant tué, les chasseurs lui apportent une partie de la viande boucanée et les pêcheurs une partie des prises de pêches communautaires, tout comme une portion du gibier capturé lors des chasses collectives lui est réservée. Les gens travaillent aussi volontairement sur ses champs contre de la bière et un repas et lui apportent une partie du mil moissonné sur leurs propres champs en remerciement individuel.

Ces efforts collectifs se sont adaptés à l'évolution de la société dìì. La conquête peule introduisit, outre les vêtements, les chevaux de guerre et d'apparat, inconnus jusqu'ici et déjà mentionnés. Les résidents des autres chefferies pouvaient se cotiser pour en acheter un pour leur chef et, aujourd'hui, le salon du lamido de l'arrondissement de Mbé, un chef dìì qui porte le titre de lamido en tant que chef d'un arrondissement, a été payé par une souscription volontaire pour qu'il puisse recevoir dignement les personnes importantes de l'administration comme le gouverneur ou le préfet.

Mais, en contrepartie, que fait le chef et quel est son travail ? C'est, disent ses administrés – sous forme de cliché –, de rester à la maison, de manger et de « surveiller », *tʉ̀*, le village. Le chef ne devait jamais sortir de sa demeure le matin : il restait dans son vestibule qui est en même temps sa salle d'audience ou sous son porche pour écouter les nouvelles de la chefferie, convoquer éventuellement les parties des litiges, décider des ordalies, fixer la date des rites, administrer la justice avec l'aide des vieillards les plus écoutés de la chefferie, décider des proclamations publiques à faire en soirée et au lever du jour, etc. ; rien de ce qui se passait dans la chefferie ne devait lui échapper. Ces activités sont encore largement remplies – sauf en ce qui concerne le travail manuel – et aujourd'hui, un observateur averti qui prend la route de Garoua à Ngaoundéré, le long de laquelle est alignée la majorité des villages dìì, voit tout de suite quelle est la maison du chef car il s'y trouve bien en évidence un siège sous le porche. Ceci signifie aux yeux de tous que le village a un vrai chef en exercice.

On peut dire ici que le pouvoir politique émane de la production économique mais qu'il en est en même temps la négation : après avoir montré, comme dans le mythe, ses capacités de travailleur et de producteur lorsqu'il était prince, le chef ne produit plus rien en termes de biens économiques, au point que des interdits stricts l'en empêchent. Mais il donne autre chose : il administre la justice et les biens produits par ceux qui autrefois bénéficièrent, une fois, des siens. Cependant, il ne s'agit pas seulement du simple contre-don du pouvoir politique conféré contre des biens économiques. Même si c'est bien ainsi que la situation est présentée par le mythe, il y a un retournement total dans le rôle du chef qui de producteur devient récipiendaire, et de celui des bénéficiaires qui deviennent dès lors, producteurs. Mais ce changement de rôle est aussi bénéfique sur le plan économique général : les administrés se bercent de la certitude que la maison cheffale est investie d'un rôle spirituel dans la production. Les bienfaits et les retombées du don initial sont censés se perpétuer grâce à ce changement d'attributions. On connaît bien maintenant les idéologies africaines qui justifient la chefferie ou la royauté par la puissance intrinsèque du corps du chef ou du roi, responsable des malheurs comme de la prospérité. Chez les Dìì, au contraire, la personne du chef lui-même n'a pas le pouvoir d'influencer la surnature comme dans les cas où il est chassé en cas de catastrophe. C'est son prédécesseur immédiat qui est cause, en partie seulement, de la prospérité. Plusieurs chefferies – mais pas toutes – des Dìì qui constituent la majorité, les Mam be' et les Mam nà'a, conservaient le crâne du dernier chef décédé pour l'utiliser dans des cérémonies que nous verrons plus tard.

Le don initial est donc transformé en pouvoir politique et spirituel qui devient, entre autres, un contre-don garantissant une redistribution permanente sans que le donneur initial ne produise plus lui-même aucun bien matériel. Ce pouvoir politique est envisagé de manière double, complémentaire et hiérarchisée. Il est vu à la fois comme bénéfique mais aussi comme potentiellement dangereux. Dangereux, il l'est par anticipation et il est étroitement contrôlé par les aînés autochtones pour que le chef ne soit pas tenté d'abuser du pouvoir et de l'autorité qui lui sont conférés. Il est vu comme complémentaire, car le chef a ses devoirs et les autres lignages de la chefferie les leurs, qui sont perçus comme interdépendants mais incompatibles – le chef ne peut entreprendre ce que les membres des autres lignages font et vice versa. Il est aussi hiérarchisé car le chef et les membres de son lignage sont supérieurs aux autres hommes. Le chef est choisi par les aînés parmi les descendants sur deux générations d'un chef qui a régné, à l'exclusion des autres descendants du même lignage dont le père ou le grand-père n'ont pas eu la chance d'accéder au trône.

Il s'agit donc d'un contrat de complémentarité des tâches où la partie engageante, les autochtones, prend toutes les précautions et toutes les garanties pour qu'il soit respecté au mieux afin que le chef ne se mue pas en despote. Cependant, le mythe de fondation des chefferies parle d'un don initial et d'un contre-don qui fixe une fois pour toutes – sans préciser plus avant – la nature hiérarchique de ce contre-don. Le chef et les membres de son lignage sont supérieurs aux autres habitants du village, du fait même qu'ils sont arrivés en dernier en provoquant l'apparition de la chefferie. On appelle les membres du groupe dirigeant *gbaŋ waa*, litt. « chefs enfants », un terme traduit par « prince » en français local, et ce statut est considéré comme plus élevé que celui des autochtones et des forgerons. Mais ces princes, bien qu'arrivés en dernier, sont plus importants que les immigrants récents qui obéissent à d'autres règles.

Ceci n'enlève rien à la nature du contre-don initial qui est finalement plus grand que celui du don initial puisqu'il confère au groupe qui le reçoit une supériorité hiérarchique indiscutée, même si elle est étroitement contrôlée. Les derniers arrivants ne peuvent rien donner de significatif car le système politique est déjà en place ; le don initial, et le contre-don qui crée la chefferie, ont déjà eu lieu, et ce qu'ils peuvent éventuellement apporter n'est plus que de l'ordre de bonifications individuelles mineures.

Comparons donc rapidement ce don et ce contre-don initiaux à leurs analogues cités et discutés par Mauss (1923-1924) dans son célèbre essai. Il s'agit là d'échanges mais aussi, et peut-être avant tout, de cycles d'échanges avec relais et chaînes de redistribution (Racine 1992). Les discussions sur ces cycles d'échanges qui abondent dans la littérature anthropologique concernent surtout la Mélanésie et la côte nord-ouest de l'Amérique du Nord, l'Afrique ne semblant pas un continent d'élection de tels phénomènes, du moins en apparence. Cependant, le thème du don et du contre-don y est présent mais de manière abrégée, si l'on peut s'exprimer ainsi, car les échanges discutés par Mauss et ses commentateurs sont, par opposition, à cycles longs. Les échanges les plus célèbres, la kula trobriandaise et le potlatch amérindien, sont codifiés : dans la première il s'agit d'une catégorie de biens de prestige qui est donnée contre une autre qui circule en sens inverse en créant une alternance hiérarchique, le donneur étant supérieur jusqu'à ce que le récipiendaire lui rende la pareille. Ceci est différent de notre échange qui se fait une fois pour toutes, un bien contre une fonction qui vise à perpétuer la fonction initiale, bien que les rôles y soient inversés et transformés. L'autre institution analysée par Mauss, le potlatch des Amérindiens de la côte nord-ouest, se fait entre deux partenaires. L'un institue le don auquel le récipiendaire répond par un contre-don de même nature ou de même valeur tout en essayant de surpasser le don initial. L'opération vise à écraser le partenaire, devenu adversaire, par un contre-don, si possible plus important. Dans ces deux cas, il nous est dit que celui qui donne place celui qui reçoit dans une position d'infériorité temporaire jusqu'au retour de la contre-prestation. Il s'agit de « rendre usurairement les dons acceptés, de façon à transformer en obligés ceux qui vous ont obligé » (Mauss 1960 : 200).

Nous avons là une hiérarchie alternée, bien différente de celle de nos chefferies dìì où la hiérarchie reste permanente après le don initial que suit l'instauration de l'institution cheffale. La hiérarchie alternée qui caractérise le potlatch et la kula devient permanente chez les Dìì en inversant le sens de la circulation des biens tout en préservant la figure de celui qui les donne. Dans le cas du chasseur ou de l'homme riche du mythe fondateur de la chefferie, ce même personnage est à la fois le producteur et le donateur initial, alors qu'une fois la chefferie instaurée, les récipiendaires du don initial deviennent les producteurs des biens redistribués par le même donateur. Le cycle des dons et contre-dons entre personnes qui alternent leur rang hiérarchique respectif se mue ici en hiérarchie permanente. Mais il s'agit toujours dans notre cas du schème maussien : il y a bien échange de produits et de biens matériels entre deux parties où le donneur, tant que la prestation n'est pas rendue, est hiérarchiquement supérieur. Le don initial est rendu, comme dans le schème maussien, mais la circulation des biens change alors de sens ainsi que le statut des partenaires. L'initiateur de l'échange est remboursé, mais il est désormais l'obligé, dans les termes mêmes de Mauss, de ceux qu'il a lui-même obligés. Il est chargé d'organiser les redistributions des biens produits par d'autres. Le don initial confère une fois pour toutes au donneur, lorsque le contre-don est rendu, l'hégémonie hiérarchique qui n'alterne plus entre donateur et donataire échangeant leurs rôles respectifs mais qui oblige toujours le récipiendaire initial au contre-don. Dans les sociétés à potlatch, l'alternance des dons et des contre-dons est, selon les termes de Mauss (1960 : 200, n. 4), une sorte de jeu ; ici, le don en tant que tel est pris, si l'on peut dire, plus au sérieux. Celui qui l'initie est supérieur une fois pour toutes. C'est pourquoi ce sont les initiateurs qui sont investis de la tâche la plus prestigieuse, mais aussi la plus risquée du point de vue des administrés, celle d'assumer le travail politique. L'action de donner ne se répète pas indéfiniment entre les mêmes partenaires qui changent alternativement de statut. L'acte initial est vu comme absolu et unique ; le don n'est peut-être pas trop gros pour être remboursé : il est des versions du mythe, rappelons-le, où les autochtones donnent d'abord une de leurs filles comme épouse à l'étranger célibataire en contre-don pour le faire rester et le tester, mais l'acte initial en tant qu'il est premier ne demande rien de moins comme contre-don final qu'un surplus écrasant : il confère le droit et le devoir de diriger la société, ce qui, dans les versions « lentes » du mythe fondateur, est finalement accordé au donateur après le premier contre-don d'une épouse – et la naissance subséquente d'un enfant merveilleux dans les plus lentes –, alors que dans les versions plus « courtes », la chefferie lui est donnée immédiatement.

Cette supériorité du don initial est éclatante : elle vaut tout. Les mythes sont clairs là-dessus ; les donateurs se voient condamnés à continuer leur tâche de faire profiter les bénéficiaires mais par d'autres moyens. La supériorité du don initial est telle qu'elle se transmet aux chefs qui descendent du premier donateur en leur permettant de produire spirituellement une surabondance de récoltes pour autant qu'ils invoquent leurs ancêtres. Le don et le contre-don sont ici investis de vertus spirituelles : le simple fait pour le chasseur d'avoir donné et pour les récipiendaires d'avoir rendu en donnant un surplus – la chefferie – confère à l'ensemble de cette tractation des vertus surnaturelles. Tout se passe comme si le don et le contre-don dans les règles – avec une prime – engendraient, par le fait même de donner et de rendre, un surplus perpétuel pour le donateur et le donataire originaux, tout en investissant le premier du prestige d'avoir initié l'opération et en autorisant ses descendants à continuer d'en administrer les conséquences.

Nos mythes sont une illustration particulièrement frappante des principes de l'échange découverts par Mauss ; l'obligation de donner, de recevoir et de rendre. Ces principes fondent la vie sociale ; Lévi-Strauss (1958 : 326) a montré que pour vivre en société, les hommes devaient communiquer, c'est-à-dire échanger des messages, des femmes, des biens et des services, etc., la liste n'étant pas exhaustive. Les Dìì utilisent aussi l'échange pour toutes sortes de raisons. Ils en font non seulement le principe d'existence du tissu social mais aussi de celui qui est au fondement de l'organisation politique globale : il instaure une société policée basée sur le don et l'échange entre deux groupes, don et contre-don qui engendrent des surplus dont bénéficient les deux groupes qui en sont les partenaires. Cependant, contrairement au potlatch et à la kula, il n'y a pas alternance ni changement dans les positions statutaires des partenaires ; il y a *de* l'échange, mais les termes en sont incommensurables, et nous allons en évaluer les conséquences dans les pages qui suivent.

Ce qui précède est une analyse qui prend en compte les mythes dìì et les mythes similaires qui abondent en Afrique sans y faire intervenir directement deux facteurs, les mythes des sociétés voisines des Dìì – qui ont pu les influencer ou que les Dìì ont pu influencer, la question reste ouverte pour l'instant – et les pratiques sociales de ces mêmes voisins qu'il est possible de relier éventuellement aux mythes. Le premier aspect a été analysé ailleurs (Muller 1992) où il est montré que ce mythe du chasseur, partagé par un bon nombre des chefferies dìì, est devenu, dans sa version politique actuelle élaborée par les intellectuels dìì de Mbé, le chef-lieu de l'arrondissement administratif de la majorité des Dìì, à la fois une transformation des versions dìì et de celles de quelques-uns de leurs voisins, les Moundang, les Mbéré et les Mboum qui se situent à l'est des Dìì. Ces trois ethnies ont toutes des mythes similaires à celui du chasseur dìì, qui ne sont pas plus différenciés sur ce plan ; les chasseurs ne font que recevoir la chefferie grâce aux bienfaits qu'ils dispensent à la population qui les héberge.

Ces sociétés voisines ont toutes une organisation politique semblable à celle des Dìì, sauf qu'elles sont démographiquement plus importantes, et elles n'attirent pas l'attention sinon par les variantes mineures qui accompagnent leurs mythes d'origine.

Il en va différemment des voisins du nord-ouest, les Dowayo et les Duupa, que tous les Dìì connaissent bien pour avoir entretenu avec eux des relations commerciales aux temps pré-coloniaux et que fréquentent toujours actuellement les Dìì du nord-ouest qui sont leurs voisins. Ceux-ci n'ont pas de chefferies organisées et ils se placent dans la catégorie des sociétés à « big men »[1] que les gens suivent dans la mesure où ils peuvent leur procurer des bénéfices. Les descriptions que brosse Barley (1983 : 3) des « chefs » dowayo sont éloquentes. Après nous avoir dit que les chefs administratifs, introduits relativement récemment par les Français, n'ont aucun pouvoir ni aucune autorité, qu'ils sont méprisés par les Dowayo traditionalistes et ignorés comme un anachronisme (déjà !) par la jeune génération impliquée plutôt dans la politique nationale que locale, il précise : le terme « waaryo "chief" denotes a much more fundamental distinction between a rich man (who owns cattle) and a poor one (who does not). This distinction constantly recurs in Dowayo life. Only rich men can organise the major festivals at which cattle must be killed. » Dans un autre travail, il est dit que : « Poor men can associate themselves with rich celebrants and so complete rituals that they would not otherwise be able to afford » (*id.* 1986 : 47). Les Duupa, autres voisins des Dìì qui jouxtent aussi les Dowayo, n'ont pas non plus de chefs mais seulement des « big men » qui sont analogues à ceux des Dowayo (de Garine : 1995, et communication personnelle). Nous sommes ici à la fois dans la réalité et dans le mythe ; les chefs dowayo se comportent en donnant comme les hommes riches des mythes dìì qui mentionnent un tel homme. La situation initiale des mythes dìì, où un homme riche nourrit et fait bénéficier les gens de son village de ses largesses, se trouve donc dans la réalité juste à côté, chez les voisins.

Il est significatif de remarquer que les mythes des chefferies dìì les plus proches des Dowayo et des Duupa sont plus nombreux à mentionner un homme riche qu'un chasseur et que quelques villages dìì du voisinage prétendent avoir copié les coutumes de leurs congénères de la plaine après être descendus de la même montagne qu'habitent encore les Duupa et les

1. Le terme « big man » peut surprendre dans la littérature africaniste puisqu'il est surtout réservé à l'aire mélanésienne qui lui a fait le succès que l'on sait. Cependant, le terme est utilisé par L. de Heusch (1990 ; 2002) qui montre bien que l'accession à des titres de prestige ou à des titres politiques s'obtient, dans certaines sociétés congolaises, par des dilapidations prestigieuses. Le terme est particulièrement applicable à l'Afrique puisque « gros homme » est un titre ganawuri dûment officialisé et conféré à ceux qui font une dilapidation ostentatoire pour le bénéfice de tous (Berthoud 1982 : 100-117). Cependant, ces dilapidations n'instaurent pas, dans les sociétés ci-dessus, la chefferie en tant qu'institution comme dans les récits de fondation des chefferies dìì : elles la suivent, la chefferie étant déjà présente.

Dowayo en faisant d'un de leurs « big men » un chef héréditaire. Mythe et réalité se rejoignent ici. Comment le statut de donneur se transforme en celui de redistributeur, comment s'inverse le mythe dans la réalité peut être expliqué facilement si l'on suit Barley (1986 : 48) qui mentionne un des « chefs » dowayo comme détestant l'agriculture et ne s'y étant jamais adonné, mais riche en bétail, ce dernier le faisant vivre ainsi que le travail de ses épouses et de ses clients qui, auparavant, gardaient ses bovins pendant un certain nombre d'années pour acquérir une génisse qui leur permettait de se constituer un troupeau (*id.* 1983 : 3). Les troupeaux anciens des Dìì sont analogues à ceux des Duupa et des Dowayo et donner le statut de chef au possesseur de richesses nous ramène directement non pas du mythe à la réalité mais de la réalité au mythe.

Cette évocation de dépenses somptuaires, de dilapidations festives et de générosité associées ou nécessaires au pouvoir politique permanent ou temporaire ne sont pas seulement le fait des Dìì et des Dowayo. Elle fait partie intégrante du contrat social qui lie les chefs et les administrés un peu partout dans le monde comme l'a montré fort pertinemment Lévi-Strauss (1955 : 325-339) et, à sa suite, Clastres (1974) pour les Amérindiens, ainsi que Bataille (1967) sur un plan plus général. Mais ce que les Dìì et les Dowayo peuvent nous enseigner, en un raccourci d'autant plus saisissant qu'ils sont voisins immédiats, c'est le passage d'un pouvoir politique temporaire à un pouvoir politique permanent, ces pouvoirs étant tous les deux basés sur la générosité et le don.

MAUSS ET LE RITE

Ce que nous avons vu jusqu'ici est une approche purement maussienne et pseudo-évolutionniste des structures politiques. Les mythes semblent refléter la réalité et ils décrivent de manière plausible l'évolution ou le passage logique, sans heurts et sans rupture, d'une société anarchique à une société pré-étatique, ceci d'autant plus que ces deux « stades » de société se trouvent géographiquement l'un à côté de l'autre. Cependant, ce discours est partiel – et partial – car il ne tient pas compte de ce qui fait véritablement un chef dìì ; qu'il soit généreux n'est qu'un prodrome et une condition nécessaire mais non suffisante. Il faut que le chef soit intronisé par un rituel qui le transforme, et à sa suite la société tout entière, d'une manière subtile au travers de cette nouvelle institution.

L'on peut conceptuellement passer facilement d'une de nos sociétés à l'autre : dans la réalité, il faudrait et il suffirait simplement que le « big man » dowayo ou duupa soit reconnu comme chef et que cette situation devienne héréditaire. Cependant, cette « progression » vers un modèle s'apparentant à une chefferie n'existe ni chez les uns ni chez les autres : dès qu'on a tiré parti d'un « big man » et qu'il ne peut plus servir, on se tourne vers un autre. Le prestige reste, mais pas nécessairement l'influence, jusqu'au moment où le « big man » a refait ses réserves et peut à nouveau organiser une fête. Si être riche et généreux est une condition nécessaire et suffisante pour devenir « big man » chez les Duupa et les Dowayo, elle est nécessaire mais non suffisante chez les Dìì.

L'institution cheffale dìì passe par une rupture radicale : la chefferie s'instaure ici par un rite qui non seulement altère la forme de la société mais fabrique le chef lui-même en lui conférant le statut d'un homme se démarquant de l'ordinaire. Il y a d'abord un contrat pérenne qui lie le chef à ceux qui lui donnent le pouvoir, ainsi que nous le disent les mythes, mais ce statut doit être inscrit dans le corps même du chef. En fait, il s'agit de toute une ritualisation du curriculum de la vie d'un chef qui commence avec le décès de son prédécesseur.

Chapitre III

DU MYTHE AU RITE

MORT DU CHEF

Lorsqu'un chef meurt, on prépare son cadavre comme on le fait d'un homme du commun. Cependant, au contraire d'un homme ou d'une femme ordinaire pour lesquels l'enterrement se fait de jour, le cortège funèbre s'ébranle de nuit et, comme pour le chef des autochtones, celui des circonciseurs et des forgerons, la double cloche sonne devant, accompagnée des masques gə́g et fạ̀ạ̀ – pour les villages qui en ont –, des membres de son lignage qui font le *sʉʉ*, vêtus de culottes de peau, brandissant des massues et des fouets en peau d'hippopotame. Le *sʉʉ* désigne d'abord le groupe des personnes ainsi déguisées mais aussi, par extension, leur comportement. On chante : « *Sʉʉ yòò*, que tu ne crèves pas l'œil de ton enfant », en référence au *sʉʉ* qui vient aussi battre les initiés à la fin de la circoncision. Depuis 1950, quelques villages sacrifient un mouton sur la tombe lors de l'enterrement.

Autrefois, on creusait un puits vertical ou encore on utilisait une ancienne tombe de chef si elle n'était pas détruite. Les officiants étaient alors les autochtones qui opéraient tout nus avec des raies d'ocre rouge sur le front, la poitrine, les épaules, les avant-bras, les tibias et le long de la colonne vertébrale. Le cadavre du chef, entouré de bandes de coton, mais la tête dégagée et couverte de son bonnet, était assis sur une banquette, les pieds près d'un trou au fond de la tombe qui servait à recueillir les ossements et permettait de la réutiliser. Ceci aussi bien chez les Mam be', les Mam nà'a que les Gʉʉm. Chez les deux premiers groupes, la tête, appuyée contre une des parois de la tombe, était soutenue par une fourche de bois placée sous le menton du cadavre, l'autre extrémité de la fourche étant fixée dans la paroi opposée. L'orifice était recouvert d'un canari renversé. La nuit de l'enterrement, on faisait *hẹn gẹné* et *tuu nààlɨ́* ; on « attachait le *ba'* » aux circonciseurs et aux autochtones qui avaient officié, comme on le fait lors d'un rituel important. *Hẹn gẹné* est l'expression d'un désordre cérémoniel ; l'on y chante des chants obscènes ; on se moque de tout en faisant du vacarme. Au contraire, *tuu nàɑ̀lɨ́* est une danse de victoire organisée lorsqu'un chasseur a tué un léopard, un buffle, un éléphant, une antilope cheval, un hippopotame ou un éland de Derby ; dans le cas de la mort d'un chef, cette danse est sujette à deux interprétations différentes : certains disent que cette chorégraphie guerrière exprime la colère des habitants résultant de la mort du chef, alors que d'autres prétendent qu'elle commémore le règne du chef défunt qui est vu comme une victoire, les deux interprétations juxtaposées étant parfaitement compatibles.

Chez les Mam nà'a et les Mam be', on attendait que la putréfaction soit avancée avant d'aller reprendre la tête qui était nettoyée après avoir été bouillie dans de l'eau additionnée de feuilles d'oseille de Guinée, *sè'*, de racines des arbres *vọ̀ọm waa kaa* et *sagab*, ce qui donnait un décapant qui blanchissait le crâne. Son nettoyage variait suivant les villages ; d'aucuns disent que les couteaux de circoncision y étaient employés : « On faisait la circoncision avec la "tête du territoire [du village]", *yúú hág*, pour que celui-ci soit en paix », alors que d'autres villages n'employaient pas le couteau et disent qu'ils ne circoncisaient pas le crâne. Je n'ai pu rencontrer de personnes vivantes qui avaient procédé à une décollation du crâne d'un chef, la pratique ayant cessé depuis au moins trente ans dans le dernier village l'ayant maintenue. À Mbé, c'était le porteur du masque qui faisait office de nettoyeur du crâne – et aussi de nettoyeur de la tombe – ; les autres autochtones sont également présents mais ils ne font rien. Durant les trois jours suivants, l'officiant mange dans une calebasse non encore décorée, qu'il ne peut toucher, en s'aidant de brindilles. Il devait aller se baigner tous les matins pendant treize jours et ne pouvait approcher sa femme pendant cette période. Une fois nettoyé, le crâne était oint d'huile et orné de deux bandes d'ocre rouge, l'une allant du haut du nez à l'arrière du crâne et l'autre, transversale, d'une oreille à l'autre. Le crâne ainsi préparé était remisé dans une hutte spéciale érigée dans la cour de la chefferie, entouré d'une bande de coton tissé, *sạ̀ạm nɛ̀'ɛm*, et placé dans un pot plein de poudre d'ocre rouge, *kè'ed*. Le nouveau chef n'avait pas le droit de le voir, sous peine de devenir aveugle et fou avant de mourir rapidement. La hutte où l'on remisait le crâne était différente de celle où l'on conservait les couteaux de circoncision, aussi dans la cour de la chefferie, mais elles étaient souvent désignées du même terme, *lig yọọb*, « maison des esprits » ; cependant, pour les distinguer, la hutte des couteaux était appelée *ban kè'ed*, « hutte du *kè'ed* », et la hutte des crânes *lig vág*, « hutte du palmier rônier » pour éviter de prononcer le nom du crâne, *yúú*, le fruit du palmier étant assimilé, à cause de sa forme, à un crâne. On dit parfois qu'il y a un serpent-bâton, *bɨɨg him*, qui habite près de – ou dans – la hutte du crâne ; il est inoffensif et part simplement lorsque l'officiant vient ouvrir la hutte pour revenir ensuite. La tombe du chef, *bɛ́g*, était à l'extérieur du village ; il fallait la nettoyer plusieurs fois par année, mais surtout lors du rituel *yúú hág mbɔ́ggɨ́*. Ce travail était réservé, en principe, aux autochtones. Cet usage du crâne était connu des Gʉʉm, mais ils ne le pratiquaient pas. La tombe du chef restait fermée jusqu'à l'ensevelissement de son successeur mais elle était aussi – et est encore – périodiquement nettoyée. Il s'agit de désherbages en saison des pluies et de balayage des feuilles mortes en saison sèche. Dans plusieurs villages mam be' et dans les villages mam nà'a, le crâne conservé était ressorti lors des cérémonies qui suivaient les moissons. Aujourd'hui, suivant une coutume peule, quelques chefs sont enterrés à la limite arrière de l'enceinte de la chefferie.

Lorsqu'un chef meurt, – comme lorsque décède le chef des circonciseurs, le chef du ou d'un des groupes d'autochtones et le chef des forgerons –, il faut immédiatement circoncire au moins un enfant (jamais deux ce qui rappelle trop un chiffre féminin parce qu'il est pair), ou trois ou plus. S'il y en a plus de trois, un chiffre pair est considéré comme acceptable car il y a déjà trois enfants inclus. Ce que l'on doit éviter, c'est d'en circoncire seulement deux en même temps. Il arrive, comme à Dəəna en 1989, que l'on doive en circoncire deux successivement car les troubles que l'on veut éviter en circoncisant le premier enfant se produisent tout de même, mais ceci est vu comme deux circoncisions séparées, une pour éviter les ennuis – malheureusement non probante dans ce cas – et une pour les apaiser. On doit circoncire l'enfant pour empêcher que l'esprit du chef défunt, son *yọọb*, n'envoie des léopards, des incendies, des épidémies ou des malheurs divers affecter le village. Cette circoncision doit se faire le plus rapidement possible, le jour même ou le jour suivant, ce qui s'est passé à Yugud et à Ndʉ'ʉm soo tʉd au mois d'octobre 1991 et à Bándaa en novembre de la même année. Cette circoncision est appelée « circoncision sacrifice », *dọŋ dɔ̀nné hẹn pʉ̀'' ɨ́* (de *pʉ́'* « sacrifier pour chasser les esprits ou pour recevoir du bien » (Bohnhoff et Kadia 1991). On danse le *mbèe*, la danse de circoncision, mais les préparatifs et les préliminaires ne sont pas aussi élaborés, et pour cause, que dans le cas d'une circoncision planifiée. Cependant, dans le cas d'un chef très vieux et malade, on peut prévoir sa mort, garder quelques enfants en réserve et les circoncire tous à cette occasion, comme cela s'est passé dans la chefferie de Kundəə, moribonde, qui a attendu la mort de son chef pour circoncire quatre enfants à la fois en 1988. Les coûts de cette circoncision sont défrayés par la chefferie. L'opération est considérée comme une circoncision au rabais pour la famille paternelle mais surtout maternelle de l'enfant qui ne peuvent faire étalage de leurs biens. Si possible, pour ménager les susceptibilités, on choisit un enfant d'une famille pauvre qui ne protestera pas. Auparavant, on prenait un fils d'une femme ou d'un homme esclave. L'enfant est amené à la tombe qu'il enjambe trois fois et est conduit immédiatement au *təə*.

Cependant, l'idéal est de faire cette circoncision avec le nouveau chef qu'on devrait nommer aussi, si possible, immédiatement après la mort de l'ancien. Si tout le monde est prêt et qu'il y a consensus sur le nom du candidat, on annonce une « circoncision d'entrée de règne », *dɔ̀nné gbang dɔlí*, « circoncision/règne/entrer », dans laquelle le chef lui-même est recirconcis et officie immédiatement après pour inaugurer son règne en introduisant les nouveaux initiés à la place de circoncision. Cette circoncision a deux buts : se protéger de la vengeance possible du chef précédent et inaugurer le règne nouveau. Une telle circoncision est aussi organisée lors d'une nomination après déposition – et non décès – d'un chef, une occasion très rare. Dans ce cas, le nouveau chef doit également organiser une circoncision immédiatement après son installation pour que son règne soit bienfaisant, comme il devra aussi le faire de toute façon pour inaugurer son règne après une « circoncision sacrifice ». Ce sont ces enfants circoncis qui intronisent réellement le chef ; ils l'« enveloppent », l'« emballent », *wáá,* et le « recouvrent », *ɓíd*, en bref, le légitiment. Si un chef déposé revient mourir dans son village après son exil, on circoncit aussi un enfant à sa mort, circoncis qui s'appellera *dòŋ ɓíd bɛ́g*, « circoncis/recouvrir/tombeau », cette circoncision n'inaugurant pas un règne et ne servant qu'à se protéger du défunt. Si un chef meurt en exil, rien n'est fait dans son village où personne n'a plus rien à craindre de lui.

Cependant, je n'ai relevé que quelques cas d'une nomination idéale pour plusieurs raisons qui deviendront claires lorsque nous examinerons ci-dessous le protocole de nomination du nouveau chef.

SÉLECTION DU NOUVEAU CHEF

À la mort d'un chef, des autochtones ou des représentants attitrés – à Mbé, il s'agit du chef de Gʉʉ vee – mettent les scellés sur les propriétés du défunt. Ses biens meubles sont entassés dans une chambre que l'on ferme aujourd'hui avec un cadenas en attendant l'inventaire afin que personne ne puisse en soustraire une partie. Ceci semble être une coutume d'origine mboum où l'héritage du Belaka (roi ou chef mboum) est gardé et conservé à Ganha par le Vangwari (le chef d'un des lignages autochtones) et un autre officiel, le Gangdolong (Bertoudjida 1994 : 87).

Si la succession s'avérait difficile, on nommait une régente, une tante paternelle de la chefferie qui occupait le bâtiment. Si la génération supérieure des femmes issues de la chefferie était éteinte, une « sœur » du chef était choisie pour cette fonction. L'idéal voulait que cette femme soit sans enfant car celui-ci aurait pu convoiter le règne, *wàà*, ou le trône, *ką́mį́* ou *lą́an*, et sa mère intriguer à cette fin. Au début du XXe siècle, un interrègne à Kaana'a gbọọ dura quatre ans, le futur chef étant trop jeune à l'époque pour accéder au trône. La régente, une femme mariée mais sans enfant provenant du lignage du chef, remplit tous les devoirs de celui-ci, y compris la flagellation des initiés à leur circoncision. Une autre régence est rapportée à Mbé, lorsque le chef Hamina fut retenu longtemps par le lamido de Ngaoundéré aux alentours de 1900. La régente, aussi une femme du clan cheffal sans enfant, prit le surnom de Nàa kɔ' waa sa', « Madame/faire/enfant/pas ». Elle soutint le siège contre les Peuls, avec l'aide du futur chef et du circonciseur. Ces régences ont officiellement cessé, dit-on, car les administrations allemandes, françaises et aujourd'hui camerounaises, ne voyaient pas les femmes-chefs d'un bon œil. La jeune génération – au-dessous de cinquante ans – ne connaît plus cet usage qui s'est pourtant maintenu longtemps. Le chef du village de Ndʉ'ʉm soo tʉd décéda en 1991, après avoir été en butte à des accusations de sorcellerie. Tout le monde se soupçonnant, le village se vida et tomba presque en ruines au cours des années suivantes. Cependant, une sœur du chef défunt, veuve et sans progéniture, y retourna pour prendre la chefferie et élever une partie des enfants de son frère, encore petits, dont les mères avaient déserté. Elle convoqua le conseil de village et prit les décisions, mais ne s'occupa pas de la circoncision. En 1999, le village n'avait circoncis qu'une fois après le décès du chef, dont le rôle avait été tenu par celui du chef du village voisin de Yạduu, invité pour l'occasion. Comme ailleurs en cas de vacance, la chefferie a proposé un intérimaire à l'administration qui lui sert de boîte aux lettres. Le choix de cet intérimaire s'est porté sur le plus vieux du village, un prince du village de Nabun vivant seul, en attendant qu'un prétendant, fils du frère du chef décédé, ait terminé de remplir les papiers pour faire valoir ses droits à la retraite. Ce prince avait finalement décidé d'accepter d'être plébiscité pour finir ses jours comme chef de son village natal. Candidat idéal, il avait passé sa vie à l'extérieur et n'avait pas été impliqué, comme plusieurs autres princes, dans les remous de l'affaire de sorcellerie qui avait accompagné le décès du chef précédent. Mais, en 2003, il n'était plus sûr d'accepter et la régence continuait.

De toute façon, même si l'on ne prévoit pas de régence mais que la succession risque d'être mouvementée, les objets sacrés les plus importants, le « bambou-léopard », *hẹẹg zą́g*, et les bracelets cheffaux dont nous parlerons plus loin, sont donnés en dépôt à une tante paternelle ou à une sœur du chef de crainte qu'un prétendant ne les saisisse. Une telle saisie ne donnerait pas lieu à une usurpation mais à des complications sans fin qu'il vaut mieux éviter.

Le nouveau chef est choisi parmi les princes qui sont habilités à régner, c'est-à-dire qu'ils doivent avoir eu soit un père soit un grand-père (ou les deux ce qui est encore mieux) qui avait été chef. La compétition se fait donc entre agnats descendants d'un chef sur deux générations. Les arrière-petits-fils d'un chef dont le fils ou le petit-fils n'ont pas régné sont écartés de la chefferie. Ils conservent toujours le titre de prince, *gbaŋ waa*, mais ils sont, comme le dit l'expression française locale, des « princes déclassés », à qui l'on peut donner des charges nouvelles (Kaïgama, Kofa, etc.) ou que l'on peut intégrer dans des fonctions traditionnelles en tant que membres d'honneur additionnels, comme autochtones chargés de balayer les tombeaux des anciens chefs chez les Gʉʉm, où ils prennent le nom de *gbaŋ bàà bɛ́g*, « princes/balayer/tombeau ».

La sélection est faite, en principe et comme pour rappeler le mythe d'origine des villages, par les autochtones. En réalité, le chef de ce groupe, ou d'un de ces groupes s'il y en a plusieurs, a le dernier mot dans la sélection et ce sont tous les anciens du village, *ɨ́ nii kaa*, « vieux/village », qui sont consultés, le chef circonciseur ayant la préséance. Le choix doit refléter celui du village et on suppose que le chef élu sera le meilleur et le plus populaire parmi les princes. Dans les petits villages où autochtones et circonciseurs sont des ressortissants de petits lignages, des vieux de lignages issus de neveux utérins ou d'affins sont aussi sollicités pour élire le chef. Les avis du chef défunt sont également pris en compte et cette option est fertile en discours ex post facto, les partisans de candidats particuliers faisant intervenir opportunément ce qui aurait été dit à telle ou telle occasion par le défunt. Un cas récent, et jusqu'ici unique, est une succession nommément désignée par testament écrit. Le chef d'un village voisin de Mbé, nommé en 1952 après une âpre lutte contre cinq prétendants, désigna, sentant sa mort venir, un membre de son lignage dont le père, fils d'un chef, avait émigré dans un village voisin, à quelque vingt kilomètres. Cette branche n'avait rien tenté contre le chef à l'époque de sa nomination et, comme il ne voulait voir en aucun cas un des descendants de ses adversaires sur le trône, il fit écrire son testament stipulant que le fils de l'émigré, né et élevé dans l'autre village, lui succède. Ce testament, réécrit trois fois pour satisfaire la cour de justice, y fut homologué. À la mort du chef, en 1996, le bénéficiaire fut approché mais comme il était – et est encore – un personnage relativement important de l'administration scolaire de la sous-préfecture vivant à Mbé et nanti de dix-huit enfants, il demanda que les habitants lui construisent une maison là où il régnera... Il était encore, en 2000, dans l'expectative, le village ayant nommé un régent en attendant la décision finale.

Une seule classe de princes éligibles par naissance – fils ou petits-fils d'un chef – est dite hors circuit dans la course à la succession ; ce sont ceux qui sont trop vieux mais, là encore, la notion de vieillesse est élastique car un candidat qui est vieux pour les uns ne l'est pas pour les autres. Il y a même des considérations stratégiques qui militent pour la nomination d'un vieux chef ; si son grand-père a régné mais pas son père et qu'il ait beaucoup d'enfants alors que le chef décédé n'en a pas ou peu ou encore s'ils sont trop jeunes pour prendre le trône, le vieux candidat, s'il est élu, permet par là à ses fils de rester dans la compétition, élargissant ainsi le nombre de candidats potentiels en gardant une lignée bien garnie pour y puiser d'éventuels futurs chefs. Certains villages disent qu'il faut, si possible, épuiser la génération des princes potentiels de la même génération en ordre descendant d'aînesse, définis comme des « frères », avant d'entamer celle des « fils ». Même si l'on dit que les princes de deux villages différents portant le même nom sont éligibles dans l'un ou l'autre – pourvu que leur père ou grand-père ait régné – on cherche à garder un certain choix dans son village propre. Chez les Gʉʉm, on dit aussi que le meilleur choix est celui d'un candidat dont le père ou le grand-père a régné mais on ajoute que s'il y a deux branches princières, l'idéal est d'alterner les règnes pour ne pas faire de jaloux.

Ceci est un niveau de discours qui n'est pas toujours compatible avec un second, celui qui veut que ce soit le meilleur prince qui soit choisi. Il faut que ce prince soit ouvert au gens, qu'il soit populaire, qu'il écoute les villageois avec sympathie, qu'il soit travailleur, entreprenant, riche et surtout généreux, en somme une réplique des chefs mythiques qui furent choisis chefs par les autochtones à cause de leur générosité et de leur entregent. Un prince paresseux n'a que peu de chances d'être choisi : « On ne prendra pas un prince qui reste à la maison à ne rien faire », dit-on. Les princes évincés lors de la précédente compétition peuvent, ou non, être pris en considération, selon leur âge. L'on dit qu'un prince n'est jamais sûr de voir son tour venir avant d'être trop vieux pour cela, tout ceci dépendant de la longueur du règne de son ou ses prédécesseurs. Il est toujours possible de dire quels seraient les prétendants en lice au moment où l'on parle mais la configuration change au fur et à mesure que les années passent, que les prétendants vieillisent ou meurent, que d'autres grandissent et font impression par leur générosité. Les princes acquièrent une réputation parmi les électeurs en étant déférents avec eux, en se montrant sous leur meilleur jour, en invitant les notables à des fêtes, en donnant des cadeaux et en faisant de la bière pour régaler les gens, en fait en se conduisant déjà comme un chef. On dit qu'aujourd'hui, les princes « en service », c'est-à-dire à l'emploi du gouvernement, sont visités par les notables – ou leurs représentants – à Ngaoundéré, Garoua, Yaoundé ou même Douala lorsqu'ils s'y rendent et que ceux-ci font leur rapport lorsqu'ils rentrent au village en expliquant comment se conduit le prince, comment il reçoit les gens de son village, comment il est perçu par la communauté où il vit, s'il est ivrogne ou modéré, etc. On suppose quelquefois que les électeurs ont une sorte de service de renseignements et d'espionnage qui les informe sur la condition des candidats. Ce cas des princes « en service » est intéressant dans la mesure où un candidat lettré, de par ses connaissances et sa position, peut être plus prestigieux qu'un autre. C'est ainsi que les princes fonctionnaires (instituteurs, catéchistes, etc.) semblent assez prisés, mais les princes lettrés de la sous-préfecture de Mbé – qui sont trois ou quatre – sont d'anciens catéchistes rejetés par la mission protestante (sauf un qui a, avec l'assentiment de ses gens, attendu deux ans sa retraite officielle pour quitter la mission, devenir musulman et prendre le trône, tout en continuant à respecter le dimanche en ne travaillant pas ce jour là). Un détenteur de doctorat d'une université canadienne s'est vu, à son retour dans son village dans la sous-préfecture de Tcholliré, offrir la chefferie, qu'il refusa pour accepter un poste dans un ministère. Cette propension à vouloir comme chef des gens qui se sont frottés au monde extérieur peut mener à de grandes déceptions, comme dans un village Gʉʉm important qui choisit comme chef un manutentionnaire à l'aéroport de Ngaoundéré qui n'eut rien de plus pressé que de détourner les impôts, amenant des complications sans fin. De toute façon, le chef doit être un homme d'âge mûr, qui a déjà de l'expérience. On évitera de nommer un chef trop jeune et qui n'est pas marié, comme je l'ai vu, en faveur de quelqu'un de plus âgé. À l'été 2003, il y avait trois chefs élus, mais encore en service ailleurs, qui attendaient leur prochaine retraite pour prendre leurs fonctions dans leur village, après y avoir nommé un représentant.

Le patron d'élection ancien – encore idéal et toujours cité en exemple – veut que les princes qui souhaitent faire la compétition s'assoient le jour après le décès devant le palais et que le prétendant choisi soit pris par la main par le chef des autochtones qui le présente au peuple. Mais une élection pareille est presque impossible aujourd'hui car la condition de la présence de tous les princes éligibles est rarement remplie. On dit même, dans certains villages – contrairement à l'évidence –, que tous les princes évincés lors de la précédente élection doivent partir et qu'ils y sont forcés par crainte d'attaques de sorcellerie ; il faut donc attendre qu'ils reviennent pour procéder au choix. Il est vrai que beaucoup de princes vivent dans un autre village mais ils ne reviennent pas et, si l'un d'eux est choisi, il est aujourd'hui contacté par le collège électoral. Il y a ainsi plusieurs chefs qui ont été nommés sans avoir jamais habité leur village, mais en y ayant toutefois gardé des contacts. Par exemple, un prétendant, fils de chef, qui ne fut pas choisi lors d'une compétition émigra par dépit chez son oncle maternel mais fit en sorte que son propre fils soit circoncis dans son village pour qu'il y soit connu. Ce dernier fut choisi chef sans jamais avoir vécu dans son village d'origine. Un autre chef, aussi né dans un autre village et qui y fonda une famille, fut nommé dans son village d'origine. Un de ses fils préféra rester dans son village natal où il devint un homme respecté et entreprenant. Sans avoir vécu dans son village d'origine, il y succéda néanmoins à son père.

Le problème de la « citoyenneté » est ici crucial. Lorsqu'on demande à un individu quelle est son origine, il indique son village natal mais, si sa famille provient originellement d'une autre chefferie, il peut aussi la mentionner. Les membres des lignages originaux – incluant celui du chef – d'un village diront, eux, que cet individu est de son village d'origine, même s'il est né dans le leur, tout en lui reconnaissant pleinement le droit de se dire originaire de son village natal. On a ainsi une sorte de « double citoyenneté » effective qui explique pourquoi on ne répugne aucunement à faire appel à un chef qui n'a jamais mis les pieds dans la chefferie qui veut l'élire.

Les Dìì sont extrêmement prolixes sur ces questions de chefferie et ont une théorie de la projection qui ressemble étrangement à celle de Freud. Chaque prince éligible est censé penser qu'il est le vrai choix de la population mais que des intrigues ou des erreurs de jugement lui ont fait préférer un rival qui, sachant qu'il n'est pas le véritable successeur, s'empressera de faire périr le candidat malheureux par jalousie. Ceci explique le départ du village de plusieurs princes. D'aucuns ont une autre théorie, plus simple : les candidats malheureux s'exilent par honte ou encore ils essaient de voir si leurs vues sont justes en allant créer un village ailleurs, espérant que leurs partisans les y suivront, ce qui se passe quelquefois et est à l'origine de la scission des villages. Mais bien des princes en sont finalement réduits à se rendre chez leurs oncles maternels, personne n'étant disposé à les appuyer dans leur tentative de créer une nouvelle chefferie. Ils reviendront – ou pas – durant le règne de leur rival ou ils attendront sa mort pour réapparaître ou demeurer en exil. Rien n'est sûr... De toute façon, si deux princes vivent avec leur père dans la même concession et que l'un d'eux est choisi, le candidat malheureux devra déménager, quitte à s'établir non loin. Cette dispersion des princes, qui varie de village à village, est encore rendue plus manifeste aujourd'hui que beaucoup de Dìì scolarisés sont « en service » ici ou là et que bien des princes sont du nombre. Une élection idéale est donc plutôt rare et il faut souvent attendre quelque temps pour voir arriver les prétendants – qui sont cependant immédiatement avertis du décès du chef et ceci avec une rapidité et une efficacité étonnantes. Mais le choix peut prendre beaucoup de temps, plusieurs années, les habitants de la chefferie ne pouvant s'entendre sur un candidat, ce qui peut être aussi l'occasion d'une fission, comme à Waag, dans les années 1950. Le village se scinda en deux ; chacun des deux chefs prit la partie du village où il avait le plus de partisans et les adversaires de l'un et de l'autre déménagèrent dans l'autre partie, l'agglomération restant au même endroit, les parties se désignant par Waag I (daga) et Waag II (idu), comme c'est souvent le cas chez les Dìì. Il ne semble pas y avoir de ressentiment dans ces cas de scissions qui sont expliquées par des rivalités, vues par tous comme parfaitement légitimes, entre princes. Les traditions orales faisant mention de séparations sont simplement justifiées par le fait que chacun des princes voulait être chef. Dans plusieurs cas, comme nous l'avons mentionné pour Waag, les villages résultant de la scission restent côte à côte sans animosité apparente.

Lorsque le candidat est choisi, il est remis entre les mains du chef des autochtones, du circonciseur et du forgeron qui l'emmènent au *təə* pour le circoncire une seconde fois, accompagné par les hommes du village que les neveux utérins du chef et ceux du circonciseur empêchent d'accéder à la place en érigeant des barrières, comme pour une circoncision normale. Cette circoncision est appellée *gbanàà dọ̀ŋ dọ̀nné*, « chef/circoncision ». Seuls les préposés à une circoncision normale sont habilités à entrer au *təə*, ainsi que les *dag dọ̀ŋ* du chef, ses compagnons qui ont été circoncis en même temps que lui. Il fallait aussi qu'un jeune forgeron l'accompagne, ainsi que nous l'avons mentionné. Comme pour un initié, le circonciseur le frappe du *hȩ̣ẹg zág*, litt. « bambou-léopard », long faisceau de tiges de bambous orné d'anneaux de fibres bouffantes cachant les couteaux de la circoncision, nommés *zág*, « léopard », dans ce contexte cérémoniel, qui sont disposés entre les tiges. Le futur chef est saisi, frappé et il est circoncis une seconde fois. Cela consiste à lui « retirer un tour » de plus afin de le faire souffrir ou de le punir pour ce qu'il aurait fait de mal lorsqu'il était prince, les interprétations variant suivant la personnalité du chef. L'important est qu'il souffre beaucoup. Il doit être celui qui a subi le plus de souffrances parmi les villageois et on tient que ces souffrances lui enseigneront à être patient, courageux, digne et qu'elles lui permettront d'endurer les difficultés et de supporter le poids de la chefferie. Mais ce que le circonciseur lui fait est sujet à discussions car un chef dont la réputation antérieure est irréprochable peut n'avoir que la peau du pénis entaillée plusieurs fois – il faut un nombre impair d'incisions – alors qu'un autre reçoit le traitement complet et qu'un anneau de peau lui est retiré en punition de ses écarts passés, réels ou supposés – ou même futurs si le circonciseur pense que le candidat est peu fiable. C'est l'aréopage des vieux qui décide de la sévérité de l'opération ; celle-ci prolonge simplement le propos explicite de la circoncision traditionnelle, celle de faire souffrir l'initié pour l'aguerrir. Le chef est un surinitié par rapport aux autres hommes du village. Cette surinitiation est censée lui « tourner le cœur », *tìi zọ́ọ́*, le lui « durcir », *zọ́ọ́ néélé*, le changer complètement pour qu'il devienne un vrai homme, « le rendre plus fort », *vu fàà dọ̀ŋ dɔ̀ddʉ/moo/néélɨ́/wòò à mba*, litt. : « ils/à nouveau/circoncisent/entrer/pour que/force/à lui/elle (le) dépasse ». On lui dit aussi que ceci doit lui instiller un courage extraordinaire. Les chefs n'étaient pas censés combattre à la guerre, mais il fallait qu'ils soient présents sur le lieu des combats, debout et immobiles, un peu à l'écart devant un pot de remèdes censé protéger toute l'armée, et on leur disait aussi : « Si tu reviens de la guerre avec une flèche plantée sur le front, tu seras soigné, mais si la flèche est fichée en arrière de la tête ou dans le dos, on te laissera mourir. » La patience et la retenue que lui confère cette surinitiation se reflètent aussi dans son discours ; le chef ne prononcera plus de propos frivoles, de paroles inconsidérées mais son discours sera réfléchi et pondéré. Toutes ces qualités sont résumées dans le terme *ká'ad* qui a le sens de « froid » ou « frais » dans son acception thermique, mais qui, au plan moral et psychologique, signifie calme, posé, tranquille, en possession de tous ses moyens. Un bon chef est dit *gbanàà ká'ad* par opposition à *gbanàà píím*, « chef chaud », caractérisé par sa méchanceté, sa nervosité, son comportement emporté, irrationnel, désordonné et imprévisible. Ce sang-froid exceptionnel est illustré par quelques clichés répétés à l'envi : un vrai chef ne craint rien ; un léopard rencontré en chemin ne le fera même pas sourciller ; il ne bougera pas si un serpent s'approche de lui lorsqu'il est assis sur son trône ; il le laissera même lui monter entre les jambes sans frémir. Si le feu prend dans sa maison, il restera immobile, se contentant d'essuyer nonchalamment les brandons qui lui tombent sur le dos ou de demander à ses compagnons de le faire pour lui. Si on l'attaque à la maison, il liquidera ses adversaires avec ses armes – gardées à portée de la main – et n'appellera ses aides que pour les prier de le débarrasser du voisinage des cadavres.

Le même traitement était réservé au petit forgeron qui l'escortait, mais seulement pour qu'il ne divulgue pas ce qu'il avait vu. Comme dans le cas des garçons circoncis, les circonciseurs faisaient un trou pour que le sang s'y écoule, trou dans lequel le chef doit cracher trois fois. Il a le front enduit d'ocre rouge, *kè'ed*, ou encore on lui trace trois traits avec une pierre blanche, *igɨ hèè*, traces qui ne se voient pas. On lui applique ensuite une médecine, *gam*, sur le front, médecine qui lui portera chance. On enfouit les vêtements avec lesquels le chef est venu dans le trou que l'on rebouche.

Une fois l'opération terminée, le circonciseur lui donne le *hẹẹg zág* duquel on a retiré l'un des bambous qui est remplacé par un neuf. Cet instrument est un attribut qui relève à la fois du circonciseur et du chef ; ils en ont chacun un, formant une paire complémentaire. Celui du circonciseur est considéré comme mâle ; il consiste en trois bambous dans les interstices desquels sont insérés les couteaux de circoncision dissimulés par les franges de fibres pour que les femmes ne puissent pas les voir. Les futurs circoncis en reçoivent un coup à l'ouverture du rituel. Celui du chef est, lui, féminin et servira à frapper les initiés juste avant qu'ils subissent l'opération. Il est formé de quatre bambous, le chiffre féminin. Lors de l'accession à la chefferie, on en enlève un et on le remplace par un neuf pour bien montrer le changement dans la continuité. Avec les bracelets, c'est le symbole le plus puissant de la chefferie. Les autres participants à la circoncision peuvent s'en fabriquer, avec un nombre indéterminé de bambous, mais ceux-ci, contrairement à ceux du circonciseur et du chef, ne sont en rien investis de la symbolique de genre propre à chacun des deux derniers. En lui remettant son « bambou-léopard », le circonciseur s'excuse encore de lui avoir fait subir cette épreuve en lui disant qu'elle n'était pas motivée par le ressentiment personnel mais par le bien du village.

Une fois ceci terminé, on entoure la taille du prince de peaux de *bʉ̀ʉ̀g*, une espèce d'antilope naine, et de *kạ̀ạ̀g*, le chevrotin aquatique. La première est choisie pour la délicatesse de sa fourrure et la seconde pour son aspect esthétique, des taches blanches sur fond brun. Lors du retour de brousse, le prince est caché derrière des peaux d'antilope, de buffle et des boucliers faits traditionnellement d'une d'oreille d'éléphant pour cacher ce qu'on lui a fait puisque la circoncision en tant qu'opération physique n'existe pas pour les femmes et les non-initiés. Une femme qui serait assez impudente pour demander où est passé le prépuce de son enfant se verrait répondre que les fourmis l'ont rongé lors de la période de réclusion alors que l'initié dormait par terre.

C'est à ce moment qu'idéalement le prince officie et préside à sa « circoncision d'entrée de règne ». Les jeunes garçons ont été amenés à la place de circoncision après avoir tourné trois fois autour du tombeau du chef défunt ou, s'il n'a pas encore été enseveli, en enjambant trois fois son cadavre. Le nouveau chef les frappe avec son « bambou-léopard », comme il le fera dorénavant pour chacun des nouveaux circoncis avant qu'ils entrent sur la place où ils subiront l'opération. C'est cette première circoncision qui valide l'installation du chef, qui le fait vraiment « entrer dans son règne ».

Le groupe rentre ensuite à la chefferie. Arrivés devant le palais, les gens dansent le *mbèe*, la danse de circoncision, et le chef doit aussi y participer. Entouré de ses peaux, le corps est caché mais on voit au moins son visage qui ne doit montrer aucune trace de souffrance pendant qu'il danse.

Le prince est ensuite amené en réclusion soit chez le forgeron, le circonciseur ou, le plus souvent, chez le chef des autochtones. Il s'allonge sur des peaux de *dál* (hippotrague) ou de *zèè* (buffle). On lui donne les deux bracelets de la chefferie, qui se transmettent de chef en chef. Ce sont des bracelets, *vą̀gą̀*, de bronze ou de laiton, l'un comportant trois renflements, des sortes de boules, placés à intervalles réguliers, l'autre en comptant quatre. Celui à trois boules est masculin, *vągą wayée*, celui à quatre, féminin, *vągą wakẹ́ẹ́*. Le bracelet mâle est souvent un bracelet en fer torsadé sans boules. L'important est qu'il y ait un représentant de chacun des deux genres. Une expression pour signifier que quelqu'un a été élu chef est : « Il a reçu les bracelets de la chefferie. » Les bracelets signifient que la chefferie, le règne, *wàà*, lui est donnée alors que le *hẹẹg zág* signifie que le village lui est remis ; il revêt ses bracelets lors de sa réclusion et « dort avec le *hẹẹg zág* dans sa chambre » pendant quelques jours.

Il reçoit aussi une massue en bois garnie de pointes cloutées, *yé'en zɨd*, quelquefois suspendue au-dessus du siège d'où il préside les réunions de son conseil. Celle-ci fait partie des insignes exclusivement masculins, comme la série des lances, *táa*, appartenant à la chefferie qui en comprend plusieurs variétés dont les lames sont finement gravées de motifs géométriques sans significations particulières. Ces lances sont théoriquement à portée de la main du chef pour lui permettre de se défendre tout seul. Un de ces faisceaux de lances, chapeauté par un étui tressé, *táa gò'òy*, « lance/cavalier », servait de signe de reconnaissance lorsque le chef envoyait un émissaire inviter ses homologues des chefferies voisines. Elles furent utilisées sous le nom de « lances tampons » au début de l'administration coloniale pour transmettre les messages de chefferie en chefferie, messages attachés au sommet de l'étui qui protégeait les lames. Aujourd'hui, un fusil que le chef garde dans sa chambre à coucher s'ajoute quelquefois à cette panoplie exclusivement masculine dans les chefferies les plus importantes.

Chez les Paan, Saan, Naan et Gʉʉm, et autrefois chez les Mam be' et les Mam nà'a, le chef reçoit un chapeau à large bord, *búbúú*, en fibres tissées, quelquefois en languettes de feuilles de palmier rônier. Chez les trois derniers groupes, le chapeau est conique et pointu alors que la cloche est ronde chez les trois premiers. Il est orné de plumes d'aile d'engoulevent, soit l'engoulevent à balanciers (*Macrodipterix longipennis*) soit l'engoulevent porte-étendard (*M. vexillarius*). Le premier a une plume à la hampe nue extrêmement longue à chaque aile alors que le second en a plusieurs sur une hampe de même longueur. Cet oiseau est un chef métaphorique : c'est le roi des oiseaux parce que les plumes de ses ailes sont les plus longues.

Mais il se comporte aussi comme un chef dìì : il reste tranquille chez lui d'où il ne bouge pas pendant toute la journée ; ce n'est que vers le soir qu'il sort, comme un vrai chef. Tranquille, il est aussi pondéré et précautionneux. Lorsqu'il se pose, il le fait doucement, posément et sobrement, comme un chef. Il n'est pas brusque lorsqu'il s'envole comme les pintades et les perdrix qui font du bruit en s'égaillant étourdiment dans tous les sens. Au contraire de ces oiseaux, l'engoulevent maîtrise les situations, comme doit le faire un chef. Si quelqu'un dérange les pintades et les perdrix, elles feront du tapage en caquetant et s'enfuiront pêle-mêle alors que l'engoulevent laissera passer silencieusement l'importun sans se faire voir pour s'envoler ensuite intelligemment dans la direction opposée.

Il ne faut pas le tuer car cet acte attirerait des malheurs. Si on marche sur son nid ou qu'on le dérange, on risque la stérilité. Ce sont donc les plumes des oiseaux morts qu'on apporte au chef contre récompense. Mais si les femmes en âge d'enfanter ne peuvent toucher ses plumes sous peine de stérilité, les ménopausées le peuvent. Si une femme menstruée les touche, les menstrues s'arrêtent immédiatement et définitivement. Les Dìì voient cet oiseau comme un symbole ambigu, plutôt masculin puisqu'il est le double aviaire d'un bon chef. Il est aussi un symbole féminin puisqu'il inclut la fertilité féminine. Cependant, les hommes ont aussi leur part à jouer dans cette fertilité, ce qui rend l'oiseau plus proche du côté masculin (Muller 1997). Dans certains villages gʉʉm, ce chapeau de chef, alors appelé *mbùù*, provient des Mboum et ressemble à un chapeau de belaka, tressé en paille d'une herbe spéciale du plateau, analogue au dessin de Froelich (1959 : 100). Ce n'était pas une marque de soumission mais une alliance amicale entre quelques chefs dìì et les belaka de Ganha et de Mbang-Mboum qui les donnaient aux chefs dìì. On ajoutait les plumes d'engoulevent à ce chapeau.

Pendant sa réclusion, le chef est gardé par le *tʉ̀ gbaŋ*, « gardien du chef », le jeune forgeron déjà circoncis qui l'a accompagné lors de sa recirconcision et qui fait partie du lignage forgeron censé avoir été présent à la naissance de la chefferie. Il lui fait ses commissions et porte ses messages. La cuisine et le ménage reviennent à la *bùù gbaŋ*, « la couveuse du chef », une jeune fille du ou d'un des groupes autochtones non mariée – vierge par définition – qui le surveille aussi. On dit d'elle qu'elle « couve le chef comme une poule couve ses œufs ». Cette fille doit idéalement provenir du groupe qui a originellement donné une fille au nouveau chef lors de la création de la chefferie : pour certains villages, mais quelques-uns seulement, c'est un renouvellement d'alliance entre le lignage des autochtones et celui du chef mais on ne le peut pas toujours à cause des prohibitions extensives au mariage. À Mbé, l'avant-dernier chef, Mohaman, n'a pas épousé sa gardienne mais son père, Zoubeïrou Kún mbàà, avait convolé avec la sienne provenant du lignage bàa tii gọ́ḿ.

Lors de la réclusion, on prépare une décoction faite d'oignons sauvages d'une liliacée, *yə̀ə̀yə́ə́né*, qui sont quelquefois cultivés près de la porte de la chefferie ou chez le forgeron pour en avoir au besoin (dans ce cas, ces oignons sont appelés *tun*), bien que les oignons sauvages soient fort communs et plus prisés car davantage urticants. On les coupe en rondelles qu'on met dans un grand canari et on lave le chef avec cette lotion piquante, *gam tun*, « médecine/oignon/tun ». Le chef n'a pas le droit de se gratter, malgré les démangeaisons. On le surveille et c'est le *tʉ̀ gbaŋ* qui soit le gratte avec une petite branche soit l'autorise à le faire lui-même, l'interdit étant de se gratter avec les mains et les ongles. Ces grattages autorisés ou non font partie des brimades ; ils sont permis si le chef se tient correctement et refusés s'il ne plaît pas à son gardien. Ce lavage est renouvelé plusieurs fois mais il peut être unique. Le gardien fait aussi un collier d'oignons pelés que le chef porte autour du cou pendant plusieurs jours ; il doit se laver et faire ses ablutions assis sur un bloc de minerai de fer, *sạn*, une brique ronde d'environ vingt kilos qui servait auparavant de mesure d'échange standard. Ceci était censé lui donner du poids, de la lourdeur et de la force, comme le lingot.

Durant cette période, les hommes importants du village viennent lui rendre visite et l'instruisent de ses devoirs. On lui explique qu'il est maintenant le seul homme vrai, *nán àgà* « être humain véritable » ou *wayèe àgà* « homme (mâle) vrai », du village parce qu'il a souffert plus que les autres. On lui dit que les autres hommes se comportent encore un peu comme les femmes (ils ont peur, parlent inconsidérément, etc.) mais que lui seul est le réceptacle de toutes les vertus masculines. Cependant, cette supériorité lui confère des devoirs supplémentaires. Il ne doit pas se croire plus important que quiconque dans le village, il lui faut écouter tout le monde attentivement, être généreux, patient et consacrer tout son temps aux affaires de la communauté. Impartial et juste, il évitera de favoriser indûment les uns ou les autres et, surtout, il lui faudra montrer son courage et sa rectitude. Il ne doit pas se laisser aller ni se conduire en ivrogne en public, être orgueilleux ni voleur. Il est aussi instruit des secrets du village ; il est informé au sujet de ses *kpìn* – s'il s'en trouve dans le village – qui sont des gens possédant un pouvoir qu'ils mettent au service du chef pour le protéger, lui et le village dans son entier, contre les attaques de sorcellerie et on l'avertit aussi des personnes du village soupçonnées d'être des sorciers. On lui reproche ses fautes passées ou ses défaillances lorsqu'il était prince – ce qui a déterminé les entailles au pénis ou la seconde circoncision complète. Il est battu comme un initié lors du camp de la circoncision. Ces brimades sont aussi infligées au *tʉ̀ gbaŋ*, le petit forgeron qui le sert, pour qu'il ne dise pas ce qu'on fait subir au chef. Cette période où le chef ne doit voir aucune femme excepté sa « couveuse » dure le temps de la cicatrisation, soit un peu plus d'un mois. En principe, elle dure moins longtemps que le camp de brousse des initiés mais il faut que la plaie soit complètement cicatrisée pour que le chef puisse sortir de sa réclusion.

Cette sortie est suivie du dernier bain du chef, *mam gbaŋ*, « eau, bain/ chef », qui se prend comme pour les initiés dans un ruisseau ou une rivière. On y escorte le chef qui est baigné et battu une dernière fois dans l'eau. À Kaana'a waa, il terminait en se couchant sur son gardien forgeron qui représentait le bloc de minerai et il subissait une dernière aspersion. Dans certains villages gʉʉm et mam nà'a, on donne au chef un long bambou qu'il prend avec lui dans le ruisseau et qu'il abandonne au fil du courant. C'est, dit-on, toute la mauvaise part du chef qui est ainsi expulsée et qui disparaît. Il est ensuite rasé et enduit de préférence d'huile de ricin, *dig*, ou d'huile de *kọ'ọb* (karité), de sésame ou d'arachide et, comme un initié, il est habillé entièrement de neuf – dans ce cas il s'agit d'un grand boubou de cérémonie. La « couveuse » et le gardien sont aussi habillés de neuf à cette occasion. Le cortège rentre à la maison – escorté des sœurs ou tantes paternelles du chef qui ont assuré l'intérim – et le chef s'assoit contre le mur de l'entrée du palais, comme un initié au retour de la brousse. Chaque habitant du village, homme et femme, vient lui donner un petit cadeau pour qu'il veuille bien répondre aux saluts, tout comme un nouvel initié. Ceux qui l'ont le plus battu durant sa réclusion et son bain viennent faire amende honorable en lui apportant de plus gros présents « pour tout effacer » car « ce qui se fait et se dit durant la période de réclusion ne doit pas être cause de rancune ni de vengeance. » On montre ainsi au chef que ceux qui l'ont malmené ne l'ont pas fait gratuitement et qu'ils sont heureux que le chef en ait terminé avec toutes ces épreuves.

Ce dernier bain et cette cérémonie inaugurent le règne, *wàà*, du chef qui doit maintenant changer ses habitudes. S'il épousait sa *bùù gbaŋ*, elle devenait, comme sa première femme, sa confidente avec laquelle il partageait ses secrets. La fin des épreuves donne maintenant au chef une patience et un flegme, *fẹ̀n*, hors du commun, exprimés par les clichés entendus partout et que nous avons mentionnés.

Entouré de sa matraque, de ses lances et de son fusil (trois dans le cas du lamido de Mbé !), le chef s'est transformé en un parangon de réserve, de dignité, de retenue, de fermeté et de courage. Il est devenu le « remède du village », *gbanàà gam kaa'ɨ́*, le terme *gam* indiquant un remède aussi bien préventif que curatif, en même temps que ses « yeux », *nóó*. Il est plein de dignité, *nàlɨ́*, et se conduit avec honneur, *zə̣ə̣*, et ses actes sont plein de générosité, *hẹn dʉʉ* ou *hẹn nán*.

Cette réserve lui commandait de se nourrir seul dans sa chambre. Les restes de sa nourriture sont appelés « repas du chien ». Les gens de la maisonnée pouvaient sans danger manger ces restes ; on explique l'expression « repas du chien » parce qu'on ne sait pas bien d'où il vient lorsque le récipient dont le contenu est entamé est mis devant la porte. Bien que ses conseillers et intimes puissent manger à la chefferie lorsqu'il les convoquait, ils prenaient leur repas à part. Aujourd'hui, ces restrictions sont moins sévères et le chef peut manger avec un ami ou un conseiller privé mais on ne dit jamais, lorsqu'un visiteur entre, que le chef est en train de manger. On ne prétend pas, comme dans certaines principautés plus au nord, que le chef ne mange jamais aucune nourriture, mais simplement qu'il est malséant de mentionner qu'il est en train de manger.

On ne peut pas parler de protocole rigide qui régirait la vie quotidienne du chef. Il faut cependant qu'il obéisse à une injonction majeure : il doit rester à la maison le matin pour être au fait de ce qui se passe au village. Son *tʉ̀ gbaŋ* vient souvent le voir ou encore reste pour lui tenir compagnie, avec une de ses femmes, les autres épouses allant aux champs ou préparant la nourriture et la bière destinée aux visiteurs et aux travailleurs qui cultivent le champ de la chefferie. L'après-midi, il pouvait sortir et aller voir ses amis ou aller inspecter ses champs mais sans s'éloigner beaucoup.

Lors de son installation, il reçoit, outre les insignes principaux de la chefferie, les bracelets, le *hẹ̀ẹg zág* et les lances, fortement connotés comme masculins, d'autres dont le genre est neutre : une lame d'apparat en cuivre, *hέ́ŋ́* ou *hεŋ hεŋ*, que l'on sortait lors des apparitions publiques du chef, une lance entièrement en fer utilisée lors de la circoncision. Quelques-uns arboraient un poignard ouvragé attaché à l'avant-bras, comme pouvait le faire n'importe qui, mais le poignard d'un chef était plus luxueux. Les autres insignes de la chefferie étaient quelques doubles-cloches, une clochette en fer ou quelquefois en cire perdue suspendue à la porte de la chefferie qui avertissait que quelqu'un demandait audience, et le trône en pierres plates, à l'imitation des Mboum voisins. Outre le chapeau orné de plumes d'engoulevent, un autre couvre-chef fit son apparition au tournant du XXe siècle, introduit des monts Mandara par les Gʉʉm. Il s'agit du *yạạ*, un long chapeau rouge, dit chechia, en feutre de fabrication européenne qui fut utilisé concurremment avec le chapeau à plumes d'engoulevent et qui le remplaça même petit à petit chez les Mam be' et les Mam nà'a qui ne connaissent plus le premier. Plusieurs chefferies du sud recevaient des chefferies mboum des couteaux de jet, nommés *haa* en mboum, *hàgà* en mam be' et mam nà'a et *hay* dans les dialectes du nord-ouest. Ces couteaux ont presque tous disparu aujourd'hui, vendus à des marchands et rabatteurs bamiléké ou à des touristes. Comme les chapeaux mboum, ces couteaux étaient des objets d'apparat qui rehaussaient le prestige du chef donataire et du chef récipiendaire mais ne constituaient en rien des signes de soumission ou de vassalité. Certains chefs disent qu'ils sont simplement un rappel des origines mboum de leur lignage cheffal. Fait caractéristique qui montre bien qu'ils n'étaient pas des symboles de subordination, la plupart de ces couteaux et chapeaux mboum venaient – et viennent encore pour les chapeaux – de principautés mboum dont ne sont pas originaires les chefs dìì qui les recevaient.

La vie semi-recluse du chef n'allait pas sans visites aux chefferies des alentours. Les chefs donnaient des fêtes et invitaient leurs homologues des villages voisins. Le chef s'y rendait avec son *tʉ̀ gbaŋ* qui faisait office de goûteur de plats ; toute nourriture ou toute boisson lui était amenée dans son logis et le forgeron en vérifiait l'innocuité. Pour les déplacements qui duraient plusieurs jours, le chef prenait avec lui une de ses femmes, pas nécessairement sa première épouse. Les départs et les retours pour des cérémonies sont toujours signalés par une trompe, *gà' nàà*, « trompe/richesse », faite d'une corne d'antilope cheval qu'un souffleur sonnait lorsque le chef sortait pour des festivités de tout ordre. Sorties et rentrées ainsi trompetées sont accompagnées par des éloges criés, fort courts, dépeignant le chef comme un « buffle rouge », *zèè yẹ́ẹ́*, ou comme tout animal gros et puissant tel l'éléphant ou le lion.

Le chef pouvait, s'il le voulait, prendre un nom de règne. Ce sont les plus ambitieux qui le demandaient. Ces noms choisis font état d'un règne à restaurer comme Bàa nìm wàà, « Monsieur/faire revivre, ressusciter/le règne », ou Bàa ạd wàà, « Monsieur/ranimer, réchauffer/le règne », ou indiquent leur succès à rallier tout le village comme Bàa sʉ̀g bẹ̀ǹ, « Monsieur/rassembler/foule », ou Bàa sʉ̀g wàà, « Monsieur/rassembler/règne ». D'autres signalent un vœu comme dans Bàa gím̀ sə́gə́ né, « Monsieur/pauvreté/coller à la peau/pas », vœu ici d'échapper à la pauvreté qui caractérisait son père. Mais la plupart des noms sont donnés à la fin du règne ou après et rappellent des caractéristiques heureuses ou malheureuses de celui-ci comme Bàa gə̀ ɓàà, « Monsieur/casser/panier », allusion aux paniers de vivres si lourds et si remplis lors de son règne que leurs anses cassaient, Bàa pạ̀ŋ hʉ̀ʉ, « Monsieur/amener/et étendre (les nattes pour recevoir les invités) », pour montrer la richesse de ce chef, Bàa kád yàà, « Monsieur/amener/élever et prendre soin (des gens) », pour la même raison, Bàa 'wá' lùgù, « Monsieur/mirador/pièce de coton tissé », car ce chef était si riche qu'il couvrait avec des tissus le mirador servant à chasser les singes de son champ. Au contraire, Bàa tʉ́d gèè, « Monsieur/mil/rare », fut rebaptisé ainsi à cause de mauvaises récoltes successives, Bàa wàà gím̋, « Monsieur/règne/pauvreté », pour les mêmes raisons, Bàa dúú gèè, « Monsieur/foule/rare », et Bàa kạ̀ŋ gèè, « Monsieur/pleurs/rares », parce qu'il n'y avait presque plus personne au village pour se lamenter lors des décès.

Les chefs des villages montés sur le plateau prennent quelquefois des noms mboum, comme Ndé kaw, « vaincre/village », c'est-à-dire en faire quelque chose d'uni autour du chef. Ces noms reflètent l'état, ou un état, de la chefferie mais il y a nombre de chefs qui gardent simplement le nom qui leur fut donné à leur naissance – d'après un membre de la famille paternelle ou maternelle – incluant aussi des noms de chefs qui sont leur vrai nom et que personne n'a remplacé par un nom de règne ou par un sobriquet. Ceux-ci sont donnés à cause de particularités exhibées par les chefs concernés comme Bàa híí hùù, « Monsieur/répondre/hùù » car il répondait par un « houu » de componction et de dignité lorsqu'on lui adressait la parole ou Bàa dɔ̀ kún, « monsieur/entrer/plier » car, étant un géant, il devait se baisser pour entrer dans les maisons. Des noms peuls furent donnés à bien des enfants au moins depuis le milieu du XIXe siècle, ce qui fait que nombre de chefs, comme les gens ordinaires, portent aussi des noms peuls comme il en est également des noms mboum.

ENTURBANNEMENT OFFICIEL DU CHEF

Une dernière cérémonie clôt aujourd'hui le cycle d'intronisation d'un chef de village. C'est la confirmation et l'enturbannement, *dɔ̀d gbanàà sạ̀ạ̀m*, « entrer/chef/dans le costume », du nouveau chef de village par le lamido dont il dépend. J'ai assisté à l'enturbannement du chef de Ngəsəg ŋgạy le 23 avril 1999. Le chef est arrivé avec une escorte importante – un camion plein et deux voitures. Il est reçu par le lamido de Mbé qui lui donne un paquet de vêtements dont le Saki Fada de Mbé le revêt – cette tâche fait partie de ses attributions. Pendant l'habillement en privé, le lamido entretient un des notables principaux du chef, un homme du village éclaté de Zɛg vivant à Ngəsəg, sur ce qu'il lui faudra dire lors du discours de retour au village, nommément de suivre les avis du chef et non pas de rester divisés (le village avait voté pour l'opposition UNDP lors des dernières élections municipales). Il n'est plus un chef intérimaire et il faut que le village fasse corps avec lui en respectant les avis de la sous-préfecture, de la gendarmerie et du lamido. Les parents à plaisanteries du village, les *zàà* (lignage ou village), ici ceux du village de Yẹsse, érigent une barrière en fil et empêchent le chef et son escorte de sortir avant qu'ils ne payent de 200 à 500 francs CFA. Ensuite, le chef va présenter ses respects au sous-préfet et s'apprête à rentrer à la maison. Les utérins de la famille du chef qui résident à Mbé, les *gbaŋ ag*, érigent une barrière en corde autour de sa voiture. Le chef et son escorte doivent aussi payer avant de la franchir pour y entrer. Le chef est escorté par deux de ses sœurs qui le supervisent et le conseillent. La voiture du chef en tête, roulant lentement, presque au pas dans les villages traversés, les deux sœurs et un accompagnant poussant de puissants youyous, le cortège rentre à la maison, les sœurs morigénant le chef qui se retourne pour voir si les autres voitures le suivent – rappel de l'injonction pour un chef dans une situation importante, surtout à la guerre, de ne jamais regarder derrière lui mais toujours devant. Arrivés devant sa concession, où est disposée une rangée de chaises et de nattes pour les notables, les *gbaŋ ag* du village font aussi une barrière et extorquent encore un peu d'argent. Les gens du village jettent leur obole sur les nattes mais le produit ici ira aux trois sœurs du chef qui se mettent derrière lui pour l'éventer avec des chasse-mouches. Une des cousines du chef, fille du chef précédent, déguisée en *waa yąg dɔ̀m*, « enfant de la porte », un gardien de palais du lamido, avec arc et flèches, lances et somptueux costume, fait des imitations comiques et outrées de gendarmes (*dogari*) du lamido, montrant par là que les sœurs du chef, comme dans un intérim, sont importantes. Les notables font des discours de bienvenue et celui qui a reçu les conseils du lamido les répète devant le village et souligne que cette cérémonie a été rendue possible grâce à l'aide des « élites extérieures », les habitants de la chefferie qui vivent ailleurs, qui ont cotisé et envoyé de l'argent. Cette partie officielle se termine par des prières récitées par les lettrés musulmans, les *malum* du voisinage.

Un enturbannement coûte assez cher, le village doit donner un cadeau au lamido lorsqu'il se déclare prêt pour la cérémonie, cadeau qui dépasse le prix du costume, ce qui ne coûte rien au lamido. Auparavant, le lamido habillait l'impétrant, *są̀ą̀m dɔ́lí*, en lui donnant une robe, *lùgù*, un arc et carquois, un poignard et des lances. Le lamido ne présente maintenant plus que le costume et le bonnet. Le cadeau au lamido était remis après l'intronisation alors qu'aujourd'hui, il est donné avant, un signe de la difficulté des lamibé reconnus par l'administration de maintenir actuellement leur statut économique.

Cependant, le vrai règne du chef ne commence qu'après qu'il s'est fait connaître de ses voisins. Comme nous l'avons dit, dans les deux ou trois ans suivant sa nomination, le nouveau chef doit organiser une fête appelée *búg sàà*, « réchauffer la place de danse », ce qui implique que cette place était restée froide depuis le décès du chef précédent, ou *kɔ́ gbaŋ*, « faire le chef (ou le règne) ». C'est une invitation à tous les chefs des villages avoisinants et à leurs notables de venir manger et boire. Le nouveau chef, aidé de ses principaux officiers et des hommes riches de la chefferie, amasse du grain et de la nourriture pour régaler un nombre variable d'invités. Plus la chefferie est importante, plus l'aire géographique des invitations sera étendue. Le chef doit tuer des moutons et des bœufs – qui ne sont en rien des sacrifices – pour tenir son rang. Une seule de ces fêtes suffit mais un long règne en verra plusieurs, jumelées souvent à des « circoncisions de trône », *dọŋ dɔ̀nné lááné*, où un ou des fils ou petits-fils du chef régnant seront circoncis, comme nous l'avons souligné.

Si le chef ne pouvait se livrer à des activités manuelles, il avait toutefois des devoirs rituels importants à remplir pour la chefferie dans son entier. C'est lui qui sacrifiait à ses ancêtres pour toute la chefferie, le plus important sacrifice se faisant, dans la plupart des villages mam be' et man nà'a, par l'intermédiaire du crâne de son prédécesseur immédiat. Mais avant d'aborder les devoirs du chef, il nous faut nous pencher sur la figure énigmatique de son double.

CHAPITRE IV

UNE FIGURE AMBIGUË : LE CHEF ET SON DOUBLE

Nous avons vu qu'après sa seconde circoncision, le chef dìì est considéré comme le seul homme « vrai » de sa chefferie, *gbanàà wʉy wayéé àgà*, « chef/lui (seul)/homme/véritable », ou encore comme un être de valeur supérieure, *nán yę́ń*, qui est au-dessus des autres résidents de la chefferie, tant des hommes que, *a fortiori*, des femmes puisque celles-ci sont par définition inférieures aux hommes. Cependant, il ne devient pas un surhomme et les Dìì lettrés m'ont maintes fois repris lorsque j'employais cette expression en m'expliquant que ce sont les hommes en général qui ne sont pas complets : ils sont, bien que circoncis, encore un peu femmes car ils ont fréquemment peur, ne se contrôlent pas toujours et parlent trop souvent à tort et à travers. Il faut donc un vrai homme, calme et pondéré, pour diriger cette population turbulente. On fabrique donc un homme complet par une surinitiation, une mutilation supplémentaire qui lui instille ce statut et ces qualités dans son corps physique.

Toutefois, ce parangon du mâle en tant que genre (*gender*), ce seul homme « vrai » de la chefferie, est entouré de toutes sortes d'insignes et de symboles tant masculins que féminins ainsi que d'autres, indéterminés en tant que genre. Les lances et la massue sont du côté du masculin, un des deux bracelets est masculin et l'autre féminin[1], les plumes de l'engoulevent sont à la fois masculines et féminines. Il en va de même pour les bâtiments de la chefferie qui ont des connotations féminines – du moins pour certains Dìì intéressés aux étymologies spontanées. La chefferie s'appelle *kíi gbaŋ*, « maison du chef », mais aussi *kíi nàà* qui veut dire « maison de l'abondance » mais d'aucuns la font dériver de *ki nà'á*, « la maison de la mère », car le chef donne à ses administrés de la nourriture comme une mère nourrit ses enfants.

1. Les bracelets féminins à quatre boules sont identiques à ceux des voisins du sud, les Mboum, dont quelques princes émigrés ont été choisis comme chefs par les Dìì. Les bracelets masculins sont différents mais les deux types ont le même usage dans les deux ethnies lors de l'intronisation du chef (Podlewski 1978, photo 6 : 116-117).

Nous avons donc ici un chef qui est, dans son corps, entièrement masculin – et même un peu plus que les autres hommes – mais dont les entours, l'extérieur, sont symboliquement soit masculins soit féminins ou encore les deux ensemble. Lorsqu'on discute de ces insignes et de ces symboles, la plupart des Dìì expliquent les éléments féminins comme une façon de « grandir » et d'honorer, *nà'*, les femmes. Après tout, disent-ils, les hommes sortent tous des femmes et il faut bien leur en donner crédit quelque part. Mais cette explication ne va pas bien loin ; elle se prolonge et se complète lorsqu'on examine les masques dìì qui sont de deux types contrastés, le gə́g et le fà̧à̧ (voir illustrations 1-4 et 5-7).

LE MASQUE GƏ́G

Chaque chefferie mam be', mam nà'a, hụụn et gʉʉm entretient un de ces masques. Les autres groupes linguistiques dìì n'en ont pas mais ils les connaissent pour les avoir vus dans les chefferies qui le possèdent. Deux ou trois de ces villages peuvent même faire venir ce masque lors de leurs festivités si un de leurs ressortissants est un neveu utérin du lignage du porteur de masque d'une chefferie qui le détient. Il n'y a qu'un de ces masques par chefferie bien qu'il soit possible d'en inviter d'autres de chefferies voisines lors de circoncisions importantes, comme celles qui incluent des fils ou petits-fils d'un chef régnant. Ce masque est sous la responsabilité du circonciseur chez les Mam be', les Mam nà'a et les Hụụn, et du forgeron chez les Gʉʉm ; il est conservé et porté par un segment d'un des groupes d'autochtones appelés habituellement du terme générique de *bàa gʉʉ waa*, les « enfants de la colline » car c'est d'une petite éminence qu'ils sont supposés apparaître au village lorsqu'ils viennent de leur résidence en brousse.

On dit aux femmes que le masque habite loin du village, à l'intérieur d'un arbre mort et qu'on envoie un lézard le chercher parce qu'il est rapide et qu'il ne perd pas son temps, comme le caméléon, qu'on tenta d'employer jadis pour cette tâche mais qui, en traînassant, ne donna pas satisfaction, se disqualifiant ainsi au profit du lézard. Celui-ci frappe l'arbre mort d'un coup de baguette et le masque apparaît aussitôt, prêt à partir. Ce masque est vu comme mâle. C'est une sorte d'« esprit de la brousse », *yigid hǫ́g* ou *yǫǫb hǫ́g*, ou encore une « chose de la brousse », *hẹn hǫ́g*, dont les femmes doivent s'écarter et ne pas trop s'approcher car il recèle en lui-même un esprit, *yigid gə́g*, « l'esprit du gə́g », qui est potentiellement dangereux pour les non-initiés, que sont par définition les femmes et les garçons incirconcis. Une devinette dìì tourne autour de sa nature profonde en demandant si le masque est un animal ou un homme. La bonne réponse est qu'il n'est ni l'un ni l'autre, mais qu'il est à la fois en deçà de l'homme, en tant qu'une sorte d'animal, mais aussi au-delà, en tant qu'esprit.

La tête se présente comme une sorte de tricot très large tressé soit avec des fibres rouies d'une espèce végétale appelée *be' hag*, de fibres de sisal ou d'une variété de chanvre cultivé, *bààzi*. Sur ce support souple sont attachées des touffes de fibres qui pendent tout autour. Quelques masques ont une tresse à l'arrière qui est décrite parfois comme un appendice caudal ; elle rappellerait les premiers hommes tombés du ciel nantis d'une queue qu'ils perdirent lorsque le forgeron la leur eut coupée. Cette interprétation populaire est vigoureusement niée par les dépositaires et les porteurs du masque : cette prétendue queue n'est qu'une tresse analogue à celle que se font les femmes, *yúú zàŋné* ou *dɛ́m*. La face du masque consiste en une mince planchette de bois ovoïde ou rectangulaire dans laquelle sont percés les yeux ronds. La plaque de bois est enduite de cire d'une petite abeille sauvage qui fait souvent son nid dans le sol. Cette cire, *kíd səəlé*, « cire/[abeille] *səəlé* », est chauffée, puis étalée sur le support de bois et, lorsqu'elle est encore chaude, on y fixe en rangs serrés des graines rouges et noires de la liane ou de l'arbuste *bìmbìì* (*Abrus precatorius*). Certains masques sophistiqués ont deux yeux faciaux et deux dorsaux, pour bien montrer que le masque voit tout. On allait même, rarement, jusqu'à en faire six tout autour de la tête. Autrefois, conjointement au masque que nous venons de décrire, on trouvait une autre version : un heaume rigide en nervures de feuilles de l'arbre *zàm̀ dẹm* ou *zàm̀ dẹ̀gẹ̀* ; on y fixait aussi des fibres, surtout pour faire les moustaches (Hino 1978 : 138 pour une illustration de cette version ancienne copiée par les Mboum, les voisins des Dìì au sud).

Tout homme peut s'exercer à faire un masque ; il n'y a ici nulle prescription ni prohibition pour un objet qui ne dure en général pas très longtemps. Les gardiens du masque s'adressent à ceux qui savent fabriquer de bons exemplaires pour s'en procurer.

Le tronc du danseur est entouré de feuilles de karité, *kọ'ọb* (*Butyrospermum parkii*), que les assistants du masque, de jeunes garçons circoncis, vont chercher en grand secret pour éviter que les femmes ne fassent des recoupements entre le masque et la cueillette des feuilles. Les touffes de feuilles sont placées l'une après l'autre de façon serrée sur un fil de plusieurs mètres de long qui est ensuite enroulé autour du tronc du danseur en commençant par le bas jusqu'aux aisselles, chaque tour étant fixé au précédent par une attache. Lorsque le danseur en est revêtu, les feuilles sont alors taillées au sabre pour leur donner la forme d'une sorte de corbeille ou de corolle s'évasant vers le haut. Les testicules du danseur restaient apparents – ou presque – pour bien faire ressortir son identité masculine, ce qui est vu aujourd'hui de plus en plus comme une incongruité, pour des raisons de pudeur inculquée par les missionnaires tant chrétiens que musulmans, mais aussi depuis que le masque se laisse approcher de plus près par les femmes, ce qui n'était pas le cas il y a encore dix ans.

Le reste du corps visible, les épaules, les bras et les jambes, est enduit d'une pâte de cendres ou de chaux mouillée qui sèche rapidement en devenant blanche. Le masque tient un ou deux faisceaux de chicottes pour fouetter les enfants non circoncis et les femmes qui s'approcheraient de trop près. Auparavant, et encore actuellement dans quelques villages, le masque était muni d'une lance et d'un bouclier, *gọ̀ŋ gə́g*, comme on peut le voir reproduit dans Hino (1978 : 138). Le bouclier est fait d'herbes tressées de l'espèce *bị̀ị̀g*, très dure et résistante, muni d'une poignée de la même herbe. La face externe est enduite avec une pâte d'écorce de l'arbre *nɔ̰̀m̰̀* qui est collante et rougeâtre ; elle est divisée en quatre quadrants par deux lignes de couleur blanche. Dans chaque quadrant est dessiné un cercle soit noir soit blanc, les deux couleurs alternant verticalement et horizontalement. Ces dessins n'ont qu'une fonction décorative.

L'histoire de l'origine de ce masque – exclusivement partagée par les hommes – dit qu'un d'entre eux observa en brousse un hérisson, *kɛg* (*Erinaceus albiventris* Wagner), qui projetait vers l'avant la peau de son dos pour cacher sa tête en se roulant en boule. Devant une telle merveille, l'homme se dit qu'en se couvrant le visage, il pourrait ainsi impressionner les femmes et leur faire peur. Le hérisson est commun dans la région de Tchollíré mais il est inconnu dans l'arrondissement de Mbé. Les gens qui ne le connaissent pas en parlent soit comme d'un animal mythique soit comme très rare et difficile à voir. Si par hasard on l'aperçoit, il présage une mort au village. On peut donc supposer que ce masque est originaire de la région de Tchollíré ; son nom est très proche de celui du hérisson auquel les hommes attribuent sa paternité.

Les femmes du lignage du circonciseur et du porteur du masque peuvent être saisies par l'esprit du masque lors d'une de ses apparitions publiques et tomber dans une sorte transe enthousiaste appelée « maladie du gə́g », *gàǹ gə́g*. Elles se roulent par terre en criant et en riant. Le masque vient alors les chicoter avec son faisceau de baguettes flexibles pour les calmer. Les hommes de ces deux lignages sont aussi, mais plus rarement, pris par une subite envie de danser comme le masque ; il leur suffit de mâcher une des feuilles tombées de son costume pour éloigner ces pulsions chorégraphiques intempestives[2].

Les femmes de tous les lignages – incluant celles du circonciseur ou du porteur du masque – peuvent aussi être prises de crises de possession incontrôlées, appelées du même nom, lors d'une de ses sorties. Elles crient,

2. Cet « enthousiasme » rappelle celui des hommes moundang en présence de leur masque de clan (Adler 1998 : 169).

se roulent par terre et prononcent des paroles sibyllines. Ces manifestations sont expliquées par la rencontre de l'esprit du masque et d'un autre esprit qui habite la femme à son insu ; celui-ci proteste bruyamment contre la présence de son concurrent, l'esprit du masque. On fait venir le masque pour fouetter vigoureusement la possédée – qui exige même quelquefois ce traitement avec emphase. Ceci fait fuir l'esprit perturbateur. Les proches de la possédée ne s'inquiètent qu'en cas de récidive (Muller 2001a).

Les femmes doivent ignorer l'identité du porteur du masque. Normalement, comme nous l'avons dit, c'est un ressortissant du lignage ou du segment lignager gardien de celui-ci qui officie. Bien qu'on dise aujourd'hui que l'épouse du porteur sait que c'est son mari qui le revêt, on rappelle qu'autrefois ce dernier prétextait d'un voyage à faire et allait se cacher dans un village voisin pour ne revenir que quelques jours après la sortie du masque. Cependant, une sortie nécessite une personne résistante et vigoureuse. Si le lignage n'a pas de représentant adéquat, on peut en choisir un autre, dûment mandaté, qui agit strictement sous les ordres du dépositaire. Un autre moyen de pallier un manque de candidat valable est de faire venir un masque d'un autre village qui agira comme substitut ou encore de prendre un homme habitant le village, mais non originaire de celui-ci, de préférence quelqu'un dont le lignage est celui de porteur du masque dans son village d'origine. Un usurpateur non autorisé risque d'être atteint de troubles mentaux ou d'attraper la lèpre. On ne peut pas parler de performance au sens où la sortie du masque serait réglée comme une sorte de scénario. On connaît des danseurs meilleurs que d'autres, parce qu'ils sont plus énergiques, courent et trépignent davantage mais peu de chose est ici du ressort individuel.

Les sorties se font lors des occasions suivantes :

– une circoncision, le plus important de ces événements, où le masque sort quatre fois, la première lors de la circoncision proprement dite et les trois autres lors des bains qui ponctuent le séjour des circoncis en brousse ;

– la cérémonie des prémices, *hẹn pʉ̀''ɨ*, qui introduit la saison sèche et à l'issue de laquelle – hors de la présence des femmes – les feuilles du costume sont réduites en cendres sur la place de danse du village, éparpillées au vent et référées dans ce contexte à celles de pois de terre, *àạ̀m kin*, pour que les femmes ignorent leur vraie nature. Lorsque qu'elles marcheront dessus le lendemain, elles concevront plus facilement ;

– lors du battage du mil du chef et du circonciseur pour autant qu'ils entreprennent un tel battage. Autrefois, tous les chefs le faisaient alors qu'aujourd'hui la chose se raréfie de plus en plus. Toute autre personne peut aussi demander au circonciseur de faire venir le masque pour un battage prestigieux ;

– lors de l'enterrement du chef, du chef des circonciseurs, du chef du ou des groupes d'autochtones, du chef des forgerons, de la première épouse du chef (quelquefois aussi des autres) et de la jeune fille, *bùù gbaŋ*, qui a assisté le chef lors de sa réclusion. Il escorte simplement les dépouilles au tombeau avec le reste de l'assistance.

Le masque est accompagné informellement par un groupe de jeunes gens circoncis du lignage du circonciseur et de celui ou ceux des autochtones qui portent des chicottes de rechange et des sacs de pierres que le masque lance aux garçons non circoncis et aux femmes assez imprudents pour s'en approcher de trop près. Ces assistants rythment sa danse par des petits chants qui le dénomment *gbaŋ kɔ́ yèe* « chef/bien/fouetter » ou *gbaŋ seŋ* « chef des *seŋ* [une sorte de moustique à la piqûre très douloureuse] ». Le masque ne consent à se mettre en branle qu'après avoir reçu une pleine calebasse de bière ou un ou deux verres d'alcool clandestinement distillé. Lorsqu'il part pour le village, il frappe tous ses assistants pour leur rappeler de garder le secret. À son arrivée, il entre en courant dans la chefferie pour malmener le chef en lui marchant sur les pieds et en le frappant sur la tête ; il fait de même avec le circonciseur après quoi il peut commencer son travail principal : poursuivre femmes et petits enfants et les fouetter s'ils ne s'enfuient pas assez vite. Le traitement infligé au chef est, selon les Dìì, un rappel des corrections qu'il reçoit lors de sa réclusion pour qu'il règne sans favoritisme ni partialité. La surnature cautionne ici l'ordre instauré par les hommes en employant les mêmes moyens.

Le masque est potentiellement dangereux pour les femmes. Les assistants doivent prendre garde qu'aucune d'entre elles ne marche sur une des feuilles de son costume qui se serait détachée, sous peine d'encourir une ménorragie aiguë. Par précaution, ils prennent ces feuilles tombées et les mettent sur un tas d'ordures. Les femmes enceintes doivent encore davantage se garder du masque sous peine d'avorter et de se remettre à saigner. Une femme ne traversera pas le chemin suivi par le masque et les circonciseurs lorsqu'ils défilent pour aller à la place de circoncision ou en revenir. Pour éviter ces inconvénients, le porteur du masque s'abstient de coucher avec sa femme dans les jours qui suivent une de ses sorties[3].

3. L'esprit du masque peut parfois pénétrer une femme qui souffrira de ménorragie et rêvera de lui souvent. Le dépositaire du masque la traite avec un remède à base de bulbilles d'une sous-espèce d'herbe appelée *zʉ̀gʉ̀*, de pâte de concombre et de bourgeons de karité dont il fait un plat que mange la malade. Il la frotte avec la sauce de ce plat pendant quatre jours – le chiffre féminin – pendant lesquels la femme ne peut approcher son mari, vit en réclusion et se comporte comme une femme en deuil. Après ces quatre jours, la femme prépare un repas partagé par le masque et son dépositaire. Elle s'étend sur une natte, ferme les yeux pour ne pas voir le masque qui lui saute par-dessus quatre fois en lui donnant chaque fois un coup de chicotte pour la faire concevoir.

Si une femme a des règles irrégulières, mais sans rêver du masque, on peut l'amener à la chefferie où le circonciseur et le chef la frappent trois fois pour le premier et quatre pour le second avec leur « bambou-léopard » respectif.

Le masque danse en trépignant au son des tambours et des doubles cloches. Il est toujours en mouvement et ses tressautements font bruire les feuilles. Il court de droite à gauche, poursuivant femmes et enfants. Le masque craint pourtant les femmes en traitement pour la maladie du *sẹ́w* ; elles sont enduites d'ocre rouge qui risquerait de se mélanger à sa propre couleur blanche. Il s'enfuit aussi devant une femme portant une marmite dont le fond est barbouillé de suie pour les mêmes raisons de mélange des couleurs. La nature de cet être venu de la brousse, mâle et ennemi des femmes, contraste avec son pendant féminin qu'il est temps d'introduire.

LE MASQUE FẠ̀Ạ̀

Ce masque est désigné comme l'« épouse » du gə́g ; elle lui est subordonnée et ne sort presque jamais sans lui. Cependant, les villages qui ont le gə́g sont loin d'avoir tous le fạ̀ạ̀, bien que tous le connaissent ainsi que son genre. Ce masque ne serait qu'une « valeur surajoutée » (de Heusch 1995 : 16) aux symboles et insignes que nous avons précédemment invoqués. Mais, tout en montrant pourquoi il en est ainsi, nous insisterons sur les multiples sens que ce surplus peut engendrer en le contrastant avec le sens que les voisins impartissent, ou non, à ses homologues masques féminins.

Les deux villages hụụn le possèdent ainsi que quelques villages mam be' et mam nà'a. Il était plus répandu autrefois car sa fabrication et son entretien coûtent cher en temps, en nourriture et en boisson. Plusieurs chefs se plaignent de ne plus pouvoir remplir leurs obligations vis-à-vis de ce masque mais, ces dernières années, on note sa réapparition pour des raisons identitaires dans quelques villages d'où il avait disparu. Les membres les plus scolarisés de ces chefferies, bien que chrétiens ou musulmans, ont persuadé les chefs qu'il fallait faire des efforts pour garder leurs coutumes face à la « mondialisation » nivelante, davantage ressentie en brousse qu'on ne le croit généralement. Ce renouveau des masques est vu comme une affirmation identitaire, et les jeunes Dìi lettrés ne veulent pas être en reste.

Ce masque se présente comme un long cylindre de lanières d'écorce de l'arbre *kəgəb* de trois à cinq centimètres de large et d'un mètre quatre-vingt de long et plus, si on peut en arracher de cette taille, pour qu'on ne voie pas les pieds du danseur. Cette écorce est blanche à l'intérieur lorsqu'on en détache les lanières ; elle s'oxyde rapidement pour devenir rouge foncé. Comme les lanières doivent être le plus sombre possible, elles sont trempées dans de l'eau boueuse pour être ensuite séchées. Les lanières sont attachées à la « tête », *yúú*, du masque qui est une armature de branches construite comme un panier, *ɓàà*, renversé. À l'intérieur de la base du panier renversé est placé un coussin de lanières qui reposera sur la tête du danseur. Pour assurer l'équilibre, des pierres attachées par des lanières sont fixées au bord du panier que le danseur peut tenir à deux mains par deux anses dirigées vers l'intérieur. Une lame de bois peinte ou recouverte d'étoffe, qui comporte quelquefois un petit œil, *nóó*, de chaque côté, surmonte le panier, lui-même recouvert d'une lisière de fibres rouges entourant la lame insérée entre les lanières d'écorce. Il peut y avoir aussi une tresse de fibres à l'arrière de la tête et une touffe sur le devant. La lame longitudinale de bois peinte en bleu, en bleu et blanc ou recouverte de fibres tressées, sort de la tête, formant un demi-cercle qui la surmonte[4].

Le danseur tient, de l'intérieur, les anses du panier et fait monter et descendre la tête du masque en s'inclinant de gauche à droite en mouvements lents, amples et gracieux. Il repose ensuite le tout sur sa tête et recommence. Les danseurs, hors de la présence des femmes, alternent assez rapidement car le masque est très lourd et demande beaucoup de force et d'énergie pour danser. Ces mouvements amples qui font onduler le masque lorsque le porteur monte et descend sa tête en la hissant du dedans le plus haut possible expriment son essence féminine, contrastant avec l'agitation fébrile et trépignante de son « mari ».

L'origine de ce masque, comme celle du gə́g, vient de l'observation d'un animal. On raconte qu'un chasseur, certaines versions précisent qu'il est prince, surprit une harde d'antilopes rouannes, *dál* (*Hippotragus equinus*) qui dansaient. Effrayé au début par le comportement étrange des animaux, le chasseur fut invité par ceux-ci à s'approcher et il eut ensuite l'idée de faire un masque, inspiré de la bosse prédorsale du mâle pour la « tête » et la crête du masque, et des poils qui en descendent verticalement lorsqu'il s'incline, pour le « corps » en lanières d'écorce. Une autre version dit qu'une de ces antilopes avait un vrai masque qu'elle abandonna, craignant le chasseur, et que celui-ci le prit et le ramena au village. Retenons, cependant, que cette histoire de l'origine du masque n'est pas connue de tous les villages qui le possèdent mais que tous, néanmoins, accompagnent sa danse par des invocations rythmées à la gloire de l'antilope. Ceux qui connaissent l'histoire de son origine insèrent soit un morceau d'os ou de peau d'antilope rouanne dans le panier en son honneur lors de sa fabrication, les autres n'y mettant qu'une des aiguilles ayant servi à coudre la tête. Lorsque ce masque sort en public, il est précédé d'une enseigne, *àmàgga*, brandie par une jeune fille ou un jeune homme. C'est un long bâton de

4. Richard Fardon (communication personnelle) suggère que la crête sagittale du masque pourrait évoquer une coiffure féminine. Bien que je n'aie jamais entendu cette interprétation, elle est des plus plausibles car les femmes dìì avaient de telles coiffures (Muller 1997 : 71 pour la femme à l'arrière de la photo).

bambou ou de kapokier surmonté d'une touffe de fibres qui annonce le masque. De plus, il est escorté et « protégé » par des jeunes gens nouvellement circoncis, ornés de guirlandes de feuilles, qui forment un service d'ordre, empêchant les spectateurs d'approcher de trop près en tenant une longue corde qui délimite un cercle à l'intérieur duquel le masque peut évoluer.

Ce masque appartient au chef et à sa famille. Il est remisé dans une hutte spéciale, *lig fą̀ą̀* « maison du fą̀ą̀ » ou *lig bùù fą̀ą̀* « maison/garder/fą̀ą̀ », située au fond de la chefferie ; sa tête est placée sur un tréteau assez élevé pour que les lanières d'écorce qui pendent tout autour ne touchent pas le sol afin de le protéger des termites et autres insectes. Autrefois, les villages de dialectes mam be' et mam nà'a qui conservaient les crânes de leurs chefs et qui avaient ce masque le remisaient dans la hutte des crânes. Il était interdit au chef d'y pénétrer, comme il ne peut aujourd'hui entrer dans le *lig fą̀ą̀* sous peine de mourir. Le masque est sa propriété personnelle et les seuls qui peuvent le porter sont, outre le chef, les princes, les neveux et les petits-neveux utérins de son lignage, les *gbaŋ ag* et *gbaŋ ąn*. Cependant, les femmes ne doivent pas savoir qu'il est remisé dans cette hutte ; on leur dit qu'il habite le même arbre mort que son mari, le gə́g, ce qui nécessite de grandes précautions lorsqu'on le sort par l'arrière de la chefferie pour éviter les regards féminins.

Cette propriété personnelle est montrée de manière ostensible en plusieurs occasions cruciales. Lorsqu'un masque est usé, que les lanières s'effilochent et deviennent trop courtes, le chef doit en assurer le remplacement. Il annonce le nouveau masque lors de la dernière sortie de l'ancien qui danse devant la chefferie avec son « mari », le gə́g, pour « faire un enfant ». Le temps de la « gestation » terminé, il convoque les jeunes gens du groupe ou d'un des groupes des autochtones du village qui sont en charge de le fabriquer ainsi que les vieux qui ont déjà confectionné plusieurs masques. Les experts des villages voisins sont aussi en général conviés à superviser la fabrication qui peut durer plus d'une semaine, nourriture et bière au compte du chef. Ces coûts sont assez importants, surtout si on doit aller chercher les écorces loin en brousse, ce qui est quelquefois le cas. Lorsque le masque est terminé, le chef en est avisé et prépare un grand repas arrosé – c'est aussi le terme dìì – pour son entrée au village. Il faut donner au moins un mouton ou, mieux, quelques villages disent qu'il est de bon ton de tuer une antilope rouanne pour commémorer l'inspiratrice du masque. Celui-ci est présenté à ceux qui peuvent le revêtir, le chef et ses neveux et petits-neveux utérins, augmentés dans les petits villages des autochtones qui l'ont fabriqué, dansent avec lui et partagent le repas. Après la danse, il est impérieux que le chef lui-même pénètre, revêtu du masque, dans la chefferie. Comme il ne peut entrer dans la hutte où il est entreposé, ce sont les autochtones en charge qui l'en débarrassent et le remisent. Ce sont eux aussi qui auront pour tâche de le sortir pour le donner aux porteurs.

Dans quelques villages, le masque sort seul lorsque la pluie tarde à venir, ceci comme un moyen parmi d'autres. Il ne fait pas à proprement parler tomber la pluie mais avertit les sorciers qui la retiennent que des mesures vont être prises contre eux s'ils ne la « libèrent » pas.

Sinon, le fà̰à̰ accompagne toujours son « mari », le gə́g, mais il se comporte différemment :

– lors de la circoncision, il escorte le gə́g mais ne va pas à l'endroit, éminemment masculin, où est donnée une boisson virilisante aux garçons qui seront circoncis le lendemain. Il suit aussi le gə́g à la place de circoncision pour « essuyer la rosée », *wá̰' méd*, mais il s'arrête à la barrière que ne peuvent franchir ni les princes ni le chef et il n'accompagne pas le gə́g jusqu'au cœur de la place exclusivement réservé aux circonciseurs et aux autochtones ;

– lors des prémices, *hẹn pʉ̀'ɨ́*, où il tient compagnie au gə́g ;

– lors du battage du mil du chef, également avec son « mari ». Nous avons mentionné que le circonciseur ou d'autres personnes ayant les moyens peuvent aussi demander la présence du second mais seul le chef a le droit de faire sortir le fà̰à̰ à cette occasion. C'est lors de ces deux sorties que l'on peut éventuellement parler de performance : tout comme une épouse doit suivre son mari, le fà̰à̰ est astreint à suivre le gə́g, ce qu'il s'empresse de ne pas faire. Le mari doit constamment ramener sa femme dans le droit chemin en allant la chicoter pour la remettre sur la bonne voie, à la grande joie des spectateurs ;

– lors de l'enterrement du chef des circonciseurs, du chef d'un des groupes d'autochtones, du chef des forgerons, de la première femme du chef (et aussi de ses autres épouses dans certains villages), il escorte le gə́g à la tombe avec toute l'assistance et rentre au village avec lui.

Cependant, le fait le plus significatif est qu'il va aussi à l'enterrement du chef mais ne revient pas, comme le gə́g, au village. Dans certaines chefferies, le masque est disposé sur la tombe et détruit trois jours plus tard. On éparpille les lanières d'écorce et les fibres mais, dans tous les villages, on prend soin de garder la lame en bois de *kɔ̀b* (*Gardenia erubescens)* ou de *bado'*, bois faciles à trouver mais durs, imputrescibles et difficiles à sculpter, tant qu'elle est encore utilisable, ce qui est le plus souvent le cas. Dans d'autres villages, les fibres sont brûlées peu après l'enterrement et on refait un masque neuf lors de la nomination du nouveau chef qui doit aussi le revêtir pour son entrée dans la chefferie. Il y a homologie et adéquation entre le chef et son masque. Les Dìì disent de ce masque qu'il est le *yigid gbanàà*, *yigid* signifiant à la fois double, esprit, ombre et âme, du chef. Sa destruction efface toute la saleté et les impuretés, *víigid*, du règne précédent. Le fạ̀ạ̀ est vraiment le double du chef, mais il nous reste à découvrir de quel double il s'agit.

Une question se pose ici. Nous avons vu que le chef est le seul homme véritable du village et que la majorité des Dìì interrogés sur les symboles féminins inhérents à la chefferie – son *hẹẹg zág* et un des deux bracelets le légitimant – répondent que les femmes sont très importantes et qu'il faut bien en tenir compte. La réponse se fait plus précise lorsqu'on parle du masque : on en revêt le chef car, précisément, il est le seul vrai mâle de la chefferie, ce qui lui permet de tenir, *tíd*, de lier ensemble les deux sexes antagoniques. Il est donc à la fois le seul vrai homme qui dépasse les autres hommes du village – qui sont un petit peu femmes – et aussi, par définition, les femmes qui sont inférieures aux hommes. En les transcendant, il peut les englober – un peu à la manière de Louis Dumont – et les faire coexister. Le chef est le superviseur ultime de la circoncision, une cérémonie qui donne à chaque sexe sa complète identité de genre dans une atmosphère de « guerre des sexes » qui finalement se résorbe grâce à lui. Le masque féminin et les emblèmes masculins et féminins permettent d'inscrire cette dualité sur, et non pas dans, sa personne même qui transcende ainsi les deux aspects en les fusionnant.

Nous pourrions nous contenter de cette analyse contextuelle interne. Elle rend compte entièrement des faits et elle s'accorde avec la théorie entretenue par les Dìì au sujet des masques et des insignes. Cependant, nous avons montré ailleurs (Muller 1997) que plusieurs aspects essentiels de la chefferie dìì, en particulier la circoncision, constituaient un des maillons d'une série de variations transformationnelles avec quelques voisins ayant aussi l'institution de la chefferie, les Chamba et les Moundang. Il nous semble intéressant de voir ce qu'il en est des masques dans ces deux sociétés et de les confronter à la place qu'ils occupent chez les Dìì.

LES MASQUES CHAMBA

Les Chamba orientaux les plus proches voisins des Dìì sont les Chamba-Leko qui font partie du même sous-groupe linguistique, le sous-groupe 4 de la famille Adamawa (Boyd 1989 : 180-183). Les Chamba forment une multitude de chefferies allant de matrilinéaires à patrilinéaires en passant par la double descendance unilinéaire (Fardon 1988). Les chefferies originelles – et celles les plus proches des Dìì – consistent en un matriclan dont le corps du chef est vu comme féminin – dans la chefferie de Sugu, on trouvait non pas un chef mais une reine – et d'autres clans patrilocaux dont les fonctions et les offices s'héritent en ligne patrilinéaire et qui sont, eux, du côté du masculin. Le chef et ses prêtres forment un couple parental relatif à la maturation des cultures, le chef assumant le rôle de mère et les prêtres celui de père (Fardon 1990 : 185). Les matriclans et les patriclans ont presque tous un masque en bois sculpté avec costume de fibres bien connu dans la littérature consacrée aux arts africains sous le nom de « buffalo mask » ou de « bushcow mask », une dénomination quelque peu approximative comme l'a bien montré Fardon (1990 : 151-159 ; 1999). Ils sont tous de facture similaire, avec quelques petits détails, historiquement et stylistiquement significatifs, se rapportant au clan particulier qui les possède (Fardon 1999 : 24-31). Ces masques sont soit mâles soit femelles ; ils sont peints en rouge pour les premiers et en noir pour les seconds. Dans les matriclans ayant un masque féminin, il est souvent expliqué comme une réminiscence de son origine qui serait une merveilleuse jeune fille/buffle ayant retiré sa peau animale pour prendre un bain. Un homme qui passait par là la vit, cacha la peau et épousa la fille dont la descendance féminine, après diverses péripéties (Fardon 1990 : 155), donna le matriclan (illustrations 8-10).

Ces masques sortent lors des rites de passage, circoncision, intronisation du chef et funérailles diverses. Ils sont entreposés en brousse où les danseurs les revêtent. Ils en expriment les puissances et les dangers ainsi que la conjonction de ces puissances avec les esprits des morts.

Entre ces deux peuples s'intercalent les Koma, les Dowayo et les Duupa qui font aussi partie du même sous-groupe linguistique mais qui ne sont pas organisés en chefferies. Les Koma ont des danseurs entièrement recouverts de feuillage dont le sommet de la tête arbore de minuscules statuettes représentant des antilopes (Igor de Garine : communication personnelle). Lors d'autres occasions, dont la circoncision, des personnages appelés « bouffons-péteurs » exhibent des coiffures de plumes et de cornes de bovidés qui sont soit mâles soit femelles (Dumas-Champion 1986 : 48-61). Ces coiffures de plumes, non porteuses de genre, sont aussi l'apanage des circonciseurs des groupes dialectaux dìì qui jouxtent immédiatement les Duupa. Certains villages duupa ont aussi un masque ressemblant au masque fạạ des Dìì. On ne connaît pas son origine mais il appartient à la moitié rituelle saasaa et sort aussi à la circoncision. Il est nommé gappa, un nom qui signifie aussi « esprits des ancêtres » (Garine : communication personnelle). Comme ce masque est encore sous étude nous ne pourrons l'inclure dans notre comparaison que de façon partielle, seulement sous forme de mention. Le noyau de notre comparaison, celle qui nous fournit les plus riches renseignements, tourne entre les Dìì et les Moundang et concerne la personne du chef, une institution que n'ont pas les Duupa.

LES MASQUES MOUNDANG

Les Moundang, situés au nord-est des Dìì, et connus d'une partie de ceux-ci, parlent aussi une langue du groupe Adamawa mais d'un autre sous-groupe. Ils sont linguistiquement parents des Mboum – les voisins des Dìì au sud. D'entrée de jeu, Adler (1998 : 169-203) nous dit qu'il existe un antagonisme fondamental entre la chefferie et les masques. Les seconds sont les apanages des nombreux clans alors que le roi est, par définition, hors clan et, par conséquent, ne possède pas de masque. Chaque clan dispose au moins d'un exemplaire du masque le plus important, appelé mundere, qui rappelle par ses fibres les poils de ses ancêtres mi-humains et mi-animaux. Ces ancêtres viendraient de la région dìì, représentés chez les Moundang par un clan appelé du même nom que ces masques, Mundéré, qui l'aurait introduit dans les autres clans. Ces masques, mâles, sont une combinaison de longues jupes sombres en fibres qui en recouvrent une plus courte, de couleur rouge, exhibée lors des pirouettes du masque et rappelant le cul rouge du cynocéphale. La tête est ornée de plumes de pintades et flanquée de deux larges éventails frontaux qui évoquent un oiseau aux ailes déployées (Adler 1982 : pl. VIa, h.t. ; 1994 : 101 ; 1998 : 177-181 : voir illustrations 11 et 12).

Chaque masque est apparié à un autre, féminin, appelé muyu. Celui-ci ressemble beaucoup au masque fạ̀ạ̀ des Dìì : « c'est une longue cape de fibres noircies qui cache le porteur de la tête aux pieds » (Adler 1994 : 94 et ill. dans Adler 1982 : pl. VIb, h.t.) ; ces masques « donnent l'apparence d'une houppelande informe » (voir illustration 13).

Ils sortent en plusieurs occasions, en particulier au lever du deuil d'un personnage important, pendant lequel les masques mâles et femelles du clan du défunt danseront pendant trois jours (Adler 1994 : 94 et *passim*). Les deux masques ont pour rôle – entre autres – de faire entrer les défunts et défuntes de leur clan dans le premier stade qui mène à l'ancestralité, en en faisant un « esprit nouveau » avant sa transformation finale en ancêtre. Cette cérémonie est plus élaborée lors de la levée du deuil d'un homme du clan mundéré, créateur des masques. Quelques anciens de ce clan ainsi que ceux des autres clans propriétaires de grands masques se rendent à la tombe avec le masque féminin pour y passer la dernière nuit de la levée du deuil. L'âme du défunt « prend congé » mais, au petit matin, un « esprit nouveau », un masque réel qui représente le mort sorti de la tombe, apparaît, mais incomplet, seulement nanti des jupes : « le visage, le tronc et les bras restent à découvert mais tachetés d'ocre rouge. » Cette « apparition qui rappelle l'état initial des ancêtres du clan des Mundéré » (Adler 1998 : 174) va rôder toute la journée avant de disparaître dans la hutte du bois sacré où sont cachés les masques. Il y laissera ses jupes qui feront partie d'un futur masque complet. Adler (1994 : 109) ajoute que certains membres du clan mundéré « racontent que leurs ancêtres naissaient avec de très longs poils noirs sur tout le corps et que c'est cela qui leur donna l'idée de créer les masques aux longues fibres teintes en noir ».

Ces masques, mundere et muyu, sont donc des représentants éminents des clans mais ils ont également, d'une tout autre manière, un rôle à jouer avec le roi et la royauté.

Nous avons mentionné l'antagonisme entre le roi et les masques. Il se marque fortement lors de l'initiation pendant laquelle les grands masques mundere sont supposés « avaler » les circoncis avant de finalement les « vomir » ce qui en fait alors des hommes complets. Cependant, les princes – dont le futur roi –, bien que circoncis, sont exclus de cette partie de l'initiation et, par conséquent, gardent en eux une part de féminité. Nous avons donc ici un roi à qui on refuse l'accès à la masculinité complète, une sorte de sous-initié à cause de son antagonisme avec les masques. Cet évitement est expliqué de plusieurs façons par les Moundang : le roi, hors clan, peut utiliser sa puissance pour opprimer les clans, maîtres des masques et, par esprit de revanche, ceux-ci risquent de tuer réellement les jeunes princes lors de leur initiation, une issue que le clan royal évite en refusant de les leur présenter. Une autre raison tient au fait qu'un prince se moqua autrefois grossièrement des masques, causant ainsi sa perte et l'interdiction de s'en approcher pour ses semblables.

Mais, lors des funérailles royales, tous les masques moundang sont, paradoxalement, invités bien qu'aucun ne soit, à proprement parler, celui du souverain. C'est plutôt, comme le dit Adler : « un peu comme si les Moundang disaient au roi mort que son clan à lui, c'est toute la population du royaume » (Adler 1998 : 183). Cependant, l'ouverture d'une des devises royales proclame ouvertement que : « la mort est le masque du roi. » Cette devise énigmatique est récitée, de nuit et dans une atmosphère terrifiante au son de sifflets lugubres, par les collèges secrets assurant l'interrègne qui suit le décès du souverain pour lesquels la mort signifie, dans ce contexte, le pouvoir de mort qu'exerce le roi par ses exactions sur sa propre ethnie et ses guerres au-dehors afin d'accroître ses richesses, sa gloire et sa puissance (*ibid.* : 183-185). Le roi n'a pas, en réalité, de masque sauf ici métaphorique et dans un tout autre registre que celui où les masques ont à faire accéder un Moundang ordinaire au statut d'ancêtre.

COMPARAISON

Nous avons ici des masques qui sont, sous des formes différentes, des représentations des forces de la nature et de l'au-delà. Ce sont des esprits de l'invisible qui ne représentent rien en particulier mais qui en sont des incarnations *sui generis*, sauf pour le masque cheffal féminin des Dìì qui est le double du chef, mais un double particulier qui représente ce que le chef n'est pas dans son corps – il est entièrement masculin – mais son principe contraire que sa nature exclusivement masculine lui permet de transcender pour faire « tenir » ensemble ces deux principes contradictoires pour le plus grand bien des habitants de sa chefferie. Ces incarnations masquées sont des « esprits » qui sortent pour les mêmes occasions, en particulier la mort de personnages importants et les circoncisions à l'occasion desquelles le « secret des masques » est dévoilé aux initiés dans nos trois sociétés – sauf pour les membres du clan royal moundang. Les masques des trois ethnies sont composites, formés d'éléments animaux et humains : les Chamba interprètent les cornes de leur masque comme les attributs d'une ancêtre bufflonne, le long bec rappelle les mâchoires d'un crocodile alors que le front bombé et les oreilles seraient des caractéristiques humaines. Le masque gə́g est le composé d'un animal non défini – mais inspiré du hérisson – et d'un homme ; le masque fà̰à̰ dérive aussi d'un animal, l'antilope rouanne, mais également – à cause de ses mouvements gracieux – des déhanchements d'une femme, sans référence ici à une quelconque ancestralité clanique. Celle-ci revient chez les Moundang, augmentée de l'évocation du cynocéphale et de quelques sortes d'oiseaux.

Ces masques sont sexués, mâles et femelles ; ils sont des propriétés claniques chez les Chamba et les Moundang. Chaque clan chamba a au moins un masque d'un sexe ou de l'autre ; les clans moundang en ont deux, un de chaque sexe, alors que dans les chefferies dìì qui possèdent un ou deux masques on en trouve toujours un masculin, et un seul, qui appartient en bloc aux clans autochtones sous la supervision du circonciseur, et quelquefois aussi un féminin, dévolu exclusivement au clan du chef puisque seuls celui-ci et les hommes de sa proche famille, en ligne matrilinéaire sur deux générations, sont autorisés à le porter. Chez les Chamba, le clan royal possède aussi un ou plusieurs masques alors que chez les Moundang, ils sont expressément réservés aux autochtones, le clan royal ayant une relation d'évitement face aux masques. On est ici dans le même univers, surtout si l'on y introduit les coiffures sexuées des « bouffons-péteurs » des Koma voisins des Chamba qui montrent deux inversions avec les masques chamba et moundang. La coiffure mâle exhibe les cornes du buffle femelle chamba et la coiffure femelle, les ailes qui sont l'apanage du masque mundere mâle des Moundang. Les cornes du masque chamba pointent vers l'arrière alors que celles des Koma sont dirigées vers l'avant ; les « ailes » du masque moundang sont frontales alors que celle des Koma – il n'y en a qu'une – est latérale (Dumas-Champion 1986 : photo p. 54). On peut difficilement aller plus loin dans l'inversion systématique des détails (illustrations 14 et 15)…

Ces masques connotent une certaine autochtonie chez les Chamba – au moins pour le « masque-buffle » dont certains éléments rappellent l'ancêtre femelle, une jeune fille buffle, d'un des plus grands clans, qui serait honorée sous la forme des cornes du masque. Cette autochtonie s'exprime autrement chez les Moundang ; ceux-ci disent que leurs masques mundere et muyu viennent des ancêtres des Dìì qui arboraient de longs poils rappelant les fibres constitutives de ces deux masques. Ces êtres mi-humains devinrent des Moundang qui prirent complètement forme humaine au prix de diffuser leur aspect primitif sous forme de masques donnés aux autres clans moundang. On se souviendra ici de la forme dramatique sous laquelle un esprit mi-homme mi-animal apparaît vers la fin de la levée du deuil d'un membre du clan mundéré, l'introducteur des masques. Chez les Dìì, les masques tirent leur origine de la brousse, l'autochtonie la plus pure et la plus dure, à travers l'observation de certaines particularités exhibées par des animaux qui donnèrent aux hommes l'idée de ces masques dont l'un est précisément contrôlé par les autochtones et l'autre, bien qu'appartenant au chef, n'en est pas moins fabriqué et entretenu par eux. Mais leur caractéristique commune est qu'ils viennent tous d'ailleurs, de l'ailleurs des récits d'histoire oraux chez les Chamba et les Moundang et de l'ailleurs géographique chez les Dìì.

Mais il nous faut nous arrêter ici à un petit point d'histoire. Les Moundang citent les Dìì sous leur nom Juru (Dourou) qui est aussi celui sous lequel ils sont connus des Mboum, une population qui se dit « frère » des Moundang mais qui en est séparée par le gros des Dìì et quelques populations au nord comme les Hubao et les Agorma, venus le long de la Bénoué relativement récemment du Bornou à la suite des Peuls, et les Nyok ou Lamé qui sont du groupe linguistique sara (voir carte). À cet égard, on ne peut s'empêcher de rappeler que les Dìì sont des intrusifs dans la région, s'étant répandus depuis les montagnes de Poli jusqu'au Mayo Galké le long des contreforts de la falaise de Ngaoundéré[5].

Cependant, il nous faut voir premièrement quelles sont les connaissances actuelles des Dìì à propos des Moundang, qui disent leur devoir leurs masques. Une bonne partie des villages dìì du sud-ouest et ceux du plateau, tant de dialecte mam be' que mam nà'a et gʉʉm, ne les connaissent pas ou seulement depuis peu et n'ont rien à dire à leur propos. Quelques villages de la région de Tchollíré disent les connaître, à cause des masques – il s'agit ici des masques mundere – qu'ils prétendent être les mêmes que

5. L'usage proéminent des graines d'*Abrus precatorius* dans le masque gə̀g rappelle celui qui est fait tant dans les masques, dits *dodo*, que dans les objets rituels des peuples de la Moyenne-Bénoué, ce qui appuie encore notre hypothèse d'une origine occidentale des Dìì (Isichei 1988 ; Rubin 1967, *passim* ; Siebert 1974, *passim*). Le masque reproduit à la planche 8 de Rubin (1967) exhibe aussi une « queue » ou une « tresse » similaire à celle des masques dìì.

le masque fạ̀ạ̀, mais avec une différence : la tête du masque dìì a sa lame de bois latéralement placée et, bien que plus petite, elle est le pendant de ce qui est désigné par les Moundang comme ses « ailes » qui est ici frontal. La différence entre la tête des deux masques est « expliquée » par une « erreur » de l'ethnie emprunteuse. Ces Dìì de la région de Tcholliré prétendent être les créateurs de ce masque, en particulier le village de Ze'ed, aujourd'hui établi près de Mbé après avoir fui les armées peules de Rey-Bouba. Il aurait, d'après ses anciens, inventé et diffusé le masque dans les chefferies mam be' de Waag, Tagbuŋ et Ndiu ainsi que dans les chefferies mam nà'a les plus proches, Yạduu, Kaana'a, Man, Dʉkee, Yɛd, Tʉ gbàgà, Dʉgọŋ, Nabun, Kurug et Minaga au moins. Dans ce dernier village, on nous a même dit qu'il était présent dès l'origine du village, un des clans constituants lui ayant été attribué lors de la création de la chefferie. Il y a probablement d'autres villages disparus qui le possédaient, comme Dila qui l'avait donné à la chefferie de Man et d'autres qui l'ont oublié. On peut penser à juste titre que c'est bien dans cette région qu'est le berceau du masque et qu'il s'est transmis dans un cercle relativement restreint de villages proches puisque les Dìì mam nà'a du sud et du plateau et plusieurs villages mam be' assurent n'en avoir jamais eu.

Si nous disons ceci, c'est parce qu'il existe aussi chez les Dìì un groupe de quatre villages voisins, deux villages mam nà'a, Zabba et ɓug et les deux villages hụụn de Wạn (Buuri) et de Gəzəg (Guidjiba) qui, tous voisins très proches depuis leur fuite devant les Peuls, ont le masque fạ̀ạ̀ ou plutôt, comme les Moundang, les deux masques mundere et muyu, le masque mâle et le femelle qui, tous deux, sont ici la prérogative exclusive du chef. Ils connaissent les Moundang et affirment être avec eux en relations de franc-parler, *zàà* ou *hẹn fọ̀ọ̀lí*, précisément parce qu'ils ont les mêmes masques et, par conséquent, les mêmes coutumes, « choses/coutumes/une », *hẹn gé' daga*. Mais ils ne savent pas quelle est l'ethnie, des Moundang ou des Dìì, qui aurait donné le masque à l'autre. Les deux masques cheffaux dìì sont similaires, mais ils sont une inversion des masques moundang quant à leur taille : le masque femelle est plus gros et imposant ; il a la tête plus large et on comprend pourquoi les Dìì de ces quatre villages comparent leurs deux masques exclusivement au masque moundang mundere, exactement comme le font ceux de la région de Tcholliré qui connaissent les masques moundang. C'est le masque le plus petit qui est le « mari » et le plus gros l'« épouse », montrant bien ici quel est le genre dominant, ceci dans la foulée des villages qui n'ont que le fạ̀ạ̀ féminin. Ces quatre villages ont aussi le masque gə́g, qui sort avec les deux masques fạ̀ạ̀ comme dans les autres villages où gə́g et fạ̀ạ̀ coexistent mais c'est le masque fạ̀ạ̀ mâle qui joue le rôle de mari, le gə́g étant ici considéré à part et indépendant.

Cependant, on peut encore se poser quelques questions car, si les ressortissants de ces quatre villages ne savent pas qui, des deux ethnies, a emprunté à l'autre, en accord avec les autres Dìì qui connaissent les masques moundang, ils ignorent l'origine ultime du masque. Zabba dit qu'il l'a acheté d'un village hụụn disparu du nom de Ndɔ̀l et que son chef l'a donné ensuite à ɓug ; les deux villages hụụn ne savent pas d'où les masques viennent. Ils disent qu'ils les ont toujours eus dès l'origine mais ne peuvent affirmer si ce sont leurs ancêtres qui les ont créés ou s'ils sont venus d'ailleurs. Le mythe de l'invention du masque à partir de l'antilope rouanne est inconnu mais le chant à sa louange est entonné sans que cette signification soit comprise par les deux villages hụụn. Quant aux deux villages mam na'a, ils soutiennent que la litanie d'accompagnement du masque viendrait d'une expression, « *dɔ̀l dɔ̀l* » qui signifierait en hụụn : « Viens ! Viens ! » Ces quatre villages rient de ceux qui n'ont que le fạ̀ạ̀ féminin en suggérant malicieusement, entre eux, qu'ils n'ont pas – ou plus – les moyens de s'en offrir deux…

Mais ces autres villages stigmatisés soutiennent qu'un masque fạ̀ạ̀ masculin n'a jamais existé chez eux et que c'est une particularité exclusivement réservée aux quatre villages dont nous discutons. Ceux-ci la cultivaient d'ailleurs ostensiblement et activement lors d'une occasion appelée *nab fạ̀ạ̀*, « la danse du fạ̀ạ̀ », qui se tenait au début des pluies. Les habitants de chacun des quatre villages brassaient de la bière en abondance lors de la sortie de leurs masques et invitaient les autres villages à venir assister au spectacle.

Mais il y a plus : ces quatre villages étaient situés, avant la conquête peule, les plus au nord de l'aire occupée par les Mam be' et les Mam nà'a ; les Hụụn, eux, étant le long de la Bénoué, au sud du barrage hydro-électrique actuel de Lagdo. Le dialecte hụụn est le dialecte le plus proche du mam be', dont les locuteurs se prétendent créateurs du fạ̀ạ̀. Les Hʉʉn furent les premiers à subir les attaques des armées de Rey-Bouba (Hamadjoda & Mohammadou 1979 : 166-167). Vaincus, ils s'enfuirent vers l'ouest dans le territoire des Dìì paan et saan où ils sont encore, comme enclavés. Les autres Mam be' et Mam nà'a proches – sauf Zabba et ɓug qui suivirent les Hụụn – mirent plus tard de la distance entre eux et les armées peules en s'enfuyant au sud et au sud-ouest, se séparant ainsi de nos quatre villages (voir carte).

On serait d'autant plus porté à assigner à cette proximité une influence moundang « en retour », si l'on peut dire, au vu de la présence de ces deux masques qui rappellent la paire moundang mundere/muyu. Cette imitation des Moundang expliquerait l'inversion assez intriguante que nous avons mentionnée. Les Dìì auraient gardé à l'esprit que le « vrai » masque fạ̀ạ̀ féminin est le plus important de la paire dans nos quatre villages, paire dans laquelle les Dìì reconnaissent que le masque masculin est une réplique plus petite de son homologue féminin, mais ils assimilent cette version féminine dìì à la version masculine moundang, le masque mundere, à cause de la différence d'orientation de la crête, sans jamais mentionner sa contrepartie féminine moundang qui en est dépourvue. On serait ici en face d'une sorte de doublet baroque qui, au point de vue du sens, ne ferait que répéter ce que les autres chefferies dìì nous exposent autrement, mais avec moins d'emphase : le chef est à la fois masculin et féminin, mais sur un tout autre plan que le roi moundang. Celui-ci est, dans son corps même, à la fois masculin et féminin, puisqu'il lui reste des traces de féminité à cause de sa sous-initiation alors que le chef dìì est exclusivement masculin puisqu'il est, lui, surinitié. On garde dans nos quatre villages l'idée principale que le masque est premièrement féminin et qu'il faut montrer ostensiblement cette féminité mais, sous l'influence moundang, on la flanque d'un doublet masculin plus petit, recréant pour le chef la paire, ici inversée, du gros masque masculin et du petit masque féminin moundang qui ne sont chez eux que des attributs de clans. Le masque gə̀g qui est le « mari » du fạ̀ạ̀ dans les autres villages qui le possèdent est vu, dans nos quatre villages comme « à part » et, bien qu'il sorte avec les deux autres, il est marginalisé, le fạ̀ạ̀ masculin prenant sa place, une raison de plus pour voir dans le doublement des masques fạ̀ạ̀ une innovation régionale due à la proximité des Moundang. Une ancienne photographie des masques de ces villages, déposée aux archives de l'ISH de Garoua et probablement prise au début des années 1960 à l'occasion de la Fête nationale à Tchollíré, montre clairement un de ces masques orné de deux plumes sur sa crête comme nous l'avons mentionné pour le masque moundang, ce qui renforce encore notre hypothèse. Un autre détail supplémentaire, apparemment trivial, appuie encore cette interprétation : les villages aux deux masques fạ̀ạ̀ attribuent aussi au fạ̀ạ̀ mâle l'attribut le plus masculin du masque gə́g : la lance que celui-ci peut brandir sans contrainte puisqu'il a les deux bras libres alors que son homologue a toutes les peines du monde à tenir d'une main son masque sur la tête et sa lance de l'autre. L'exhibition de cette lance est plus rhétorique que réelle. Le masque ne la porte que brièvement et sporadiquement. Empêtré qu'il est par le poids du masque et du déséquilibre engendré par l'usage d'une seule main pour le maintenir de manière stable sur la tête, il agite la lance d'une main et s'appuie de l'autre à un mur, une contorsion périlleuse qui ne dure pas longtemps.

C'est ici que prennent aussi tout leur sens les commentaires de mes censeurs dìì qui niaient le statut de surhomme dont j'affublais leurs chefs en affirmant qu'il n'était qu'un « vrai » homme alors que les autres ne l'étaient qu'incomplètement. Il s'agit ici d'un discours intersociétal où tous les Dìì sont comme les rois moundang – un petit peu femmes – et où le chef dìì est tout comme les hommes moundang. Mais, comme le chef dìì est le seul homme vrai du village, cela lui permet de tenir ensemble effectivement les deux sexes, les hommes et les femmes. C'est pourquoi, faute d'être l'un et l'autre genre dans son corps, mais celui qui en transcende les principes pour les faire tenir ensemble, il se doit de les représenter tous les deux. Il en est l'incarnation qui les surplombe de haut (certains informateurs, joignant le geste à la parole, décrivent le chef en faisant le simulacre de lier par le haut deux masses, les deux genres, prises dans un sac). Il faut qu'il montre cette union des genres ailleurs que dans son corps puisqu'une telle identification corporelle lui est déniée par la surinitiation qui le transforme en mâle exclusif. Il lui reste ses entours qu'on s'empresse de revêtir d'attributs féminins, un des deux bracelets, un des deux *hẹẹg zág*[6] et le fạ̀ạ̀ qui font aussi partie de sa vraie nature mais dans un tout autre registre que la féminité du roi moundang. Si celui-ci cumule les deux genres à l'intérieur de son corps, il en va de même pour le chef chez les Dìì, mais à l'extérieur puisque le masque fạ̀ạ̀ est le double féminin que revêt ce parfait mâle et qui meurt avec lui, donnant une variante et une interpolation africaine intéressante à *The King's Two Bodies* de Kantorowicz (1957).

Cependant, le dialogue avec les Moundang va plus loin. La mort évoquée dans les sinistres veillées funèbres moundang ne se réfère pas à la mort physique du roi mais à son pouvoir de mort en tant que pillard de son peuple et des ethnies voisines. Les Dìì, quant à eux, prennent la devise moundang qui dit que « la mort est le masque du roi » à la lettre et non de manière métaphorique, mais en l'inversant : si, chez les Moundang, la mort est le masque du roi, c'est la mort du roi qui commande celle de son masque chez les Dìì. Cette interprétation dìì permet un nouveau chassé-croisé : nous avons mentionné que le corps du masque dìì est détruit soit en le brûlant soit en en éparpillant le « corps » représenté par les fibres, gardant seulement la lame, la partie dure de la « tête » sculptée dans un bois imputrescible, tant qu'elle est encore utilisable. Cela rappelle singulièrement l'inhumation des restes du cadavre du roi moundang dont le corps entier est éparpillé au loin – comme on le fait des fibres en les jetant alentour ou, mieux, en les brûlant chez les Dìì –, ne gardant que le crâne chez les deux ethnies pour des usages différents (Muller 1997 : 21). Cette crémation du masque dìì est aussi à rapprocher de, ou à fusionner avec, celle du manne-

6. Le partage des deux *hẹẹg zág* entre le masculin pour le chef circonciseur – qui est aussi prêtre – et celui du chef qui est féminin, rappelle ici l'opposition entre le prêtre chamba qui incarne la masculinité et son chef qui, lui, incarne la féminité (Fardon 1990 : 185). Les Dìì emploient ici cette paire contrastée, mais inversée puisque le chef est masculin et le circonciseur un peu féminin, comme les autres hommes dans un contexte métaphorique. Ce chassé-croisé est aussi utilisé ailleurs (Muller 1997 : 19 et n. 5).

quin moundang confectionné à la mort du roi ou d'un prince. On brûle celui-ci comme un faux-semblant, « une espèce "d'anti-masque" » (Adler 1998 : 186), pour que les masques claniques puissent enterrer réellement les vrais corps du roi et des princes.

Cet anti-masque funéraire et cette absence de masque royal chez les Moundang s'accompagnent d'un certain nombre de doubles temporaires permettant au roi moundang de jouer son rôle ambigu sans perdre la vie (Adler 1979). On emploie un substitut tout au long du cycle rituel annuel pour effectuer des tâches qui risqueraient de le tuer, anticipant alors le terme normal qui est d'une durée de dix ans. Point besoin de ces doubles chez les Dìì pour protéger la durée de la vie du chef qui, idéalement, devrait vivre le plus longtemps possible. On peut donc lui donner ce qui manque au roi moundang, un vrai double, un masque qui est son alter ego permanent dont l'office est simplement de rappeler de manière redondante qu'il n'est qu'un être bisexuel métaphorique alors qu'il l'est et le reste de manière littérale chez les Moundang. C'est cette ambiguïté qui précipite la chute du second, nécessaire après un certain nombre d'années, pour purifier le pays en éparpillant son cadavre. Pour cette dernière opération, les Dìì n'ont nullement besoin du corps de leur chef, ils se contentent simplement de détruire son double et, en un clin d'œil de connivence, ils en disposent exactement comme les Moundang en usent du vrai cadavre de leur roi.

Chapitre V

L'ENVIRONNEMENT ET LE TRAVAIL DU CHEF

LA CONCESSION DU CHEF

La concession du chef est appelée *kíi gbaŋ*, la « maison du chef ou du règne » ou encore *kíi nàà*, la « concession de l'abondance » mais, comme nous l'avons dit, certains linguistes font venir l'expression de *kíi* nà'á, la « maison mère » ou « concession où sont les mères » (qui donnent toujours une nourriture abondante). Cette concession est calquée sur le modèle – en plus petit – des palais des lamibé et des belaka, avec un porche en auvent soutenu par des piliers et, dans les plus grandes chefferies comme celles des deux Kaana'a et de Mbé, de grandes salles d'entrée en enfilade, vides sauf les plus proches de la cour intérieure qui comprenaient des sortes de brancards suspendus en rondins pour y mettre les objets en cuir, en particulier les rares boucliers restants, afin de les empêcher de se couvrir de moisissures pendant la saison des pluies. Cette ou ces dernières salles ont au moins une entrée et une sortie, mais le plus souvent trois portes, ce qui facilite l'aération. Ces salles vides servent de chambres pour coucher les invités lors des cérémonies où il est d'usage d'inviter beaucoup de monde des chefferies avoisinantes. Dans les grandes chefferies, les travaux collectifs pour réparer ou restaurer les murs de l'enceinte sont la responsabilité des divers quartiers, *ka' kìì*, qui sont chacun en charge d'une partie de l'enceinte et des bâtiments spécifiquement relevant de la chefferie, les salles d'entrée et la salle d'audience de la cour de justice. Les bâtiments intérieurs sont du ressort des résidents qui habitent la chefferie.

Lorsqu'une chefferie décide de se déplacer, on cherche un nouvel endroit, au plus fort de la saison des pluies, pour s'assurer d'un lieu le moins humide possible à cette époque de l'année. Les aînés du ou des lignages autochtones ainsi que le circonciseur vont repérer une place qui n'est jamais inondée, où l'écoulement des eaux se fait rapidement sans qu'elle stagne pour éviter que les maisons s'effondrent par capillarité. On choisit un sol sec et gravillonneux ; plusieurs localisations d'anciens villages s'appellent de manière caractéristique « le lieu des petits cailloux ».

Idéalement, le village est construit autour de la demeure du chef ; la concession du circonciseur se place face à lui sur sa droite – elle est donc à la gauche lorsqu'on sort de la chefferie –, le principal groupe des autochtones se met sur la droite et les autres clans autochtones en demi-cercle en deçà du dégagement ménagé devant la chefferie qui sert de place d'assemblée et de danse. Le ou les lignages forgerons s'établissent derrière la chefferie. Ceci est le plan idéal qui n'est plus que partiellement suivi. Chez les Dìì du piémont du massif de Poli, on avait la même disposition mais ce sont seulement les concessions des chefs de lignages qui entouraient celle du chef selon ce patron d'établissement ; les autres adultes se dispersaient sur leurs champs. Tous se sont regroupés lors de leur descente du massif.

La construction du village devrait, en théorie, être terminée avant que les habitants déménagent. En tous les cas, c'est le chef qui part en dernier avec les objets sacrés qui sont transportés de nuit au nouveau site, accompagnés du masque gə̀g. Le cortège comprend les rhombes, les doubles cloches et sifflets pour éloigner les femmes. Les couteaux et – éventuellement – les crânes des chefs sont remisés dans leurs huttes respectives. Le circonciseur et les représentants des clans autochtones creusent un trou sur la place du village où sont placées des « médecines », *gam*, qui serviront deux propos : une première médecine est une motte de *sə̀ŋmgbáŋ*, une herbe dont les racines sont si nombreuses et enchevêtrées qu'il est difficile, voire impossible, d'y planter une houe. Cette motte symbolise un village où les gens se tiennent ensemble et ne peuvent se séparer ; la touffe mise dans le trou retiendra les gens tentés de partir du village pour aller ailleurs et empêchera ainsi toute perte démographique. Une seconde médecine, une sous-espèce de *Cissus quadrangularis*, *zę̨ę*, qui appartient à un des lignages autochtones, aura pour but d'attirer les habitants d'autres villages pour qu'ils viennent s'établir dans la nouvelle chefferie. Le propos explicite est à la fois d'empêcher les habitants de déserter et d'attirer davantage de résidents. D'autres plantes et ingrédients ont une influence bénéfique plus générale comme trois œufs qu'on casse, des feuilles de l'arbre *vǫ̀ǫm waa kaa*, des crottes de mouton – qui purifient en « rafraîchissant » – et un treillis d'écorce de l'arbre *bą̨ą*, qu'on attache habituellement aux objets rituels et aux participants à la fin d'un rite, comme nous l'avons mentionné. Certains villages ajoutent, en sus, un couteau de circoncision et quelques autres médecines, propriété des clans d'autochtones qui seuls en connaissent le secret. Une pierre plate nommée *igɨ dɛ̀ǹ* « pierre du tambour », est placée sur le trou rebouché. C'est sur elle que se tiendra le batteur lors des danses publiques. Cette pierre est supposée posséder des pouvoirs extraordinaires : si on la déplace, elle reviendra d'elle-même à son ancienne localisation. On plante habituellement un arbre à palabres devant la chefferie lors du déplacement.

Une circoncision, appelée « circoncision de l'herbe pilée (du nouveau lieu) » suivra l'année d'après. Elle sera faite aux frais du chef, les parents des enfants n'ayant rien à débourser. Comme à l'occasion de la mort d'un chef de village ou d'un chef de clan ayant un titre, on choisissait des enfants de familles pauvres ou d'esclaves (homme ou femme) pour cette circoncision, pour éviter les récriminations des familles riches, qui insistaient sur une circoncision normale, prétexte à exhiber publiquement leurs ressources.

Un changement de lieu de la concession cheffale à l'intérieur du village s'observe lorsqu'un chef étranger au village est nommé. Si le chef n'y a jamais résidé et qu'il reste des descendants de l'ancien chef dans la concession, on lui en construit une nouvelle et, à l'occasion de la fête du *búg sàà* qui doit suivre, on déplace simplement la pierre du tambour devant sa résidence en faisant le rite de déplacement des objets sacrés et les manipulations dans le trou sur lequel est mise la pierre du tambour comme lors d'un déplacement du village.

Le chef était aidé par un groupe de jeunes gens, les *naa yèe waa*, vocable pour lequel il existe au moins deux étymologies ; le terme viendrait de *náá yèe waa* « enfants femmes-hommes » selon une interprétation, mais il serait plutôt la déformation de *nán yée waa* « personne masculine petite ». Ce groupe était variable selon l'importance démographique de la chefferie. Par exemple, à Kaana'a gbọ̀ọ̀, lors de son accession au trône en 1944, le chef Issa en avait quinze qui travaillaient ses champs et faisaient exécuter ses ordres (chercher les hommes pour les travaux collectifs requis par le lamido ou par les Français). À Mbé, il y en avait encore une vingtaine vers 1968. On les appelait aussi « dogari », gendarme en haoussa et foulfouldé, pour cette tâche, en imitation de ceux qui résidaient au palais des lamibé. C'étaient souvent les parents qui demandaient que leurs garçons soient affectés à la chefferie pour éviter les corvées des Peuls et des Français. Ils étaient recrutés dans la chefferie même mais aussi d'ailleurs sur une base volontaire ; ceux qui venaient de l'extérieur étaient le plus souvent des neveux ou petits-neveux utérins de la chefferie. C'était une possibilité pour eux d'échapper aux corvées et au service du palais chez le lamido, surtout celui de Rey-Bouba, mais chaque chefferie devait âprement défendre le nombre de jeunes gens qu'il lui était ainsi permis de garder par les lamibé.

Au temps du chef Kúm mbàà, il venait aussi des volontaires à Mbé car ce chef les nourrissait et était très généreux. Les relativement nouvelles chefferies naan, paan et saan des contreforts du massif de Poli avaient aussi ces jeunes gens, mais en nombre moins important – démographie oblige. Ils étaient le plus souvent des membres de la famille du chef.

Ces garçons devaient être circoncis lors de leur entrée en service ; ils correspondaient aux *waa yạg dɔ̀m*, « les enfants de la porte » des lamibé et des belaka qui, au contraire des esclaves travaillant au palais, étaient des volontaires. Normalement, ils étaient renvoyés chez eux dès qu'ils avaient couché avec une femme. Ils devenaient alors dangereux pour les épouses du chef : « Les *nàà yée waa* sont comme les termites volantes, *hą̀w*, qui n'ont pas encore de dents et qui sont autour de la mère des termites, *hą̀w nà'á*, la protégeant contre ceux qui en ont. Dès qu'elles leur poussent, ils ne servent plus à rien. » Ils sont dans un entre-deux, c'est pourquoi on les appelle les « petits hommes-femmes », selon un commentaire local. On savait fort bien détecter celui qui avait couché avec une femme à la mue de la voix, aux changements de comportement et de discours, etc. Quelques-uns vieillissaient là, sans jamais se marier comme il en restait deux à Mbé en 1998, (un ressortissant du lignage autochtone des Ansa et un autochtone du village de Boɓog) venus comme aides et toujours restés célibataires sans jamais avoir convolé. Tous ces gens étaient nourris par les femmes du chef, dormaient à la chefferie, certains dans le vestibule comme gardes et portiers.

On trouvait encore une autre catégorie d'aides vivant à la chefferie, les *gbaŋ kę́ę́ waa*, « enfants des épouses du chef ». C'étaient des fillettes vierges dont les seins n'étaient pas encore formés qui venaient aider les femmes du chef à leur demande personnelle. C'était plus une catégorie qu'un groupe car elles étaient attachées à une seule femme, la plupart du temps une de leurs parentes. Elles étaient aussi renvoyées dans leur famille lorsque les seins poussaient ou encore mariées à des fils des autres coépouses.

En plus, il y avait les esclaves acquis à la guerre ou par achat. Le lamido de Ngaoundéré et celui de Rey-Bouba organisaient des chasses aux esclaves et recrutaient des guerriers, toujours des volontaires, en envoyant des émissaires dans les villages dìì. À Ngaoundéré, les volontaires faisaient leur camp ensemble sous la haute direction du chef des contingents dìì de ce lamidat, le Gambara, un titre apparemment mboum donné au chef de Gangasao. Les Dìì allaient piller avec les armes qu'ils avaient : 1) *táa gò'ǒy* « lance/cheval », lance de cavalier ou de chef portée en faisceau surmonté d'un étui tissé en raphia ; 2) *táa làgà* « lance làgà » ou *táa zàl*, lance à pointe barbelée aussi portée en faisceau surmonté d'un étui ; 3) *yé'en zɨd*, matraque traditionnelle dìì hérissée de pointes de fer ; 4) *ɓo'*, « gourdin, bâton », dont certains étaient entièrement en fer avec des torsades formant renflement aux deux extrémités. Ces guerriers s'appelaient *nán sɨɨ*, « gens de la guerre ». Les termes de *bigwala* et *gassala* ou *kassala* s'appliquaient aussi à eux mais seraient venus par l'intermédiaire des Mboum et n'auraient pas exactement le même sens dans chaque lamidat ; ils désignent simplement, chez les Dìì, des hommes forts et combatifs. Après la fin des guerres, le titre de Gambara fut maintenu et se répandit ; il y eut même un Gambara à Mbé pendant un certain temps, un frère du premier Kaïgama, un homme de Gɨb. Le titre de *bigwala* devint celui des gardes de corps du chef du village mais *gassala* n'est jamais devenu un titre. Le Gambara restait au camp pendant que le groupe de guerriers s'activait à capturer des esclaves. Le camp abritait des cantinières qui venaient avec leur propre grain pour brasser de la bière. Lorsque les guerriers rentraient avec des captifs, le Gambara en prenait pour lui et donnait le reste aux guerriers qui les avaient capturés. Il en cédait quelques uns aux cantinières contre le vin et la nourriture faite avec le grain et les animaux qu'ils avaient pillés. Lorsque l'expédition prenait fin, après un mois et demi à deux mois, toujours en saison sèche pour pouvoir vivre sur le pays, les régiments revenaient à Ngaoundéré où le Gambara présentait les esclaves capturés destinés au lamido qui choisissait sa part et en remettait une partie au Gambara qui pouvait en faire ce qu'il voulait. Un des Gambara, le chef de Gangasao, Abdu, reçut une fois 100 esclaves pour ce travail de coordination. Une tante paternelle du Galdima de Mbé, demi-sœur maternelle de sa mère et princesse de Gʉb sanda, se procura dix esclaves en allant aux camps militaires pour faire la bière et la cuisine. Sa mère restait au village où elle était très prospère, vendant du mil et des pièces de tissu, *gùdèe*, qu'elle échangeait contre des esclaves ; elle s'en procura neuf de cette façon.

Le chef Kún mbàà de Mbé avait, après son accession au trône, peu après 1916, huit esclaves permanents, trois hommes et cinq femmes, mais il en recevait ou achetait et les échangeait contre des costumes, des tissus, etc., qui servaient à récompenser ses amis, les forgerons qui faisaient les couteaux de circoncision et ses obligés. C'est surtout les femmes esclaves qu'on gardait et épousait. La descendance mixte qui en résultait n'était stigmatisée que dans le cas d'accession à l'office de chef de village, strictement réservé à des hommes nés de femmes dìì, d'où la mention de l'origine maternelle des chefs dans leur nom même que nous avons indiquée. Des fils dìì de femmes esclaves pouvaient être élus aux autres offices sans problèmes. Les enfants de deux parents esclaves avaient comme parents officiels le chef de la lignée de chacun des parents. Lors de la mort, en 1997, d'un important personnage de Mbé issu d'une telle filiation, les familles anciennement maîtresses de chacun de ses deux parents – décédés à l'époque – assistèrent au deuil et laissèrent tout l'héritage à ses femmes et enfants. Cette circulation assez intense des esclaves se poursuivit jusque dans les années 1930. Les esclaves masculins étaient re-nommés lors de leur insertion dans la maison de leur maître. Il y avait beaucoup plus d'esclaves chez les chefs de Gʉ̀b et de Waag qu'à Mbé. Chez les vieux du lignage cheffal de Waag, il n'y avait presque pas de fils issus de femmes dìì, la plupart de leurs mères étaient esclaves.

Les particuliers pouvaient aussi en posséder. Le Galdima de Mbé dit qu'il y avait – outre ceux du chef – huit esclaves masculins vers 1915 à Mbé, village moyen à l'époque, mais beaucoup plus de femmes esclaves. Aujourd'hui, les Dìì passent en général sous silence ces origines serviles. Rien ne les distingue des purs Dìì si ce n'est l'impossibilité d'accéder au statut de chef de village.

LES RESSOURCES DE LA CHEFFERIE

Les esclaves éventuels, les jeunes garçons au service du chef ainsi que ses épouses constituaient la force de travail permanente de la chefferie sur les champs du chef. Celui-ci, au moins chez les Dìì sous la suzeraineté de Ngaoundéré, avait en général davantage d'épouses que les autres membres du village. Mais cette force de travail et ce nombre d'épouses variait considérablement d'une chefferie à l'autre. À Mbé, le chef Kún mbàà en eut jusqu'à plus de vingt en résidence (il en épousa vingt-huit). Celles-ci allaient travailler les champs du chef en groupe, dirigées par une des leurs, habillée d'un pantalon pour se faire davantage respecter et qui, de ce fait, fut surnommée Komisair.

Mais la ressource principale restait les travaux collectifs entrepris spontanément sur les champs du chef par les résidents de la chefferie, que ce soit sur la base des lignages, des quartiers ou des associations comme les groupes de compagnons de circoncision ou des femmes adeptes de la sororité qui soigne la maladie du *sẹ́w* (Muller 2001a). Ces groupes de travail allaient houer ou désherber les champs de la chefferie en avertissant simplement les femmes du chef le soir précédent ou le matin même mais ils se rendaient aux champs quelquefois sans le faire, ceci jusqu'au début des années 1970. Lors de leur retour des champs, les travailleurs recevaient à manger et à boire puisque la bière ne manquait jamais, même dans les plus petites chefferies car sa fabrication était alors différente d'aujourd'hui et elle permettait sa conservation et son utilisation différée. Cette bière était le *dòò dìì*, « bière proprement dìì »[1], conservée dans de grands pots d'environ 200 litres remplis complètement et couverts d'un petit pot scellé par de l'argile. La bière pouvait se garder environ un mois et chaque chefferie, même parmi les plus petites, était capable de tenir table ouverte pour les travailleurs. Cette sorte de bière est en voie de disparition et, aujourd'hui,

1. Le procès de fabrication est le suivant : le mil ou sorgho est trempé légèrement pendant un jour seulement pour l'assouplir sans qu'il germe. On le moud et on le mélange avec un peu de son de mil et de résidus de farine tamisée *zʉm zé'éd*. La pâte est faite dans un pot-écuelle qu'on couvre avec des nattes et des feuilles pour fermenter pendant cinq à sept jours. Pendant la fermentation, on fait germer du mil pour la levure, *wág*, qui est moulue. On transvase alors la pâte dans une marmite plus grande et plus profonde, *họọm dòò*, enduite au-dessous d'une couche épaisse de boue qui est réduite sur un foyer en chauffant d'abord la marmite pendant une heure puis en y mettant la pâte pendant quelques heures – de six à huit heures si la quantité est importante. On sort alors la pâte qu'on étend par terre sur une surface bien balayée pour la refroidir. Elle est mise avec la levure dans un pot à bière, *dəg dòò*, où l'on verse de l'eau qu'on remue pour en faire une bouillie. Si c'est pour boire tout de suite (deux jours plus tard) on couvre légèrement. Si c'est pour garder, on recouvre avec un pot plus petit, scellé avec de l'argile. On ouvre, on tamise et on boit.

Une autre bière, *bàlɔ̀ŋ*, peut aussi se garder comme la bière précédente. Le mil mélangé avec des résidus de farine et un peu de son est moulu ; on en prend la plus grande partie avec la moitié de la farine qu'on chauffe sans bouillir. Le lendemain on goûte et si le goût est acide, on fait bouillir à nouveau. Lorsque le tout bout, on réduit en une bouillie qu'on laisse fermenter dans un pot avec la levure pendant une nuit. On filtre. Tant qu'on n'a pas mis la levure, il n'y a pas de fermentation. Si le pot est bien couvert, le contenu peut se garder aussi longtemps que le *dòò dìì*.

les femmes du chef sont averties du jour où les groupes de travail veulent faire les travaux collectifs. C'est une différence majeure très bien relevée par les Dìì qui soulignent qu'auparavant ils allaient sur les champs du chef sans l'avertir mais qu'aujourd'hui ils doivent le faire. Cependant, cette participation aux travaux collectifs de la chefferie a bien diminué depuis quelque trente ans.

En sus de ces travaux volontaires, le chef recevait – et reçoit encore de la part de certains traditionalistes – un tribut volontaire de grain de ses sujets après la récolte. Cette coutume est en voie de disparition et c'est en partie à cause de cet affaiblissement sensible des travaux collectifs sur le champ du chef – bien plus étendu auparavant à cause de cette aide des villageois – et des redevances volontaires que les fêtes redistributives ne se font plus, ou presque.

Les chasseurs donnaient aussi une partie de la viande tuée ainsi que les peaux des léopards et des lions abattus, après que les poils des moustaches de ces deux fauves avaient été dûment comptés et brûlés publiquement – comme aussi d'ailleurs les griffes de l'oryctérope. Ces poils et griffes sont considérés comme un poison mortel pour le chef ; on les compte pour s'assurer que la totalité a été détruite. Cette coutume est suivie par les Mboum et les Jukun ainsi que par les Dowayo, qui détruisent les griffes d'oryctérope. Ces peaux étaient le plus souvent finalement acheminées chez les lamibé, qui récompensaient le chasseur, quelquefois après qu'elles avaient été revêtues par le chef des circonciseurs lors d'une circoncision. Une défense de tout éléphant tué allait au chef du village du chasseur. Lors de la chasse collective de la fin de la saison sèche, une part – un tiers – revenait au chef qui la faisait boucaner. Cette viande conservée était servie aux travailleurs participant aux travaux collectifs sur les champs de la chefferie et elle contribuait à les attirer.

Quelques chefs de village avaient, en sus, des troupeaux de bétail nain jusqu'au début du XXe siècle. Ce bétail était sacrifié pour des raisons familiales, comme pour tous les Dìì, lors des mariages pour ceux du sud (Mam be', Mam nà'a et Gʉʉm) et les funérailles pour ceux du nord-ouest, mais les chefs en tuaient à l'occasion de leurs *búg sàà*, de leurs « circoncisions de trône », ou lors d'occasions destinées à récompenser et honorer leurs fidèles. Tous les chefs – loin de là – n'en possédaient pas, mais après l'arrivée des Peuls nomades dans la région, on prit l'habitude de leur acheter des bestiaux pour les fêtes précitées ou encore pour leur en confier la garde aux fins d'une utilisation différée. Les troupeaux de bétail nain disparurent avant 1920 chez les Dìì du sud et dans les années 1950 pour les derniers de ceux des Dìì du sud-ouest, comme nous l'avons indiqué, remplacés dans les cérémonies par du bétail peul.

Les amendes exigées des coupables par la cour de justice étaient aussi une source de revenus mais assez peu importante car une partie allait comme rémunération aux membres de la cour. Enfin, il faut mentionner que le chef de chaque village ayant un marché hebdomadaire pouvait – et peut encore – collecter une dîme sur la viande et les marchandises qui y sont vendues.

Le premier lamido de l'arrondissement de Mbé, bien qu'en fonctions depuis 1940 environ, ne fut officiellement intronisé qu'en 1948. Ce statut lui permit rapidement de se procurer un camion-bus de marque Saviem et une Land Rover pour son usage personnel. Il engagea deux chauffeurs peuls mais garda un cheval pour les occasions cérémonielles. Ces véhicules furent malheureusement détruits dans des accidents et remplacés par un véhicule d'occasion assez peu fiable.

LES DÉPOSITIONS

Une fois le chef intronisé, il est presque inamovible. Les dépositions, *vùd* ou *nɛ̀ŋ gbanàà*, « faire sortir ou jeter le chef » sont extrêmement rares et se comptent sur les doigts de la main. Même si le chef se conduit en autocrate, ce sont les gens qui l'ont élu qui doivent supporter les conséquences de leur choix. Ils font donc le gros dos et minimisent toujours les causes de la déposition. C'est une honte pour le village de s'être trompé dans son choix et les intéressés, très sensibles aux moqueries des villages voisins, font tout leur possible pour atténuer la mauvaise impression que fait leur chef à l'extérieur, tout en rongeant leur frein et en tentant de corriger ou de masquer ses méfaits ou ses erreurs. Par exemple, plusieurs chefs qui avaient détourné une partie de l'argent des impôts furent aidés à le rembourser par une cotisation, *sʉggí*, « recueillir, rassembler », des villageois pour étouffer ce déshonneur. Pour ménager les susceptibilités, je m'abstiendrai de donner le nom des villages qui ont déposé un de leurs chefs. Un cas provenant de Mbé n'en est en réalité pas un car, lors de la disparition du chef Hamina, au tournant du XIXe siècle, dont nous parlerons plus loin, les électeurs choisirent un chef intérimaire qui n'était pas habilité à régner en attendant que le prince destiné à succéder à Hamina, Kún bàà, atteigne l'âge adulte. On renvoya l'intérimaire lorsque le jeune prince fut en âge de régner. Dans deux cas, les villages concernés prétendent que leur chef était parti en voyage et que personne n'en avait aucune nouvelle, ce qui motiva l'élection d'un autre chef. Les villages voisins n'ont pas ces préventions et dissèquent les histoires de dépositions en grand détail, ces cas causés par les voyages se révélant à la fois justes et faux : le voyage fut un simple prétexte commode pour remplacer un chef impopulaire tout en sauvant la face. Mais au moins une déposition fut dramatique : celle d'un chef de village important qui fut chassé sous l'accusation d'avoir tué des gens par sorcellerie. Il fut remplacé, fait unique, par un de ses neveux utérins dont la mère, sœur du chef évincé, fut la plus ardente propagandiste pour venger, dit-on, la déposition de son frère. À la mort de ce dernier, les villageois choisirent un petit-fils d'un ancien chef qui avait un troupeau important sur le plateau. Une déposition radicale fut le meurtre d'un chef de village – non complètement élucidé –, qui envoya plusieurs hommes en prison. La cause en aurait été le détournement de fonds pour le développement du village, amassés par les villageois et déposés chez leur chef, qu'il aurait empoché pour son bénéfice personnel. Pendant plusieurs années, aucun candidat ne voulut briguer la chefferie de peur d'être accusé d'avoir trempé dans cet attentat. On a donc ici une attitude de respect pointilleux envers le qu'en-dira-t-on. Cette impunité du tenant du titre qui est censé régner jusqu'à la fin de sa vie naturelle contraste aussi fortement avec les règnes périodiques des chefs voisins, suivis de régicides si la limite d'âge est dépassée. Le règne des rois moundang est d'environ dix ans, celui des chefs chamba est, en théorie, réduit à l'intervalle entre deux circoncisions et bien des Dìì croient encore, comme plusieurs Mboum, que les règnes des belaka se limitent à sept ans. On a là une transformation que les Dìì n'expriment pas comme telle, mais dont ils ont intériorisé une des composantes pour en faire l'inverse, règne illimité *versus* règnes périodiques (Muller 1997a).

LE CHEF ET LE CYCLE RITUEL ANNUEL

Les rites d'ouverture des semailles, en mam be', mam nà'a et naan : *hẹn lùgùd* ou *hẹn áá* ; en gʉʉm : *hẹn lúgúd* ou *hẹn balɨ́* ; en saan : *kʉ'hẹn balɨ́*, « choses/semences », étaient réservés au circonciseur chez les Mam be', les Mam nà'a et les Naan, à l'autochtone chez les Gʉʉm, à l'autochtone et au circonciseur chez les Saan ; les Paan ne faisaient rien en guise d'ouverture. Les responsables brassaient de la bière et le chef annonçait publiquement le jour où ceux-ci semaient leur mil et leur sorgho. Ils faisaient une invocation aux ancêtres, leur demandant leur bénédiction. Les gens pouvaient aller les aider et recevaient à boire et à manger. Le chef donnait aux officiants des grains de mil, de sorgho, de haricot, d'arachides, de goumbo qu'ils mettaient d'abord à côté de la cache des couteaux, *lig yọọb*. Les gens qui le voulaient pouvaient demander au chef de leur donner quelques grains pour les mélanger à leurs propres semences. On dit chez les Mam be' : « le circonciseur est celui qui met le premier grain en terre. » Les villageois pouvaient alors planter n'importe quoi. Dans d'autres villages, le chef suivait les officiants le second jour et les autres habitants commençaient leurs propres semailles le troisième. Le circonciseur faisait aussi un petit rite d'ouverture pour les ignames en février-mars dans les villages mam be', mam nà'a et gʉʉm, rite moins élaboré que celui qui vient d'être décrit. Il allait simplement planter des ignames dans son champ et l'annonçait, ce qui permettait à quiconque de commencer à travailler le sien.

Ces rites d'ouverture ne sont plus observés aujourd'hui sauf dans de rares villages comme Gavee. Ils étaient les moins importants du cycle et rien du point de vue des rites agraires publics n'était entrepris avant août. Les particuliers, cependant, devaient mettre sur leur autel familial les premiers condiments, dits « légumes », de chaque sorte pour faire la sauce (feuilles, goumbo, etc.). Ceci est appelé *mɛ́d gbaa*, « asperger le *gbaa* », mais ne donnait pas lieu à des cérémonies collectives.

Lorsque le *sàd*, une sorte d'éleusine, mûrissait en saison des pluies, en août, on faisait *mɛ́d gbaa sàd*, « asperger l'autel (avec du) *sàd* », appelé aussi alternativement *mɛ́d pín yọọb* chez les Naan (*pín yọọb* y désigne l'autel du chef), *kʉ̀' hẹn sàd* ou *mɛ́d sàd dạgam* (*dagạm* désigne le poteau planté devant la porte de la chefferie) chez les Paan et *mɛ́d gam gbaa ba*, « asperger/médecinc/autel/sur », chez les Saan. Chez les Mam be', Mam nà'a, Naan et Saan, la première femme du chef en cueillait quelques épis, les séchait, les pilait et faisait de la bouillie qu'elle donnait au circonciseur ; il en aspergeait le *lig yọọb* puis il faisait *bàggɨ́* sur le chef qui faisait de même ensuite sur ses femmes et ses enfants après avoir aspergé le *gbaa* de la chefferie. *Bàggɨ́*, un terme traduit par « bénédiction » dans le français local, consiste en une aspersion sur le *gbaa* et sur les personnes, trois fois, une sur la tête, une sur la poitrine et une sur le dos pour les hommes et une de plus pour les femmes, sur les jambes, tout en invoquant les ancêtres pour les remercier et demander une aide future. Les femmes du chef cuisaient un repas avec une sauce de poisson *sẹ̀n̄* ou *kpạ̀n* (une sorte de poisson qui a des dents). Il fallait présenter à l'autel tous les nouveaux fruits, légumes et grains, les dédier aux ancêtres de peur que leur *yọọb* vienne tourmenter et troubler ceux qui les oublient. Une fois le rite terminé à la chefferie, chacun le faisait alors chez soi et on pouvait commencer à manger le *sàd*. Cette céréale a presque disparu aujourd'hui, tenue comme une nourriture de famine dure et indigeste – sauf pour sa bière considérée comme délicieuse – et un reliquat des pénibles temps anciens. Elle fut progressivement remplacée par certaines variétés d'ignames, de maïs hâtif introduites par le Service agricole des missions protestantes norvégiennes, les patates douces, qui n'étaient pas connues et qui viennent des Mbéré, ainsi que le manioc introduit par les

Gbaya et par les Blancs. Ces derniers cultigènes ne sont jamais mis sur le *gbaa* lors de leur première consommation.

Un ensemble de quatre rites, qui pouvaient être faits en même temps ou dissociés et exécutés en succession, variable parmi les villages, constituent le noyau du cycle. Ce sont :

1° *hẹn doolɨ́*, « choses/étaler, jeter en cercle, éparpiller », en mam be' et en mam nà'a, ou alternativement *kʉ̀ hẹn* ou *hẹn kʉ̀''ɨ́* en saan et en gʉʉm, *tʉ̀d yọọb* en naan, *hẹn kʉ̀''ɨ́* ou *hẹn pʉ̀''ɨ́* ou encore *sɛ̀pí'* en paan, est toujours fait en premier : l'officiant va chercher un épi de *tʉ̀d sẹm* (mil chandelle), de *sàd* – si on en cultive encore dans le village –, de *tʉ̀d zɨ́gɨd* (mil sucré), une gousse de *hɔ́ɔ́g gaag* (goumbo de saison sèche), une de *hʉ'* (haricot), un morceau d'igname des variétés *dẹ́m̀* et *háá* qu'il étale autour du *lig zág* en offrande aux couteaux et aux ancêtres. Ceci se fait aujourd'hui en octobre, pour permettre la consommation immédiate de toutes ces plantes.

2° *hẹn pʉ́''ɨ́*, « choses/sacrifier », et aussi *dòò lig gam*, « bière/hutte/remède », chez les Gʉʉm. Le jour de *hẹn pʉ́''ɨ́*, on remplaçait les piquets de l'entrée de la chefferie, les *la'yạg dɔ́m*, sauf un. À Mbé, il devait y avoir cinq piquets du côté droit, qui est le côté de l'homme, et quatre du côté gauche, qui est celui de la femme, ce qui fait en tout neuf piquets. Ce nombre variait selon les chefferies mais il fallait des piquets de trois espèces d'arbres : *gʉb*, *sagab* et *wọ̀ọm*, peu importe le nombre des piquets de l'une ou de l'autre espèce. Le circonciseur retire les piquets, met dans le trou des feuilles de *sagab* et y ajoute un mélange de farine de *tʉ̀d sẹm* (mil chandelle) et de *tʉ̀d gbọ̀ọ̀* (sorgho) mouillée. Il fait *bàggɨ́* avant de planter les piquets. On attache le *bạ'* aux piquets et le circonciseur se l'attache au poignet. Ce sont des lanières d'écorce battues de l'arbre *bạạ* que l'on attache aux objets rituels, comme les couteaux de circoncision, les piquets ou les caches rituelles après l'exécution des rites et que les participants se nouent aussi au poignet. Il fait aussi *bàggɨ́* pour son propre compte lorsqu'il rentre chez lui.

Pendant ce temps, la première femme du chef et ses coépouses vont le matin très tôt au ruisseau vêtues seulement d'un cache-sexe pour aller à la pêche au poisson *sẹ̀ǹ* qu'elles mettent dans une calebasse blanche, non graphitée, *ɗàg zág* ou *ɗàg hèè*, que l'on utilise dans les rites, et rentrent à la maison. Au même moment, la première femme du circonciseur et ses coépouses vont faire de même dans un semblable attirail. Elles font le soir la sauce au poisson avec du *sè'* (oseille de Guinée) et du *sàmbɨ̀ɨm* (sésame jaune) avec lequel elles font la bouillie.

Le circonciseur se rend alors chez le chef qui lui donne sa calebasse blanche et son balai ; il fait *bàggɨ́* sur le chef près du *gbaa* du chef. Il lui rend le balai et la calebasse et le chef à son tour fait *bàggɨ́* sur ses femmes et enfants. Le circonciseur revient chez lui et fait *bàggɨ́* pour sa famille. Ensuite chaque famille fait un repas que chacun mange chez soi. C'est le signal que tout le monde peut faire le rite à son autel familial, ce qui autorise à manger le nouveau mil et sorgho.

3° Après cinq à dix jours, on se prépare pour *hẹn mbɔ́ggɨ́*, « choses (couteaux de circoncision)/arranger », un rite qui permet d'aller recueillir les herbes sèches qui serviront à fabriquer les secco. Cette cérémonie s'appelle alternativement *mbɔ́g lig gạm*, « réparer/hutte/médecines », ou *mbɔ́g yaag*, « réparer l'endroit », en gʉʉm, *mbɔ́g geggʉ* en paan, et *hẹn kʉ' sè* en naan et saan. C'est le même rite que l'on fait lors de l'ouverture d'une circoncision (inspection, lavage et aiguisage des couteaux). Le circonciseur allait chercher cinq épis dans chaque champ du village. Plus tard, lorsque Mbé s'est agrandi, un seul épi suffisait par champ. On demanda ensuite aux gens de l'apporter eux-mêmes. La première femme du chef faisait sécher le tout dans la cour de la chefferie et, avec tous les épis, elle brassait de la bière appelée *dòò lum*. On fait alors *hẹn mbɔ́ggɨ́* et *yùù hág mbɔ́ggɨ́*. Le circonciseur, le chef des autochtones et celui des forgerons vont ouvrir le *lig zág* et inspectent les couteaux. Si l'un d'entre eux est incliné ou est tombé hors du pot qui les contient tous, c'est signe que le village est mal en point. Le circonciseur va alors trouver le chef et lui dit que « son bœuf est malade » si un des couteaux penche, ou que « son bœuf s'est perdu » si un couteau manque. Dans certains villages, le chef doit dédommager le circonciseur pour ce travail.

Si les augures ne sont pas bons, il y a deux façons de remettre les choses en place : soit simplement réarranger les couteaux, ce qui ramène l'ordre, soit annuler les réjouissances qui accompagnent *hẹn pʉ́''ɨ́*, si cette cérémonie est, comme c'est le plus souvent le cas, conjointe à *hẹn mbɔ́ggí*.

Lorsque tout est fini, il y a une grande invitation, *dòò lum*, « bière (abondante comme celle du) marché », du terme peul *luumo* qui signifie marché, à la chefferie où l'on mange et boit. Le masque gə́g sort et on fait *hẹn gẹné* pendant la nuit. On brûle les feuilles du gə́g qui se déshabille sur la place du village, loin des femmes, et on fait tourner les rhombes. Les cendres des feuilles sont appelées *ạ̀ạ̀m kin* (pois de terre). Si une femme les voit, il ne faut surtout pas lui dire que ce sont les feuilles du masque mais des cendres d'*ạ̀ạ̀m kin*. Elles sont balayées et dispersées. Les femmes qui marcheront dessus le lendemain auront de bonnes chances de concevoir.

Ces agapes collectives se nomment *dòò kʉ̀' hẹn* ou *dòò yạg mbɔ̀gon* en gʉʉm, *dòò kʉ̀' hẹn* en paan et saan et *dòò 'ɓé* en naan.

Dans les villages qui conservaient les crânes des chefs, dont les derniers furent prélevés dans les années 1950, on faisait aussi *yùù hág mbɔ́ggɨ́*, « crâne/territoire/arranger », ou simplement *hág mbɔ́ggɨ́*, « territoire/arranger, réparer », pour ne pas employer le terme crâne qui est trop direct. Les autochtones vont le nettoyer en brousse avec une décoction d'oseille de Guinée pour le faire reluire. Ils l'oignent d'huile et repeignent les deux raies d'ocre rouge, comme nous l'avons déjà décrit. Ce lavage était aussi le garant de bonnes récoltes. Dans les villages qui ne prenaient pas le crâne, la tombe des chefs était nettoyée lors de ce rite. On dit qu'après le lavage du crâne ou le nettoyage de la tombe des chefs, on ne manquait de rien pendant l'année, que la nourriture ne diminuait pas, qu'elle durait et profitait.

Quant à savoir si le crâne du chef était « circoncis », comme c'est le cas dans plusieurs populations environnantes (Dumas-Champion 1989), les réponses ont été pour le moins évasives ou contradictoires. Il faut faire remarquer que ce ne sont pas tous les Dìì qui prenaient le crâne mais, dans les villages qui le faisaient, il était annuellement nettoyé en relation avec l'aiguisage des couteaux qui précédait son lavage. Cette corrélation fait dire à certains informateurs qu'on peut voir là une circoncision métaphorique : « Puisqu'on sort les couteaux en connexion avec le lavage, on peut donc dire que c'est en quelque sorte une circoncision. » D'autres rejettent cette interprétation en disant que cette association est fortuite. D'autres, encore, disent que l'on employait les couteaux lors du lavage, ce qui en fait une circoncision mais d'autres encore, plus nombreux, prétendent que les couteaux n'étaient jamais employés lors de cette opération. On se trouve là en zone indéterminée. Ce peut être l'une ou l'autre des interprétations, mais il m'a été impossible de savoir ce qu'il en était réellement, les préposés aux derniers lavages qui se firent dans la sous-préfecture de Mbé étant tous morts à l'époque de l'enquête. Beaucoup d'informateurs ont participé aux rites publics et aux danses, encore dans les années 1960, mais aucun n'a pu m'indiquer le rôle des couteaux car, trop jeunes, ils étaient tenus à l'écart du lavage lui-même. De toute façon, ces simulacres de circoncision sont communs dans la région (Dumas-Champion 1989, Adler 1994, Barley 1995). Barley et Adler les expliquent comme la réplique ou le simple rappel du rite de passage le plus important de ces populations. La prélèvement de la tête était encore pratiqué en 1947 à Tagbuŋ et en 1952 à Dʉza : dans ce dernier village, on enterrait aussi les princesses assises mais on ne prenait pas le crâne.

Ce n'était donc pas le chef vivant qui était le garant des bonnes récoltes. C'était son prédécesseur immédiat en premier lieu, ainsi que, dans une moindre mesure, les autres plus lointains qui étaient aussi invoqués. Les crânes des autres chefs étaient conservés simplement et littéralement pour mémoire, « pour s'en souvenir », « pour savoir combien de chefs nous avons eus » mais aussi « pour montrer combien le village était ancien ». Le crâne du dernier chef servait aussi à ramener la pluie dans plusieurs villages mam nà'a. Lorsqu'elle cessait après un début de saison normal, le chef des autochtones le sortait, le lavait et le mettait au soleil pour sécher, la face tournée vers l'est. Les nuages s'amoncelaient alors et la pluie tombait dans l'après-midi.

4° Plus tard dans la saison, lorsque la plus grande partie de la brousse a déjà été brûlée en connexion avec des chasses privées, on en garde une partie pour faire une chasse collective qui donne lieu à un dernier rite appelé soit *hẹn pʉ́"ɨ́*, « choses/donner, sacrifier », soit *hẹn bàggɨ́*, ce qui est une grande source de confusion si on ne spécifie pas de quel *hẹn pʉ́"ɨ́* on parle. Mais ce rite s'intitule plus précisément, mais aussi plus rarement et ceci sans confusion, *mɛ́d yaga*, « asperger les instruments », en mam be', mam nà'a et saan ; *kʉ̀ hẹn* en gʉʉm ; *hẹn kʉ̀"se* en naan et *larr sɛgeno*, « planter/autel » en paan. Le chef prend un peu de son mil, fait de la bière et un repas de grain pour une bénédiction concernant le village entier. Il fait venir tous les chefs de famille avec leurs armes et outils qui sont déposés devant les piquets de l'entrée dans la chefferie, *la' yạg dɔ́m*. On érige un foyer devant les bois et le circonciseur fait préparer une sauce avec du sésame jaune, *sàmbʉ̀m*, et du *kọọ lingga*, « peau épaisse », un morceau de peau rasée de buffle cuite longtemps pour donner de la gélatine. Cette peau séchée provenait du poitrail, plus riche que celle du dos et il fallait la cuire pendant des heures. Selon certains, cette peau de buffle était employée « pour montrer aux ancêtres ce que nous voulions avoir à cette époque de l'année ». C'est le chef circonciseur qui entame la cuisson, ensuite n'importe quel circonciseur ou autochtone continue les préparations. La cuisson terminée, le circonciseur fait *bàggɨ́* sur les armes et outils avec une prière pour tous les *yọọb kaa*, « *yọọb* du village », en leur demandant beaucoup de gibier et de bonnes récoltes. Il fait ceci trois fois – les femmes, dont le chiffre est quatre, ne sont pas là – et remet la calebasse crue au chef qui asperge aussi trois fois et prie sur les instruments aratoires et les armes. Ensuite, le chef dépose la calebasse devant les bois et la nourriture est distribuée aux hommes circoncis. Après le repas, le circonciseur prend la calebasse de bouillie et un peu de nourriture, verse une petite quantité des deux sur la petite hutte miniature *lig zág* auprès de laquelle il place la calebasse. Ensuite, tout le village danse. Un ou deux jours après, on va à la chasse ; si celle-ci est fructueuse, on ne fait plus rien. Si au contraire elle est médiocre, on va consulter un devin, *gàǹ*, qui dira ce qui a été mal effectué dans les rites qu'on recommencera alors.

Enfin, le chef avait l'habitude de battre son mil, *tʉ̀d gbaŋ gbɔ̀lɨ́*, après que tous les autres habitants du village avaient engrangé leurs récoltes et battu le leur. Ce battage se faisait quelquefois seulement en mars et n'était en rien connecté avec les rites cheffaux que nous venons d'examiner. Il servait – et sert encore – essentiellement à rehausser le prestige du chef et n'a rien à voir avec les ancêtres du village ni aucune fonction sacrificielle ou propitiatoire.

ANCÊTRES, MORTS RÉCENTS ET COUTEAUX DE CIRCONCISION

Nous constatons, à la lecture des destinataires des « sacrifices », le rôle éminent que l'on fait jouer aux ancêtres et aux morts récents, qu'il faut distinguer ici les uns des autres, même si le terme dìì, *yọọb*, ne le fait pas, sauf en précisant. Contrairement à bien des royautés africaines, la prospérité du royaume n'est pas le fait du souverain régnant qui n'est pas rendu responsable des catastrophes pouvant l'affecter. Le bon état de la chefferie revient principalement au chef précédant l'actuel titulaire, surtout dans les villages mam be' et mam nà'a dont certains nettoyaient et redécoraient le crâne de leur dernier chef seulement. Cependant, les chefs plus anciens jouaient tout de même un rôle car on devait balayer périodiquement la tombe collective, surtout à *hẹn mbɔ̀ggɨ́*, et aussi en saison des pluies. Mais c'est surtout le dernier chef qui est concerné car, si le village migre, le tombeau resté à l'ancien site n'est plus désherbé. Cependant, le chef invoquait tous les *yọọb* de ses ancêtres qu'il connaissait par leur nom et pas seulement ses ancêtres paternels directs : « Esprit de Tel, esprit de Tel, etc. » aussi bien paternels que maternels, grands-pères et grands-mères dont il pouvait se souvenir. Ceci n'allait jamais bien loin pour les ancêtres maternels désignés souvent par des raccourcis qu'il faut expliquer en détail. Nombre de chefs dans plusieurs villages mam be', mam nà'a et gʉʉm – ceux qui allèrent avec les Peuls à la chasse aux esclaves – sont connus dans les généalogies comme *ag* (affins) suivi d'un nom de village ou de lignage. Ce nom spécifie l'origine paternelle de sa mère et dit en clair que ce chef est issu d'une femme dìì libre et non d'une esclave, épouser une femme esclave étant assez commun mais rendant, comme nous l'avons mentionné, les enfants inaptes à accéder à la chefferie. Ce pedigree dispense d'aller plus loin du côté maternel et garantit une origine dìì pure à une époque où, dit-on, bien des fils de chefs avaient des esclaves pour mères, les lignages cheffaux, comme nous l'avons vu, étant les plus susceptibles d'acquérir des esclaves.

Après avoir nommé les ancêtres par leur nom, on les priait aussi collectivement, en utilisant la formule « mes esprits des morts » ou « esprits des morts de la chefferie » pour le chef. On leur demandait de protéger les gens et on souhaitait « que lorsque nous allons en brousse, nous piétinions les serpents sur la tête et non sur la queue ». On leur demandait aussi de bonnes chasses, une bonne santé, des enfants et, enfin, qu'ils leur tendent « la main droite », *nag nánné*, c'est-à-dire les aident et les favorisent. C'est tous ses ancêtres que le chef nommait, en remontant toutes les lignées.

Mais la situation était plus compliquée car on invoquait aussi Dieu, Tayɨɨ, dont l'étymologie viendrait de *tàà yɨ̀m* : *tàà*, « penser avant » et *yɨ̀m*,

« avoir créé, produire », de *yìb*, « il crée ». Dieu voudrait dire alors, selon les exégètes locaux : « celui qui a pensé et créé en même temps sans rien faire ». Traditionnellement, Dieu et les *yọọb* sont intimement connectés pour les Dìì qui priaient les ancêtres et Dieu, les ancêtres étant des relais entre les hommes et Dieu selon certains alors que, pour d'autres, Dieu et les ancêtres sont séparés bien qu'ils communiquent entre eux sans qu'on sache trop bien comment. Les chrétiens et les musulmans ont tenté de convaincre les Dìì que c'était Tayɨɨ seul qu'il fallait prier et invoquer, les ancêtres n'ayant aucun pouvoir en la matière. Les Dìì ont été partiellement convaincus de l'inutilité des ancêtres ; ils ne sont plus mentionnés dans les nombreux discours, tant privés que publics, qui remercient abondamment Dieu pour toutes les bonnes choses en omettant les ancêtres. L'adéquation parfaite entre le Dieu local, Tayɨɨ, le Dieu chrétien et Allah va de soi chez les Dìì ; dans les prières et les prêches en langue dìì, qu'ils soient chrétiens ou musulmans, il est invoqué sous le nom de Tayɨɨ, sauf dans les prières formelles musulmanes en arabe dans lesquelles il apparaît sous le nom d'Allah.

Cependant, ces bénédictions demandées aux ancêtres et aux morts récents étaient faites au moment des gros repas cérémoniels organisés par la chefferie, dont le propos était de les remercier. Ceux-ci ont disparu au début des années 1970, sous la pression de l'islamisation forcée mais, plus important encore, à une époque où les ressources des chefferies allaient en diminuant, empêchant les chefs de faire ces cérémonies avec autant d'éclat que désiré. Ce sont donc, selon les commentateurs dìì les plus perspicaces, davantage les conditions économiques défavorables qui ont présidé à leur suppression que la reconnaissance de l'inefficacité des destinataires des prières, les deux raisons étant par ailleurs valables et surtout compatibles.

Il en va tout autrement de l'aspect malveillant des morts récents, que l'on ne peut tenir déjà pour des ancêtres. Ceux-ci ont gardé leur aspect vengeur et, comme nous l'avons vu, la mort d'un chef – ou d'un officiel important – est sur-le-champ suivie d'une « circoncision sacrifice » si l'on n'a pas sous la main un chef à élire immédiatement. J'ai vu une de ces « circoncisions sacrifices » effectuée en toute hâte après la mort du chef d'un lignage de circonciseur. Le village avait d'abord négligé de la faire mais des esprits saisirent quelques femmes du voisinage lors de danses publiques et un devin consulté sur les propos incohérents proférés par ces femmes les interpréta comme une invite à faire la « circoncision sacrifice » au plus vite. Du point de vue individuel, les esprits des morts récents sont soupçonnés d'intervenir pour punir des infractions ou des manques de respect de la part de leurs parents. Lorsqu'on va voir un devin, ces esprits sont une des premières causes qu'il essaye d'attribuer au problème qui lui est soumis.

On peut donc dire sans se tromper, que Dieu, sous quelque appellation que ce soit, a remplacé les ancêtres comme dispensateur de bienfaits généraux mais que les morts récents sont toujours susceptibles d'envoyer des punitions. Que ce soient les morts récents qui sont seuls concernés est bien montré par l'étonnement des membres de la famille d'une femme qui ne pouvait retirer une arête de poisson plantée dans sa gorge. Le devin consulté fit remonter le problème à la mort de ses deux frères, le dernier décédé quelques années auparavant mais le premier il y avait déjà quelque quarante ans, les deuils n'ayant pas été scrupuleusement respectés. La famille accepta le dernier frère comme cause du mal mais récusa le premier comme étant mort depuis trop longtemps.

Il reste un dernier point à examiner. On appelle les couteaux à circoncire *yọọb*, « esprits des morts ». Mais ceci n'est qu'une métaphore, disent aujourd'hui les Dìi versés dans ces matières. C'est parce qu'ils sont cachés et enterrés, comme les morts et parce qu'on ne peut pas les voir ni les manipuler, sauf le circonciseur et le forgeron, qu'on les appelle ainsi. Ils sont donc comme des esprits mais leur puissance est d'une autre nature que celle des morts et elle est un des instruments utilisés par la chefferie pour faire respecter l'ordre social, pouvoir qu'il nous faut maintenant examiner.

LES AUXILIAIRES DE LA CHEFFERIE

Ces couteaux sont remisés dans une hutte miniature auparavant située à l'intérieur de la cour de la chefferie et appelée *lig zág*, « chambre du léopard », avec une porte constituée d'une pierre plate. Ils sont désignés par périphrase comme des « léopards » pour tromper les femmes. Seuls les circonciseurs et les forgerons y ont accès, toute autre personne risquant la mort en manipulant les couteaux. Ceux-ci recèlent un pouvoir de divination et servaient jusqu'à récemment lors d'ordalies, *hẹn sạạlí*, concernant les cas les plus importants impliquant les membres de la chefferie accusés de méfait mais surtout de sorcellerie.

C'est le chef qui décidait du déroulement de l'ordalie selon la gravité du cas. La procédure standard était d'attendre une circoncision publique à l'issue de laquelle, à la sortie de la place de circoncision, on étalait par terre les couteaux ensanglantés qui venaient de servir et on les recouvrait de feuilles et de branchages. Le coupable présumé ou celui qui demandait l'épreuve pour se disculper de rumeurs et de médisances, tout nu, devait traverser trois fois ce tapis. S'il était coupable, il mourait bientôt d'hémorragie interne, les couteaux lui ayant déchiré tout l'intérieur du corps. L'agent principal était ici le sang de la circoncision plutôt que les couteaux, ce qui devient évident si l'on examine la seconde procédure, faite en cas d'urgence. Le chef avertissait le circonciseur et le chef des autochtones de venir chercher les couteaux, sans avertir la personne qui devait subir le test de peur qu'elle prenne un remède neutralisant leur pouvoir. Le circonciseur aiguisait quelques couteaux et, à grands cris, avertissait le chef de faire amener le suspecté coupable à l'extérieur du village où on lui faisait aussi enjamber trois fois les couteaux mais après les avoir lavés, recueilli l'eau de lavage et lui en avoir donné à boire et aspergé le dos et la poitrine. Le résultat était semblable.

Aujourd'hui, ces couteaux sont le plus souvent remisés dans une cache en brousse, suite à l'islamisation forcée, et les Dìì sont ambivalents quant à leur pouvoir. La version officielle veut que plus personne ne croie en celui-ci mais les exemples concrets de malheurs attribués à des personnes qui se seraient approchées par mégarde de la cache montrent que, au moins pour beaucoup, il n'en est rien.

Ces croyances et cet usage des couteaux ont été combattus par les deux nouvelles religions introduites chez les Dìì, l'islam et le christianisme. Pour ce qui est de la seconde, les missionnaires chrétiens ont tenté de convaincre leurs ouailles de faire circoncire leurs enfants au dispensaire, en faisant mention de raisons hygiéniques, ce qui éliminait les couteaux traditionnels sans combattre de front les croyances à leur propos. Les réactions furent plus vives parmi les missionnaires musulmans pour qui une ordalie faite sur une idole ou un fétiche allait contre l'esprit de l'islam. L'emploi des couteaux pour rendre un jugement revenait à les substituer à Dieu, une hérésie qu'il fallait éradiquer. Quelques villages – rares – dont les chefs devinrent plus musulmans qu'au simple niveau du nom, détruisirent leurs couteaux, d'autres les exilèrent simplement hors de la chefferie, les installant dans une cache en pierre sèche en brousse. Ils subirent une attaque plus prononcée lors de l'islamisation forcée de la fin des années 1960, décrétée par le président Ahidjo, où ils furent saisis et confisqués par les imams envoyés comme missionnaires dans l'arrondissement de Mbé, avant d'être subséquemment rendus aux villages qui en firent la demande. Aujourd'hui, on rapporte encore des cas d'ordalie avec les couteaux mais je n'ai jamais réussi à en avoir la preuve évidente. Il n'en reste pas moins qu'ils furent des agents effectifs de soutien à l'ordre social.

LE VẠN

Un autre agent de contrôle social résidait – et réside encore pour quelques chefferies – dans la société secrète appelée vạn. En fait, il n'y a dans cette société de secret que le nom de ses membres qui agissent toujours en celui du chef et non de manière autonome. Son origine est mboum et tous les villages gʉʉm – ou presque – en abritaient un chapitre. Quelques hommes de villages voisins paan, mam be' et mam nà'a la leur avaient ensuite « achetée ». On y accédait par initiation, souvent lors de la circoncision. Ses membres officient encore en cas de soupçons de sorcellerie ou de vol, soit pour la chefferie dans son entier soit pour des particuliers.

En cas de vol, le lésé contacte le chef et lui demande de faire intervenir la société. Si le chef pense que le vol est assez important ou inquiétant, il ordonne au crieur public de faire une annonce, le soir tard et au petit matin, demandant la restitution des choses volées (à déposer de nuit devant la chefferie) sous peine de faire « sortir le vạn ». Si aucune restitution ni dénonciation ne suit, le lésé prend des remèdes donnés par la société pour le protéger des effets engendrés par la cérémonie qui va se tenir le soir suivant. À la nuit tombée, les membres de la société se réunissent pour former un orchestre appelé vạn, comme la société, composé autour d'une grosse calebasse ouverte sur son sommet qui sert de caisse de résonnance dans laquelle est fichée une calebasse en forme de trompe soufflée par un joueur. Ce son profond est accompagné par d'autres courges-trompes qui font grand vacarme. Lorsque l'orchestre se manifeste, tout le monde doit rentrer chez soi, se barricader et éteindre toute lumière jusqu'à la fin du concert, sous peine de graves ennuis ou même de mourir. La musique est censée agir sur le voleur et ceux qui ont été en contact avec les choses volées pour les faire périr à court terme. C'est pour empêcher ce sort funeste que le propriétaire des objets volés est traité avec les remèdes de la société puisqu'il a été en contact avec lesdits objets.

La société intervient aussi contre ce que les Dìì considèrent comme une forme insidieuse de sorcellerie affectant toute la collectivité : la rétention de la pluie. Des périodes de sécheresse survenant au début des pluies sont particulièrement redoutées car elles dessèchent les pousses qu'il faut semer à nouveau. Des sorciers sont le plus souvent soupçonnés d'être la cause du malheur. Après annonce publique, le chef ordonne à la société d'intervenir si la pluie n'est pas tombée dans les quelques jours qui suivent. Aujourd'hui, plusieurs chefferies, dont Mbé, font soit *sadaka*, le rite musulman d'attrition, soit font sonner le vạn, ou encore avertissent les sorciers en les menaçant du vạn pour finir par recourir à *sadaka* si la pluie ne tombe pas.

Les membres de cette société pouvaient aussi accéder à une autre, le *làw*, aussi d'origine mboum, qui avait exclusivement une fonction de prestige et de récréation. Elle regroupait les grands agriculteurs de plusieurs villages gʉʉm lors de leurs battages prestigieux de mil. Cette société, transvillageoise, a disparu depuis au moins quarante ans et n'existe plus qu'à l'état de souvenirs chez les plus âgés.

Phot. 1. Le masque dìì appelé *geg*, fait de graines et de fibres. Les graines fixées sur un plateau de bois créent une bordure rouge autour des yeux. Ce masque sort lors d'occasions spécifiques comme la circoncision. Ici, accompagné par des hommes initiés, il se rend au site où les futurs circoncis boiront une potion revigorante avant d'être circoncis. (Village de Mbé. Septembre 1991. Cliché J.-C. Muller.)

Phot. 2. Un masque *geg* danse devant de nouveaux circoncis en visite au village. (Village de Mbé. Septembre 1991. Cliché J.-C. Muller.)

Phot. 3. Un masque *geg* supervise la prise de la médecine. Il brandit une branche dont il fouette les enfants et les femmes qui s'approchent trop près. (Village de Kaana'a. Juillet 1992. Cliché J.-C. Muller.)

Phot. 4. Trois masques *geg* attendent pendant que les garçons prennent leur potion revigorante. Chaque village n'a qu'un masque *geg* mais ceux d'autres villages voisins peuvent être invités lors de circoncisions importantes. (Village de Mbé. Septembre 1991. Cliché J.-C. Muller.)

Phot. 5. Le masque dìì appelé *fàà*, la contrepartie féminine du *geg*. Ce masque composé de lanières d'écorce et d'une armature de tête en bois est ici avec le chef du village de Nyadu dont il est l'*alter ego*. (Village de Nyadu. Juillet 1993. Cliché J.-C. Muller.)

Phot. 6. Un masque *fàà* avec à gauche son gardien et, à droite, le chef de village tenant son « bambou léopard », un des insignes de son titre. (Village de Kaana'a. Mai 1999. Cliché J.-C. Muller.)

Phot. 7. Un masque *fàà* terminant une danse dans un dernier tournoiement en se jetant à terre. (Village de Man. Avril 1999. Cliché J.-C. Muller.)

Phot. 8. Comme les masques de leurs voisins dìì, ces masques chamba, dits masques-buffles, sont soit masculin soit féminin et combinent des caractéristiques humaines et animales. (Village de Yeli. 1977. Cliché Richard Fardon.)

Phot. 9. Masques-buffles chamba. (Village de Yeli. 1984. Cliché Richard Fardon.)

Phot. 10 et 11. Le masque moundang masculin appelé *mundéré*. Les Moundang, qui vivent au nord des Dìì, ont aussi une paire de masques masculin-féminin qui leur aurait été donnée par les ancêtres des Dìì. Ce masque possède une crête frontale en éventail qui ressemble à deux ailes déployées. (Village de Léré. Entre 1967 et 1976. Cliché de Alfred Adler.)

Phot. 12. Le masque moundang appelé *muyu*, contrepartie féminine du masque *mundéré*. Il est analogue au masque féminin *fàà* des Dìì. (Village de Léré. Entre 1967 et 1976. Cliché Alfred Adler.)

Phot. 13. Au centre du premier plan, un danseur koma revêt une coiffe féminine avec des ailes qui rappellent le masque moundang *mundéré*. Ici, cependant, les ailes sont orientées latéralement au lieu d'être frontales. (Monts Alantika. Entre 1982 et 1985. Cliché Françoise Dumas-Champion.)

Phot. 14. Un danseur koma exhibe une coiffure masculine avec des cornes de bovins analogues à celles du masque-buffle chamba, mais orientées vers l'avant alors que celles du masque chamba le sont vers l'arrière. (Monts Alantika. Entre 1982 et 1985. Cliché Françoise Dumas-Champion.)

Chapitre VI

COLONIALISMES, REGROUPEMENT ET IDENTITÉ

CONQUÊTE ET COLLABORATION

L'arrivée des pasteurs nomades peuls dans la région qui nous concerne date du XVIIIe siècle, sinon un peu avant. Les raisons de cette expansion – qui ne sont pas exactement les mêmes partout – sont expliquées en détail dans Abubakar (1977). Tous les comptes rendus dìì de ces rencontres avec de petits groupes de bergers mentionnent la bonne entente qui régna entre eux dès le début. Nous avons relaté que le village de Sagzee prétend même avoir élu comme chef un berger peul qui avait donné du bétail aux habitants. Suivant le mouvement du Jihad, la Guerre sainte, de 1804 parti de Sokoto, plusieurs groupes de Peuls semi-sédentaires prirent le relais vers 1809 pour fonder des lamidats dans la contrée sous la direction d'Adama qui avait reçu de Sokoto le mandat de propager l'islam. À l'origine en liaison avec Adama, plusieurs chefs de guerre, dont celui de Rey-Bouba au nord-ouest des Dìì et celui de Ngaoundéré au sud, se confrontèrent aux Dìì, mais de manière différente. Étant les plus proches du point de départ, Yola, d'où procédait Adama lui-même, les Dìì du nord-ouest, surtout les Saan, les Paan et les Naan du pied du massif de Poli, ne résistèrent guère et se soumirent assez rapidement.

Les Peuls établirent plusieurs pistes caravanières qui permettaient de joindre Yola et Ngaoundéré au sud, Yola et Garoua au nord, le tronçon Garoua-Ngaoundéré étant d'un seul tenant, longeant le bas du massif de Poli et suivant le pied des crêtes jusqu'à la falaise de Ngaoundéré. Des caravanes de marchands, toutefois solidement armés, se mirent à la fréquenter. Néanmoins, la région montagneuse où se trouvaient ces Dìì ne permettant pas un contrôle très serré de la part des Peuls, leur soumission fut plus ou moins effective selon les périodes, culminant en rébellion entre 1845 et 1848 où les Paan de Sagzee attaquèrent Adama, qui se retira. Rey-Bouba reprit la contrée au nom d'Adama auquel il envoya mille captifs. Cependant, cette région resta instable : des pillards des villages du massif de Poli perturbaient le trafic caravanier entre Yola et Ngaoundéré, amenant des expéditions punitives. À cette époque, Rey-Bouba rendit ce territoire à Yola mais le réclama au calife de Sokoto dès l'accession au trône de Umaru Sanda à Yola en 1872, ce qui fut agréé.

Les Dìì furent davantage impliqués avec le lamidat de Rey-Bouba qui s'allia d'abord aux Mono, Dama Godi et Dama Ndoro, les voisins des Dìì aujourd'hui complètement islamisés, avant de combattre les populations voisines mais on ne connaît pas très bien les dates de ces attaques. Si l'on suit et recoupe les différents récits des villages dìì, il est certain qu'une partie au moins des chefferies avait mis de la distance entre elles et Rey-Bouba sans avoir été, apparemment, attaquées. La chefferie de Gambuggu, située originellement au pied de la falaise de Ngaoundéré, à un endroit appelé Zul, ainsi que celle de Gangasao, plus près de Rey, étaient déjà réfugiées sur le plateau de Ngaoundéré au début des années 1830. Ces Dìì s'étaient joints aux Mboum de Ganha et furent attaqués pour la première fois par les armées peules de Tibati au sud (interview personnelle des aînés de Gambuggu), alliées dans cette campagne à Rey et à Ngaoundéré, ville qui fut fondée seulement après cette victoire (Hamadjoda et Mohammadou 1979 : 166-167). Selon ces auteurs, au retour de cette expédition, dont on ignore la date exacte, probablement entre 1834 et 1866, Rey-Bouba attaqua le prétendu clan Zabba Mambe (Zabba est en réalité une chefferie de dialecte mam nà'a) et le clan Pâni Mambe (qui regroupe en réalité les gens de dialecte paan). Il s'en prit ensuite aux Dìì de Warkla et de Nwârou (probablement dépeuplés entièrement de Dìì depuis longtemps car je n'en ai recueilli aucune mention sinon que ce sont aujourd'hui des Mboum ou apparentés qui y résident) puis au clan Mamna, notamment les chefferies de Laboun (Nabun), Kuruk (Kuug), Dougon (Dʉgọŋ) et Doufou (Dʉfẹẹ). Hammadjoda nous donne la liste des villages dépendants du chef Pâni qui étaient Mboujji (Mbuuzi), Koti (Koti), Sissiwa (Sissiwa, aujourd'hui appelé surtout Kundini) qui n'existait pas encore comme chefferie dìì à l'époque et dont le chef était dowayo, Gamba et Bawan[1]. Il franchit les collines de Tchollіré pour attaquer les Dourou de Warkla, des Mambe qu'il dispersa en totalité, et de Njakraw, aussi mambe (mes informateurs disent que ces gens étaient des Mboum et non pas des Dìì) (*ibid.* : 167).

Les Dìì non conquis furent dès lors encerclés, si l'on peut dire, entre les lamidats de Yola, Rey-Bouba, et Ngaoundéré. Strümpell (1982 : 97)

1. Ces notations sont des plus cryptiques. Hamadjoda mentionne rarement les noms des chefferies dìì lorsqu'il nomme ces derniers. Mais il a été résident à Poli et à Garoua de 1954 à 1960 et il a connu de près les villages dont il parle. Il doit s'agir ici de ɗawan et non de Bawan qui s'est joint en partie avec Sissiwa pour donner la chefferie composite de Kundini.

mentionne qu'après la création de Ngaoundéré, vers 1836, les Dìì réfugiés sur les inselbergs de la bordure septentrionale du plateau qui n'avaient pas été annexés par Rey-Bouba furent soumis par Ardo Issa de Ngaoundéré, que lui préférèrent les Dìì en butte aux pressions de Rey-Bouba : « Seule la petite portion du pays dourrou entre le Faro et la Bénoué parvint à préserver temporairement son indépendance, ne devant être soumise que plus tard par Ardo Issah Ngaoundéré (1851-1875 [en réalité 1877]) qui les rattacha au lamidat de Ngaoundéré » (von Briesen : 143). Cette indépendance relative n'alla pas sans une déplétion démographique : « Du fait d'expéditions prolongées en pays doui, la vallée de la Bénoué jusqu'alors bien peuplée se vide d'autant plus que l'Emir Lawal [de Yola (1848-1872)], fait lui aussi entreprendre des campagnes dans la même région (*ibid.* : 116). » Les fugitifs montèrent sur le plateau et rejoignirent ceux qui les avaient déjà précédés pour se mettre sous la gouverne de Ngaoundéré.

Quelques chefferies dìì du plateau dont celles de Gʉb, Homee, la chefferie mixte de Nakee (Vogzom), etc. (Mohammadou 1990 : 37), se joignirent néanmoins au lamido de Mbéré. Abubakar (1977 : 69 citant Migeod 17 n. 84 avec une référence introuvable) nous dit que le chef des Mbéré avait reçu un drapeau de Moddibo Adama, signe de sa dépendance directe. Bien que lamidat légalement établi, il porta ombrage, en devenant puissant entre 1872 et 1875, à Rey-Bouba qui le défit en 1878 (Mohammadou 1990 : 36-37) après être passé par les villages dìì de Tagbuŋ et de Holmbali qui lui étaient soumis. Lors de son retour à Rey, il attaqua les chefferies dìì réfugiées à Mgbaŋ Sìì et à Yạg Dog, probablement par précaution, pour éradiquer toute velléité de rébellion. C'était le dernier carré dìì complètement indépendant, replié et massé non sur le plateau mais sur ses contreforts. Les villages de Mbé, Waag, Ngəsəg, Ze'ed, Zɛg, Hạạr, Ndʉ'ʉm, Man, Kaana'a (entre autres) s'enfuirent alors vers l'ouest pour se mettre sous la tutelle de Ngaoundéré. Ils entrèrent dans le territoire entièrement de dialecte gʉʉm après 1878 mais la situation y était quelque peu confuse. Froelich (1956 : 14) nous dit que Ngawyanga, la chefferie la plus importante de la région, et les Mboum Léré, leurs voisins immédiats, durent payer tribut déjà sous le lamido Issa (1854-1878) qui les convertit à l'islam, mais que son successeur, Hamman Gabdo (1878-1887) attaqua les villages dìì de Ngawyanga, Dek (Zɛg ?) et Gonkora (un village aujourd'hui inconnu). D'après les traditions orales que j'ai recueillies moi-même, cette attaque contre Ngawyanga, dont on ignore les causes, se place un peu après, sous le règne de Mohammadou Abbo. Elle motiva le déplacement de quelques villages récemment réfugiés, comme Mbé, sur des contreforts plus sûrs à l'extrême sud-ouest de la plaine dìì. Mais le blocage, par Yola, de la route caravanière Yola-Ngaoundéré et les revendications de Rey-Bouba sur le sud de cette piste, font que cette portion resta peu sécuritaire. Si ni Mizon (1896 : 88 sqq), en 1891, ni Cholet (1896 : 207-209), en 1893, ne relatent aucun incident lors de leur passage, Passarge (1895), par contre, en 1894, nous dépeint la contrée comme dévastée et pleine de réfugiés. Vassaux de Yola ou de Ngaoundéré, les villages de cette région étaient en butte aux attaques continuelles de Rey-Bouba mais certains de ses tributaires avaient voulu changer leur allégeance et conclure des alliances avec Ngaoundéré, d'où les réactions punitives de Rey-Bouba.

LE COLONIALISME PEUL

Les vieux Dìì de cette région dépendante du lamido de Ngaoundéré, incluant les transfuges de Rey, voient cette époque comme un temps de collaboration, *kì ni*, « collaborer, se comprendre » avec Ngaoundéré plutôt qu'une mainmise sur eux. Toutefois, les Peuls étaient vus comme des patrons, *jaagordo* (foulfouldé), ou des aînés, *anìì vóó nɔ*, « nos aînés », mais avec qui il était agréable de demeurer, *mbàan dʉʉlɨ́ nà'a*, « rester ensemble/ bien/+superlatif ». Très tôt, les villages dìì mam be', mam nà'a et gʉʉm en contact avec les lamibé de Rey-Bouba et de Ngaoundéré participèrent aux chasses aux esclaves de l'un ou de l'autre. Même les villages qui n'avaient pas fait allégeance y envoyaient leurs jeunes gens et les Dìì avaient leurs propres fanions. Bien avant d'être sous la domination de Ngaoundéré, un des chefs de Mbé s'appelait Bàa fẹẹ làgà, « Monsieur/hériter/Laka », car il en possédait un grand nombre. Nous avons mentionné que le chef de guerre principal de Ngaoundéré, appelé Gambara, n'était autre que le chef du village de Gangasao qui nommait d'autres sous-chefs militaires. Durant le dernier quart du XIXᵉ siècle, les Dìì aidèrent à razzier les populations du sud dites Laka et, plus tard, les Gbaya, bien qu'aujourd'hui, on affecte de dire que seuls les Laka (un nom devenu dans la région synonyme d'esclave) étaient concernés[2].

Outre le fait d'organiser des razzias, le prestige des Peuls était grand pour d'autres raisons. Ils introduisirent les vêtements tissés parmi les Dìì (Shimada 1992). Les chefs qui s'étaient soumis furent enturbannés, « habillés », *sạ̀ạ̀m dɔ̀lɨ́*, selon l'expression locale, par leurs lamibé respectifs. Dès le milieu du XIXᵉ siècle, les noms peuls se répandirent chez les Dìì et

2. Les Gbaya sont aujourd'hui l'ethnie majoritaire « autochtone » de Ngaoundéré, juste avant les Dìì. Ceci explique en partie cela mais aussi leur commune idée de l'histoire qui oblitère cette période en en faisant un simple assujettissement aux Peuls sans parler de collaboration. On explique les relations à plaisanteries entre Gbaya et Dìì par des contacts anciens au cours desquels les Dìì invitaient leurs visiteurs à prendre ce qu'ils voulaient comme cadeaux dans leurs champs d'ignames, inconnues des Gbaya, ces derniers faisant de même avec leurs champs de manioc, inconnu, lui, des Dìì.

certains forgerons apprirent à Rey-Bouba, de leurs homologues haoussa, la fonte à la cire perdue pour faire des bracelets et des poignards avec leur étui, technique qui n'est plus pratiquée aujourd'hui chez les Dìì, comme nous l'avons mentionné. Les lamibé n'exigèrent la conversion à l'islam que des chefs de village. Il faut ici préciser un point important. La plupart des auteurs ont souligné que la Guerre sainte fut d'abord un prétexte pour se libérer d'une certaine oppression que les païens faisaient subir aux Peuls nomades mais que le résultat fut, dans tous les cas, une mise à sac et une exploitation des populations conquises. Or, comme le montre le livre d'Abubakar (1977 : *passim*), aurait-on voulu évangéliser en grand qu'on ne l'aurait pu que difficilement tout simplement par manque d'imams et de simples connaisseurs du Coran. Cependant, les Dìì furent soumis à deux régimes quelque peu différents : le lamido de Rey-Bouba ne poussa pas à l'islamisation. Il interdit même aux jeunes gens de plusieurs villages qui le demandaient de devenir musulmans. Les délégués du lamido persuadèrent les vieux que leurs jeunes gens, en devenant musulmans et en passant leur temps en prières, ne pourraient plus travailler assez aux champs pour nourrir leurs pères, qui leur interdirent de se convertir. On raconte aussi le cas d'hommes battus pour avoir voulu embrasser l'islam. Il n'est pas étonnant, dans ces conditions, que l'islam fût d'abord considéré par les Dìì comme une caractéristique de l'identité proprement peule qui ne les concernait pas.

Le lamido de Ngaoundéré, quant à lui, ne poussa pas plus à l'islamisation mais n'empêcha pas les conversions volontaires. Les premières conversions dìì dont on se souvient datent des années 1920, sous l'égide de six Dìì qui s'étaient volontairement engagés comme portiers au palais du lamido et qui propagèrent l'islam à leur retour chez eux, quelques années après l'arrivée des Allemands.

Toujours est-il qu'au tournant du siècle, cette situation de collaboration et de relative indépendance envers Ngaoundéré changea et culmina en une guerre entre le lamido de Ngaoundéré et les Dìì de Mbé. Plusieurs raisons sont données à ce revirement. Une version dìì, celle du chef Zubeïrou Kún mbàà enregistrée vers 1960 par le pasteur/linguiste Lee E. Bohnhoff, dit simplement que les Dìì étaient devenus très puissants et que les Peuls les attaquèrent préventivement. Une autre version que j'ai recueillie trente ans plus tard fait état d'un contentieux qui débuta par une demande de Ngaoundéré aux villages situés le long de la falaise et près de la piste caravanière. Il leur fut suggéré de monter sur le plateau afin d'être mieux contrôlés mais ceux-ci refusèrent. La situation tendue perdura, impliquant une attaque de caravane (prétendument par les gens de Kaana'a) dont on aurait retrouvé des traces – les emballages des biens pillés

– près de Mbé. Le chef de ce village, Hamina, fut convoqué à Ngaoundéré et gardé en otage en attendant que Mbé fournisse une rançon pour lui permettre de recouvrer sa liberté. Les gens de Mbé tergiversèrent, dit-on, voulant savoir exactement ce qu'on leur reprochait. Le chef des armées du lamido, Maïgari, exigea quinze esclaves de Mbé mais les gens de Mbé demandèrent d'abord le retour de leur chef, qui ne revint pas. En son absence, ils nommèrent régente une de ses sœurs sans enfant, comme c'était la coutume. La réponse du lamido de Ngaoundéré arriva sous forme de l'armée, dirigée par le Gambara de Gangasao, qui comportait nombre de Dìì, le tout supervisé par Maïgari, le fils du lamido Abbo. La version enregistrée sur bande précise que la bataille dura neuf jours, que les autres villages (non spécifiés) envoyèrent des renforts à Mbé sauf Kaana'a, Hạạr, Vạ'zin, Liendaa, Ngəsəg, Kalba, qui restèrent neutres, et Gʉb, dont une partie se rallia à Mbé, l'autre aux Peuls. Aujourd'hui, le Gambara de Gangasao dit à qui veut l'entendre que les Dìì du contingent du lamido de Ngaoundéré se contentèrent de faire semblant, ne décochant sur leurs « frères » que des hampes de flèches sans pointes métalliques.

Pendant ces neuf jours d'escarmouches incertaines, la régente et le prince mineur que les aînés de Mbé pressentaient comme successeur de leur chef prisonnier – qui n'avait que quatorze ans, n'était ni circoncis ni marié –, assistés du circonciseur, se tinrent debout, immobiles et frottés d'ocre rouge, pendant les opérations. Au bout des neuf jours, Maïgari leva le siège de Mbé lorsqu'il reçut la nouvelle de l'arrivée des Allemands dans la ville de Ngaoundéré (décembre 1901) et de la mort de son père, abandonnant ainsi en déroute le champ de bataille. Encore aujourd'hui, on ignore le sort d'Hamina, le chef retenu prisonnier, une méthode qui était très employée par les lamibé pour se faire obéir et remettre des cadeaux expiatoires.

L'interrègne se continua quelque temps après la bataille, jusqu'en 1905, avec la régente. Hamina ne revenant pas et son successeur désigné, Zubeïrou Kún mbàa, étant encore trop jeune, on nomma un chef intérimaire, Bàa gím̀ sə̀gə̀ né, qui régna dix ans, jusqu'en 1915, bien qu'il ait été statutairement inapte à occuper le trône. Il était le fils d'un homme du village de Mal qui avait suivi sa mère lorsqu'elle épousa Hamina, le chef de Mbé, ou un des princes de ce lignage, les versions différant ici. En l'absence d'autres candidats acceptables dans le lignage cheffal, il fut installé chef jusqu'à ce que le candidat désigné devienne assez vieux pour lui succéder. Ceci se fit en 1915 et son règne se prolongea jusqu'en 1976.

Ce n'est que vers 1906 que les Allemands persuadèrent quelques villages dìì de se rapprocher de la piste caravanière, un argument de plus pour prétendre que la bataille les avait complètement libérés de Ngaoundéré. Le fait que cette bataille fut indécise permet aux Dìì de Mbé, et plus généralement à ceux de ce dernier carré qui se réfugia dans le lamidat de Ngaoundéré, de prétendre n'avoir jamais été vaincus par les Peuls. Si l'on parle en termes de défaite à la guerre, la constatation est parfaitement vraie ; mais il n'en reste pas moins que ces Dìì étaient soumis aux corvées et tributs, mais de manière, semble-t-il, assez modérée. Mizon (1896 : 91-92) nous rapporte, parlant des Dìì établis le long de la route caravanière Yola-Ngaoundéré :

> Aux peuples païens qui se soumettent sans arrière-pensée, les Foulbé laissent leurs chefs, leur religion et n'imposent que la dîme sur certains produits ; mais en revanche, ils exigent que les vaincus entretiennent à travers leur territoire une route cavalière dont les deux côtés doivent être dégarnis d'herbe à portée de flèche. Les abords des gués doivent être travaillés de façon à en rendre l'accès facile aux chevaux. Cette mesure est avantageuse pour les Foulbé au point de vue militaire, car son exécution permet à la cavalerie, qui est leur principale force, de se porter rapidement sur tel ou tel point du royaume par un réseau de voies militaires.
>
> Le long de ces routes sont disposés des emplacements quelquefois garnis de cases, comme devant Szadjé, où les indigènes dont les villages sont distants de la route peuvent rencontrer les caravanes de marchands et venir leur apporter des vivres et du grain en échange des produits dont ils ont besoin : étoffes, perles, sel, etc.
>
> Ils ne peuvent pas rester pendant la nuit dans ces *zango* et doivent retourner dans leurs villages au coucher du soleil. Ce sage règlement évite ainsi, entre les païens et les marchands de passage, des conflits qui pourraient naître si ceux-ci allaient passer la nuit dans les villages, soit que les musulmans, traitant les païens en vaincus, obligent ceux-ci à employer la force pour faire respecter leurs pénates, soit que les païens soient tentés de piller les marchandises de leurs hôtes endormis.

C'est surtout le contrôle de cette route caravanière qui importait car Passarge (1895 : 320), parlant des Dìì des contreforts de la falaise de Ngaoundéré (à l'époque les chefferies de Waag et Man, entre autres) nous dit : « Le chef qui semble diriger la tribu du mont Oubaka [probablement Toubaka] vint également nous rendre visite muni d'une calebasse pleine de grosses ignames. En principe, il dépend de Ngaoundéré, mais en fait aucun Foulbé ne monte jamais dans la montagne et ne se rend jamais dans les villages éloignés. »

On aura remarqué que les Dìì ne se sont pas unis contre les Peuls, chaque chefferie ayant une politique indépendante, voire hostile aux autres, comme lors de la guerre contre Mbé, en se mettant du côté des Peuls. Même dans les villages libres qui fuirent Rey-Bouba vers 1877, on trouvait des individus favorables à la reddition. Un prince de Mbé, fait prisonnier lors de l'attaque de ce village par Rey-Bouba, devint son portier au palais. Retourné plus tard à Mbé pour persuader les habitants de revenir près de Rey-Bouba et de quitter Ngaoundéré, il fut si sévèrement battu qu'il en mourut.

Cette collaboration plus ou moins forcée avec les Peuls, telle qu'elle est décrite par les vieux Dìì, incluait aussi des tributs, surtout collectés dans les mois précédant le ramadan. Chaque année, le lamido envoyait des délégués dans tous les villages et faisait sa liste quantifiée des tributs à amener au lamidat : armes, houes, pièces de tissus, mil et bambous pour les toits, selon le nombre de forgerons et de tisseurs au village en tenant aussi compte de sa localisation géographique pour des produits comme les bambous. Ces tributs étaient acheminés au palais vers la fin du ramadan ; les chefs de village et leur escorte participaient à la fête à l'issue de laquelle ils étaient régalés et abreuvés. C'est à ce moment que les chefs de village les plus importants recevaient un cheval en prêt ; ils devaient dorénavant se présenter au lamido avec leur monture. Le lamido de Ngaoundéré prêtait des chevaux aux chefs des villages suivants de la plaine : Mbé, Kaana'a, Ndʉ'ʉm, Tʉgbạgạ, Waag, Ngawyanga, les deux Ngəsəg, les deux Vudniɛ', Tagbuŋ, Yạduu, Dəənaa, Man, Sasaa mbəəsị'. Les chefs du plateau en recevaient aussi. Le lamido de Rey en prêtait aux chefs de Liendaa, Sagzee, Gamba, Tagbuŋ/Rey, Gandi, Nabun, Dʉgọŋ et à d'autres également. Cependant, ces chevaux ne survivaient pas longtemps, entre quatre et sept ans, rarement dix à cause des glossines.

De plus, des jeunes gens pouvaient être réquisitionnés en tout temps dans chaque village au prorata de la population pour aller à Ngaoundéré ou à Rey effectuer des réfections aux murailles et aux toitures du palais, ce qui n'était pas vu comme dégradant, mais aussi pour la tâche, celle-là unanimement détestée, de construire, d'entretenir et de vider les latrines des nombreux résidents du palais. Tant que ces tributs étaient récompensés par des repas accompagnés de viande de bœuf, ils furent considérés comme une sorte d'association volontaire mais ce caractère d'échange de bons procédés s'avéra de plus en plus impopulaire au fur et à mesure que les exigences du lamido de Ngaoundéré devinrent plus lourdes. Ces corvées étaient aussi traditionnelles, comme nous l'avons vu, pour chaque chef de village dìì qui récompensait les participants par un repas arrosé. Elles s'appelaient traditionnellement *ba'ad kɔ̀* et *hẹn sʉʉlí*, termes qui désignaient travaux et tributs pour les chefs dìì. Les mêmes termes s'appliquèrent originellement aux prestations données aux lamibé. Mais on leur accola bientôt le qualificatif de *kɔ̀ɔ̀g*, qui signifie « en colère » pour signifier l'opposition des Dìì à ces exigences toujours croissantes. Ces travaux pour Ngaoundéré s'appelaient aussi *ndúúli*, c'est-à-dire une aide, une sorte de pourboire à quelqu'un de plus fort que vous afin qu'il vous laisse tranquille. Ce sont en partie ces prestations d'abord librement consenties qui ont donné, selon les Dìì, leur dénomination dìì aux Peuls, Zɔ̀máy, qui viendrait, selon leur étymologie sauvage, de *zɔ̀'*, « flatter, séduire, induire en tentation » et *mà'*, « arrêter, attraper ». Le Peul est une personne qui vous entortille par des promesses alléchantes pour mieux vous tromper sans qu'on sache bien comment il s'y prend. Lorsqu'on découvre la supercherie, il est trop tard[3]...

Les tributs n'étaient pas tous envoyés directement à Ngaoundéré. Le lamidat avait associé plusieurs chefs mboum et d'autres personnes à leur collecte. Celles-ci changeaient au gré du lamido qui leur attribuait des villages. Par exemple, au début du siècle, les récipiendaires de ces charges ont été : a) le belaka de Fun Zui qui recevait les tributs des villages dìì suivants : Ngawyanga, les deux Ngəsəg, Waa vom (avant que ce village soit détruit par les Allemands en 1907), Vạ' zin (avant que celui-ci émigre dans le territoire de Rey-Bouba) ; b) le belaka de Ganha qui recevait ceux de Mbé, Yẹsse, Ze'ed, Ngaw zom, Vudniɛ' ; c) le Kaïgama de Ngaoundéré qui recevait ceux de Hạạr, Tʉ gbạgạ, Sìì, Waag, Dəənaa, Ndiu, Kaana'a, Ndʉ'ʉm, Man ; d) le Gado de Ngaoundéré qui recueillait ceux de Tagbuŋ et, enfin, diverses personnes de Gangasao collectaient ceux de Yạduu, Sasaa gaadaŋ, Sasaa mbəəsị' et Ndʉ'ʉm soo tʉd. L'administration du territoire se faisait, à Rey, directement depuis Rey-Bouba par l'envoi d'émissaires alors que Ngaoundéré avait créé des postes pour contrôler la piste caravanière et aussi pour recevoir les tributs à Pokor, poste qui fut relayé par d'autres plus tard, probablement dans les dernières années du siècle précédent à Koubadjé, Tʉ gbạgạ, Taparé et Mao-Lara.

À la fin des années 1890, Anglais, Français et Allemands étaient occupés à consolider leur présence dans les zones d'influence qu'ils s'étaient attribuées dans la région. Les Allemands envoyèrent une colonne le 21 décembre 1901 depuis Garoua pour soumettre Rey-Bouba. Après plusieurs combats, Rey fut écrasé et conclut la paix le 28 décembre (Hamadjoda et Mohammadou 1979 : 302-306). Une autre colonne, venue de Tibati, prit Ngaoundéré aussi à la fin de 1901 (Abubakar 1977 : 146). Les Anglais avaient conquis Yola quelques mois auparavant et les Allemands refusèrent que le lamido de cette ville demeure le suzerain des autres lamibé qu'ils avaient vaincus. Contrairement aux Anglais, les Allemands n'abolirent pas l'esclavage mais ils interdirent, comme les premiers, la chasse aux esclaves. Ils laissèrent les lamibé administrer leurs fiefs sous le contrôle assez lâche de leur personnel administratif, au demeurant assez réduit dans

3. Les Peuls sont désignés par le même vocable dans des populations plus au nord qui les ont accueillis avant les Dìì. Dans ces conditions, il serait surprenant que cette dénomination soit originellement dìì mais c'est l'esprit de l'exercice qui est ici intéressant.

le nord du Cameroun. Les lamibé furent directement dépendants des résidents allemands qui les laissèrent administrer leurs territoires à leur guise, mais en faisant payer une capitation à chaque adulte, capitation remise aux Allemands par chaque lamido concerné.

LE COLONIALISME EUROPÉEN

C'est du début de cette période coloniale que les Dìì se plaignent le plus. Comme la chasse aux esclaves était dorénavant interdite, les lamibé augmentèrent les corvées et les tributs requis des populations subordonnées, tributs et corvées auxquels s'ajoutèrent la capitation exigée par les Allemands. Les Dìì se rappellent qu'ils donnaient ce qu'ils pouvaient en termes de tribut mais qu'ils n'avaient aucun contrôle sur les corvées. Les lamibé demandèrent davantage d'enfants pour le service des palais. Par exemple, Mohaman, le premier fils (né vers 1916) de Kún mbàà qui devint chef de Mbé en 1915-1916, fut requis encore petit garçon par la mère même du lamido Maïgari, celui qui avait combattu les Dìì, pour lui tenir compagnie. Très peu après, à la mort de Maïgari en 1922, il passa quelques années au palais de Ganha, chez le belaka qui collectait les impôts pour Mbé, avant de revenir chez lui pour se faire circoncire (il succéda plus tard, en 1976, à son père comme lamido de Mbé). Pour échapper à ces corvées et à ce service du palais, nombre de jeunes gens et de jeunes filles demandaient à être retenus par leur propre chef de village ou un chef parent d'une autre chefferie. Le lamido lui en accordait une partie jusqu'à leur puberté, comme nous l'avons dit. La pratique d'envoyer des filles prépubères au service des chefs, ou plutôt de leurs épouses, a donné naissance à l'idée, propagée par la génération actuelle des 20 à 50 ans, que les chefs dìì épousaient sans doter ce qui, après vérification, s'est révélé faux.

Les Allemands remirent la partie du massif de Poli qui incluait les Dìì du nord-ouest à Ngaoundéré. L'administration peule continua par l'intermédiaire des envoyés de Ngaoundéré ou de Rey. Rien de bien notable ne survint dans les années qui suivirent la conquête allemande sinon que la route caravanière restait peu sûre et que le contrôle allemand était minimal, malgré la création de quelques postes administratifs dirigés par des Peuls dépendant de Ngaoundéré : Kubadjé près de Waag ; Pokor près de Lunda ; Sagzee ; et un dernier poste près de Ngawyanga, tous responsables de la collecte des impôts des villages environnants. D'après Froelich (1956 : 15), le contrôle allemand était si lâche que Maïgari envoya une expédition, baptisée ironiquement et fort à propos « Sans Tambour », razzier les Laka du sud au nez et à la barbe des occupants. Mais il n'en alla pas de même partout. En 1907, les Allemands envoyèrent une expédition punitive au long du massif de Poli. Une caravane avait été attaquée et pillée (par des gens de Soota) et il semble aussi y avoir eu des villages dìì réticents à payer l'impôt et à se plier aux exigences tant de Rey-Bouba que de Ngaoundéré. Plusieurs villages saan, paan et naan du pied et du flanc de la montagne furent attaqués en représailles par une colonne militaire dirigée par des gradés allemands ; au moins deux villages gʉʉm subirent le même sort : Waa vom fut presque entièrement détruit et Vạ' zin, après la bataille, préféra se mettre sous la tutelle de Rey plutôt que de Ngaoundéré et déménagea.

Au début du premier conflit mondial, les Allemands n'avaient laissé presque aucune marque dans la contrée qui nous concerne. Aussitôt la guerre déclarée, Anglais et Français s'unirent pour attaquer les garnisons allemandes. Celle de Ngaoundéré ne fut d'abord pas inquiétée, les efforts franco-anglais s'étant déployés ailleurs, en particulier, pour ce qui nous intéresse, en faisant le siège de la ville de Garoua qui dura de janvier au 1er juin 1915. Ce siège eut une grande importance en ce qui concerne les Dìì soumis à Rey-Bouba. La tradition peule raconte que le lamido de Rey, voulant s'assurer d'être du côté du vainqueur à l'issue des combats, plaida ouvertement la neutralité, envoyant des vivres aux trois belligérants en leur souhaitant à chacun bonne chance (Hamadjoda et Mohammadou 1979 : 231-241). Après la prise de Garoua par les troupes alliées, une colonne légère dirigée par un gradé anglais occupa rapidement Ngaoundéré (Lacroix 1952 : 47). Le lamido de Rey aida ensuite les Français à convoyer les impedimenta de l'armée vers le sud du pays (*ibid.* : 49). Son attitude et son aide lui valurent la reconnaissance des Français qui acceptèrent de ne pas construire de poste administratif sur son territoire pendant la durée de son règne, ce qui lui laissa beaucoup plus de liberté de gouverner en despote que les autres lamibé qui ne bénéficièrent pas de cet arrangement[4].

Les Dìì les plus âgés disent qu'au début de la colonisation française, rien ne changea dans le système administratif. Ils continuèrent d'être gouvernés indirectement par les Français, par l'entremise des lamibé. Il semble que certains Dìì du dernier carré à avoir été soumis aux Peuls aient protesté et demandé à être directement administrés par les Français sous prétexte de n'avoir jamais été vaincus. Ceci fut refusé et les Dìì soutiennent aujourd'hui que les Français ont cru les arguments des Peuls qui les trompèrent, tout comme ils avaient berné les Dìì un peu plus tôt. À berné, berné et demi…

4. Le récit de Hamadjoda et Mohammadou (1979 : 231-241) n'expose pas exactement les faits de la même manière que Lacroix (1952 : 47-49) mais se rapproche davantage de celui de Husson (in Hamadjoda et Mohammadou 1979 : 325-333). Je suis parfaitement incompétent pour trancher…

Un grand tournant dans l'histoire des Dìì fut l'arrivée, relativement tardive, des missionnaires protestants dans l'Adamaoua. Les deux colonisateurs, Allemands et Français, désiraient la stabilité et la paix intérieure, garantie par les lamibé qui ne permettaient pas de contestations. L'islam local sous son aspect politique institutionnel – même s'il n'était pas accompagné par la religion qu'il était censé promouvoir – était un facteur important dans le maintien de cette stabilité et c'est pourquoi les autorités administratives interdirent pendant plusieurs années aux différents organismes missionnaires d'œuvrer dans le Nord-Cameroun pour ménager la susceptibilité des lamibé, tous musulmans par définition.

De plus, l'expérience que les administrateurs coloniaux avaient vécue avec les chrétiens du sud du pays les poussa également à appuyer fortement les lamibé. Ces chrétiens sudistes avaient très bien compris le message évangélique prêché par les missionnaires disant que tous les hommes étaient égaux ; mais la réalité montrant qu'il y avait des hommes plus égaux que d'autres, ce fut une source de contestations que l'administration ne voulait pas voir se reproduire plus au nord.

La mission protestante norvégienne, établie en 1925 à Ngaoundéré, n'eut guère de succès chez les Mboum, son objectif initial. Voulant étendre sa sphère d'influence, elle entreprit des tournées d'évangélisation chez les Dìì de la plaine et y ouvrit des écoles dès 1934, écoles régies par des maîtres venus du sud. Les Dìì se plaignirent aux missionnaires des exactions exercées par le lamido de Ngaoundéré qui exigeait des tributs bien au-dessus de ce qui lui était autorisé par les Français. De plus, il réquisitionnait un nombre exagéré de jeunes gens et jeunes filles pour le service du palais. Les missionnaires protestèrent mais les administrateurs français étaient divisés sur la question, les uns soutenant les Dìì dans leurs revendications alors que les autres appuyaient ouvertement les politiques du lamido. De plus, un ou deux maîtres d'école exploitèrent les enfants sous leur gouverne et un administrateur français milita activement avec le lamido pour fermer les écoles en pays dìì. Ce n'est qu'en 1938 que le clan des Français partisans de l'administration directe créa un canton dìì – dans les frontières qui sont aujourd'hui celles de l'arrondissement de Mbé – sans interférence du lamido de Ngaoundéré qui fut destitué (Lode K. 1990 : 43-46).

La guerre de 1939-1945 retarda la mise en place complète de cette relative indépendance, mais des dysfonctionnements internes s'y ajoutèrent encore. Il fallait nommer un chef de canton, un lamido d'extraction locale, choisi par les chefs de village pour traiter directement avec les Français. La sélection fut organisée par ces derniers qui convoquèrent les chefs de village du nouveau canton. La version dìì de cette réunion prétend que les Français demandèrent aux chefs qui était le plus grand et important d'entre eux, ces deux termes se traduisant en langue dìì par *nii*. Ce qualificatif signifie aussi âgé et ancien. Le chef le plus âgé à cette époque venait de Waag et il fut nommé chef du canton de Waag. Malheureusement, il gouverna très mal. En plus d'être un ivrogne reconnu, il ne prit pas les réquisitions des Français au sérieux et recevait de manière cavalière les envoyés de l'administration, ne les logeant pas et omettant de les nourrir, deux choses qui entraient dans ses attributions. Ses contingents de travailleurs réquisitionnés se situaient en dessous de ce qui était demandé, au contraire de ceux de Mbé qui étaient complets et égalaient ceux du reste des autres villages du canton. Devant cette inefficacité, les Français reconvoquèrent les chefs de villages qui tombèrent d'accord pour nommer chef de canton Kún mbàà de Mbé, âgé d'une soixantaine d'années et qui était donc un des plus anciens tout en ayant l'atout d'être bien noté par les Français. Cette nomination comme chef du canton de Mbé, en 1949, fut suivie par la construction à Mbé d'une école, d'un dispensaire, d'une cour de justice et d'une résidence de chef de canton. L'élection ne se fit pas, toutefois, à l'unanimité. Les vrais autochtones du canton, les Gʉʉm, surtout ceux de leur plus grande chefferie, celle de Ngawyanga, tentèrent de faire valoir leur droit de premier occupant pour revendiquer le poste, mais sans succès. Ce canton devint plus tard district par décret présidentiel en 1965.

Les missionnaires jouèrent un rôle crucial dans ce changement et les vieux Dìì qui y furent associés, sans distinction de religion, le reconnaissent pleinement, enjolivant ce rôle de péripéties romanesques. Une anecdote digne d'un western m'a été contée plusieurs fois : elle relate que les missionnaires, revolver au poing, forcèrent les portes du palais du lamido de Ngaoundéré et délivrèrent les esclaves à la pointe de leurs armes. La réalité est plus prosaïque : en 1958, la foudre ayant fait s'effondrer une partie de l'enceinte du palais, huit femmes s'enfuirent pour se réfugier à la mission qui tenta de les protéger des représailles du lamido (Lode 1990 : 120).

Ce souffle libérateur et cette crainte des lamibé sont restés vivaces après le départ des Français en 1960. Bien qu'autonome, le district de Mbé dépendait toujours de l'arrondissement de Ngaoundéré, le palier administratif supérieur dominé par les Peuls, et de la province de l'Adamaoua, aussi largement contrôlée par ceux-ci. Le député dìì de l'époque à l'Assemblée nationale, Alhaji Kofa, persuada, en 1983, l'administration nationale de promouvoir le canton au rang d'arrondissement rattaché à la Province du Nord avec Poli comme chef-lieu et Garoua comme capitale provinciale, le plus loin possible, administrativement parlant, de Ngaoundéré. Cette séparation de Ngaoundéré fut fêtée par une liesse populaire mémorable, mais on fit rapidement marche arrière, en 1985, car on s'aperçut bien vite que les

Dìì étaient maintenant groupés avec des ethnies qu'ils connaissaient bien, les Dowayo et les Duupa entre autres, mais qu'ils tenaient pour des arriérés sur presque tous les plans – mais pas tous car on leur reconnaît quelques qualités.

En outre, les communications routières avec Ngaoundéré étaient relativement faciles, alors qu'avec Poli, elles ressemblaient davantage au parcours du combattant. Le retour dans le giron de l'Adamaoua fut rapide et officiellement entériné en 1987...

UNE COLLABORATION EN DEMI-TEINTE

Cependant, il n'en alla pas de même chez les Dìì qui s'étaient réfugiés sur le plateau. La proximité de Ngaoundéré, la capitale du lamidat, les avantagea à moyen terme. Le chef du village dìì le plus important, Gangasao, se vit, comme nous l'avons dit, confier la responsabilité d'organiser les régiments dìì pour tout le lamidat lors des expéditions de chasse aux esclaves. Pour ce faire, il reçut un titre prestigieux de chef des guerriers, Gambara, qu'il conserve jusqu'à aujourd'hui de manière honorifique. De plus, la présence de Peuls sédentarisés près des villages dìì semble avoir engendré une meilleure entente entre les Peuls et les Dìì que dans la plaine dìì. Mais cette alliance des chefs dìì et du lamido de Ngaoundéré provoqua des dissensions au sein même des Dìì.

André Gide et Marc Allégret, lors de leur célèbre voyage au Congo, au Tchad et au Cameroun, nous donnent des informations intéressantes à ce propos ; le premier note, en date du 16 avril 1926, aux abords de Gangasao : « Nous espérions trouver du lait. Mais les troupeaux appartiennent aux Foulbés, et nous sommes chez les Drou [*sic*] – qui refusent de frayer avec ces derniers. (Nous parvenons pourtant, mais à grand-peine, en envoyant une députation, à obtenir une pleine écuelle).

« Gangasao. Village à demi déserté. Quantité de cases incendiées. Les habitants ont fui le chef du village qu'ils n'aiment pas et se sont installés depuis deux ans dans le nouveau village, si propre, que nous avons d'abord traversé. Impossible de reconstituer ce qui s'est passé. On croit comprendre que le chef tâchait d'être du côté du manche et ne défendait pas assez ses gens contre les exigences du lamido de N'gaoundéré. Impossible d'obtenir des indigènes des réponses précises – fût-ce aux questions qui n'attendent qu'un oui ou qu'un non » (Gide 1993 [1927] : 336-337).

Quant aux notes de Marc Allégret (1987 : 250), elles disent de l'ancien Gangasao : « Les gens de Gangasaou n'étaient pas contents du chef [...]. Il les faisait trop travailler. Le lamido de Ngaoundéré faisait prendre trois hommes dans chaque case pour faire le travail des Blancs : cases, paille des toits, bambous.

« L'histoire ne donne rien, impossible d'avoir des précisions. [...].

« [Nous] arrivons un peu avant dix heures au nouveau Gangasaou, village qui a l'air tout neuf et propre. Des Kirdi Drou [sic]. Sympathiques. Pas de caractères propres, très influencés par les Foulbés (coiffures des femmes, boubous) Une partie de Gangasaou est venue s'installer là, à la suite de disputes avec le chef. [...] Le plan de leurs carrés est copié sur celui des Foulbés. »

Cette révolte intestine est encore aujourd'hui expliquée de la même façon par les Dìì : le chef de Gangasao « suivait » le lamido de Ngaoundéré ; il voulait copier ses manières et se faire bien voir de lui. Il était beaucoup plus sévère avec ses subordonnés que les autres chefs dìì et infligeait des punitions cruelles – fouet et piment dans les yeux – pour des vétilles. La scission rapportée par Gide fut suivie de plusieurs autres, chacune engendrant de nouvelles chefferies. Aujourd'hui, le chef de Gangasao, tout comme les Dìì de Mbé, refait l'histoire mais, contrairement aux « démocrates » de Mbé, l'infléchit dans le sens d'une histoire « impériale » où les gens de Gangasao sont placés sur le même pied, ou presque, que les Peuls et les Mboum. Ces derniers ont constitué des chefferies importantes et, comme nous l'avons mentionné, ils ont donné des princes à bien des chefferies dìì. Une de leurs traditions d'origine, connue de plusieurs Dìì intéressés à ces questions, les tient pour originaires de La Mecque, alors que les Peuls disent venir du Mali ou Melle, ce qui est aussi fort connu des Dìì. Le chef de Gangasao m'a confié, en entretien privé, que son village était dìì mais qu'il se trouvait originellement à égale distance de La Mecque et du Mali avant de rejoindre, on ne sait trop comment, le reste des Dìì et de monter sur le plateau. C'est la manière la plus élégante de s'inclure comme partie prenante parmi les chefferies peules et mboum dans un jeu à trois qui laisse les autres dìì à l'écart de Gangasao. Cependant, cette subtile construction est un fantasme du chef : les traditions recueillies en entrevue de groupe à Gangasao, incluant le chef comme participant, ne soufflent mot de cette particularité… En effet, les autres traditions orales mentionnent que Gangasao était déjà réfugié sur le plateau avant la création de Ngaoundéré.

D'autres Dìì se sont établis dans les villages mboum de Ganha et de Mbang-Mboum, où presque tous les titres honorifiques étaient – et sont encore – détenus par des Dìì dont certains se disent Mboum-Dìì ou Dìì-Mboum à cause de quelques rares intermariages (Podlewski 1970 : 40-42) et d'un pluriculturalisme élastique. Ces Dìì sont souvent quadrilingues, parlant dìì, mboum, foulfouldé et français. La cohabitation a aussi amené des emprunts dans les deux sens : les Dìì ont adopté un culte d'exorcisme mboum (Muller 2001a) ; les Mboum, eux, ont copié les cérémonies publiques de circoncision dìì, incluant les masques. D'autres emprunts virent carrément au quiproquo lorsque chacun crédite l'autre de lui avoir montré des danses ou des instruments de musique, preuve d'une certaine communauté de culture harmonieuse entre Mboum et Dìì.

Fait caractéristique : tous les premiers villages dìì émigrés sur le plateau disent qu'ils rencontrèrent des Mboum – ou qu'ils allèrent les trouver – avant que ceux-ci ne les amènent au lamido de Ngaoundéré, la conquête des Mboum de Ganha par les Peuls étant terminée vers 1838. Un seul village n'est pas à l'unisson de ce concert : c'est Gangasao, qui prétend avoir ignoré les Mboum et être allé directement trouver le lamido de Ngaoundéré... On ne saurait jouer la carte peule avec plus d'assurance.

Après l'accession à l'autonomie du canton de Mbé, les Dìì du plateau demandèrent aussi à s'administrer eux-mêmes, dans un canton administratif taillé pour eux sur le plateau. Comme les villages dìì, mboum et peuls étaient – et sont encore – côte à côte, et quelquefois biethniques mboum-dìì, l'administration fit remarquer que ni les Mboum, autochtones, ni les Peuls, arrivés en même temps que les Dìì ou même avant, ne se plieraient à une administration dìì. Pour sortir de ce dilemme, l'administration proposa de créer un autre canton dìì indépendant qui aurait regroupé ces Dìì du plateau à l'ouest de Ngaoundéré. Cette solution impliquait un déménagement que la population refusa en disant que le jeu n'en valait pas la chandelle, mais aussi parce que plusieurs Dìì possédaient du bétail géré par les Peuls sédentaires tout proches et qu'ils voulaient garder un œil sur leur cheptel. Les Dìì du plateau n'ont donc pas tout à fait la même vision que ceux de l'arrondissement de Mbé. L'administration créa cependant deux cantons majoritairement dìì dont les chefs-lieux étaient Mbam-Mboum et Ganha, ce qui sépara un peu plus les Dìì de l'appareil administratif du lamido de Ngaoundéré.

À COLON, COLON ET DEMI

Il nous reste à voir le sort des Dìì demeurés sous la férule de Rey-Bouba. Nous avons décrit le contrat liant le lamido et les Français qui retardait l'établissement d'un poste administratif français sur son territoire jusqu'après sa mort, qui survint en 1945. Le lamido jouissait pratiquement de l'autonomie interne dans son lamidat, les Français l'ayant récompensé de son aide après la défaite allemande de 1915. Cette aide du lamido fut encore appréciée lors de ce qu'on a appelé la « révolte laka » ou la « révolte de

Karnou » en 1928 aux confins du Cameroun, du Tchad et de la République centrafricaine (Hamadjoda et Mohammadou 1979 : 310-311, 333). Les troupes de Rey aidèrent les Français à mater la révolte, ce qui lui assura une quasi-autonomie interne (Shimada 1984 ; 1985 : *passim*), les Français se bornant à recevoir la capitation exigée. Après la mort du lamido, en 1945, il fallut attendre encore neuf ans avant que le premier poste administratif français soit établi sur le territoire de Rey. Pour ménager les susceptibilités du lamido, ce poste fut construit à Tchollïré plutôt qu'à Rey-Bouba, la capitale. Le lamido avait toujours sa propre prison – qu'il garde encore aujourd'hui – et il imposa des résidents permanents, jusqu'au milieu des années 1970 au moins, dans chaque village ou groupe de villages pour aménager des greniers collectifs, collecter l'impôt des Français et, après 1960, celui du gouvernement camerounais, recevoir les tributs qui lui étaient dus et faire exécuter les lourdes corvées laissées à sa discrétion. Comme à Ngaoundéré, le tarissement des sources de nouveaux esclaves eut pour résultat un accroissement du service au palais par les jeunes dìì, garçons et filles. Le lamido de Rey a encore aujourd'hui trois palais importants : le principal est à Rey-Bouba, le second à Tcholliré, le troisième à Touboro. Il ne va pratiquement plus dans celui de Tcholliré qui tombe lentement en ruine. Des résidences de voyage, dites « campements », ont été érigées à Gəsəg, Sagzee, Liendaa, Dʉkẹẹ, Tagbuŋ/Rey, Mbow, Vạ'zin, Minaga, Tạm et Gamba, pour permettre au lamido de séjourner brièvement chez ses administrés. Ces résidences sont entretenues par les villageois ; le lamido s'y rendait rarement. Après l'indépendance, il y séjournait surtout afin d'expliquer aux électeurs pour qui il fallait voter.

Tous les fonctionnaires français se sont plaints du faible nombre de tournées qui furent effectuées dans le lamidat et des recensements fantaisistes – bien en dessous de la réalité – qui en résultèrent. On ne peut parler de *terra incognita* mais, en dehors des pompes accompagnant les festivités du ramadan à Rey, où se pressaient tous les résidents étrangers de la région nord, rien ne filtrait, ou presque, de la dure réalité à laquelle faisaient face les populations pressurées. Ces cavalcades et défilés de guerriers ont impressionné plus d'un naïf ébloui par la munificence du lamido, très porté à se faire de la publicité par une grande générosité envers ses visiteurs étrangers, en particulier les Blancs : il en encaissa les dividendes.

Les missionnaires purent commencer leur travail d'évangélisation en 1939-1940 dans la partie de l'extrême ouest du lamidat, au nord de Mbé, chefferie déjà quelque peu chrétienne. Mais ces tentatives échouèrent pour des raisons tant internes qu'externes. D'une part, les fidèles étaient si peu nombreux que les catéchistes n'étaient pas payés et que l'Église les retirait ; d'autre part, le lamido persécutait les chrétiens, ce qui empêchait les conversions et obligeait la mission à fermer ses succursales faute de catéchumènes. Malgré tout, plusieurs chapelles ou églises furent ouvertes (Lode 1990 : 43-46 ; 83-86).

Ce n'est qu'avec l'abolition des travaux forcés et des tributs que la situation prit une autre tournure. En 1965, le président Ahidjo décréta l'abolition des corvées pour les populations païennes du Nord-Cameroun qui étaient soumises à des lamibé peuls ou autochtones, peu importe, pour autant que ces populations deviennent musulmanes. Ce fut l'époque de l'islamisation forcée dont tous les Dìì, de quelque lamidat qu'ils ressortissent, furent affectés. On n'obligea pas, toutefois, les chrétiens à se convertir.

Cette campagne fut particulièrement dure pour les Dìì qui dépendaient de Rey-Bouba, païens et rares chrétiens confondus. Les autels des ancêtres et les perches sacrées plantées devant les maisons des chefs furent détruits et arrachés par les sbires des lamibé chez ceux qui ne les avaient pas fait disparaître à temps. Les couteaux de circoncision dìì, tenus selon la doctrine musulmane pour des instruments diaboliques, furent confisqués, mais certains villages les cachèrent et les utilisent toujours. Les chrétiens ne furent pas plus épargnés ; des chapelles furent brûlées (Lode 1990 : 247-250) pendant que des mosquées étaient érigées avec le concours actif de l'État. Par une grande ironie dont l'histoire a le secret, la guerre sainte commençait ici à l'envers, précisément où ses justifications originelles cachées étaient dénoncées par le gouvernement camerounais.

Toutefois, cette ferveur missionnaire ne signifia aucunement, comme le gouvernement l'avait prescrit, la fin des corvées et des tributs – qui diminuèrent cependant petit à petit dans les villages le long de la route transcamerounaise, les habitants ayant refusé de se faire exploiter plus avant –, mais pas dans les régions excentrées du lamidat où des représentants du lamido demeurèrent de manière permanente, même dans les plus petits villages, jusque dans les années 1980. Les Dìì employés par l'administration nationale à Tchollliré, qui luttaient pour abaisser les pouvoirs du lamido de Rey-Bouba au niveau de ses homologues, obtinrent quelques succès dans leur région, malgré les harcèlements constants, tant que le président Ahidjo resta au pouvoir. En particulier, le palais de Tchollliré commença à se dégrader depuis 1980, les habitants ayant refusé depuis cette date d'y effectuer les réparations. Les tributs diminuèrent aussi le long de la route : d'un sac de grain par chef de famille (100 kilos), ils passèrent à 20 tasses (20 kilos) pour finalement disparaître.

L'arrivée du successeur d'Ahidjo, Paul Biya, marqua le pas. Rien ne changea pendant près de dix ans, entre 1983 et 1992. Aucune des mesures demandées par les Dìì progressistes pour réduire les pouvoirs du lamido de Rey au niveau de ceux de ses pairs du reste du Nord-Cameroun ne fut prise.

On assista même à une sérieuse régression lors des élections législatives de mars 1992, qui réintroduisirent le multipartisme au Cameroun.

Contrairement à la majorité des lamibé et de l'élite peule de tout le Nord-Cameroun, le lamido de Rey-Bouba se déclara publiquement pour le parti au pouvoir, celui du président Paul Biya, le RDPC, et contre les partis d'opposition, dont le principal, l'UNDP, très présent au nord du pays, qui représentait les tenants de l'ancien président nordiste, M. Ahidjo. L'opposition fut muselée et ses représentants pourchassés ; des barrières avec contrôles sévères furent érigées pour empêcher l'entrée sur le territoire de Rey-Bouba des candidats de l'opposition – dont certains furent menacés de mort – et de toute littérature de nature politico-électorale. Trois députés de l'opposition furent élus mais immédiatement interdits de séjour sous peine de sévices. Le même scénario se répéta lors de la campagne des élections présidentielles d'octobre 1992. En juillet de cette même année et en mai 1993, des entreprises d'intimidation contre les opposants du régime à Mbang-Rey firent plusieurs morts, sans qu'aucune réaction officielle ne se produise ni qu'aucune enquête policière ne s'ouvre. Une reprise des mêmes tactiques de dissuasion lors des municipales de janvier 1996 à Tchollire fit un mort : l'un des candidats de l'opposition fut si sévèrement battu par les sbires du lamido qu'il en mourut.

Un autre fait montrera l'impunité relative du lamido. En 1995, l'État camerounais exonéra les simples agriculteurs de l'impôt personnel, l'ancienne capitation vue dans la presse et dans les discours officiels locaux comme le résidu ultime du colonialisme européen qu'il était grand temps d'éliminer. Mais pas à Rey-Bouba… Le lamido envoya ses représentants dans les villages sous sa dépendance pour leur intimer l'ordre de continuer à payer, ce qui fut fait, par crainte des représailles internes de cet « État dans l'État », comme se plaît à le répéter aujourd'hui une presse en principe « libre ». Mais le vent du changement avait soufflé. Cet impôt ne dura pas et les élus de l'opposition à Tchollire qui contrôlent aujourd'hui la mairie obtinrent finalement que les sbires du lamido se retirent de cette ville, ce qui fut fait. En 1999, l'insécurité des routes avoisinant le lamidat leur était attribuée par l'opinion publique qui les accusait de recyclage dans le grand banditisme.

Cette insatisfaction profonde des Dìì sous la gouverne de Rey-Bouba mérite discussion. Comme l'avait fort justement remarqué l'administrateur Lacroix (1950 : 14), rien n'empêchait les villages d'émigrer dans un lamidat plus propice ou, après 1950, dans le nouveau canton de Mbé débarrassé de l'influence des lamibé. Si nombre d'habitants l'ont fait à titre individuel, les villages en entier ont peu émigré depuis que les deux Kaana'a sont revenus sous Ngaoundéré après être retournés temporairement sous Rey-Bouba.

Zɛg est un autre village qui retourna sous Rey-Bouba mais éclata lorsque ses habitants décidèrent, en 1954, de revenir. Une partie seulement se réétablit près de Mbé, les autres habitants se dispersant dans d'autres villages, aussi sous Rey-Bouba mais le long de la transcamerounaise, donc moins exposés aux exactions. On a même des exemples contraires : Vạ'zin a migré au début du siècle dernier dans le territoire de Rey-Bouba, mécontent du sort que lui réservait Ngaoundéré ; en 1950, Baosi migra aussi temporairement et rejoignit Rey-Bouba pour les mêmes raisons (Lacroix 1950 : 14).

Les villages qui se sont enfuis de Rey à la fin du XIXe siècle ont une réponse toute prête à ce qu'ils voient comme une sorte de réticence à les suivre, considérant l'émigration comme une tendance qui serait « naturelle ». Ils prétendent simplement que le lamido use de moyens magiques pour retenir les habitants, par l'entremise de leurs chefs auxquels il donne à boire, mélangée aux aliments, une potion secrète lors de leur enturbannement. Ce remède annihile toute velléité de fuite.

Cependant, mes entrevues avec les habitants des environs de Tcholliré mettent en lumière un autre fait : les tracasseries du lamido, dont tout le monde se plaint, sont toutefois moindres que les coûts hasardeux et le remue-ménage de trouver un autre lieu où transférer le village dans son entier. La diminution des tributs et le retrait des représentants du lamido dans les villages montre bien aussi que l'opinion publique joue un rôle et que le lamido tient compte, en renâclant, de l'évolution de cette opinion.

AUTONOMIE ET REGROUPEMENT

Aujourd'hui, les Dìì sont toujours administrativement écartelés. Quelques villages du nord-ouest dépendent de Garoua, département de la Bénoué, dans la Province du Nord. Dans cette même Province se trouvent aussi la plupart des Dìì sous le lamido de Rey-Bouba, dans le département de Mayo-Rey avec chef-lieu Tcholliré et quelques-uns dans la sous-préfecture de Touboro. Dans ce même département, quelques villages sont dans l'arrondissement de Rey-Bouba, sous l'administration directe de Rey. Ce sont quelques villages d'origines plurales, dìì, mboum et mbéré que Rey-Bouba a installés le long de la route de Tcholliré. Quelques-uns, encore sur les pentes du massif de Poli, dépendent aussi de Garoua, mais du département du Faro, avec Poli comme tête du département. Mais la majorité est dans la province de l'Adamaoua, dans l'arrondissement de Mbé et le reste dans les cantons de Mban-Mboum (*sic*) et de Ganha, sur le plateau.

Mbé, de par son émancipation complète de la tutelle des Peuls, du nombre d'habitants de son arrondissement et de sa position géographique centrale au sein du territoire dìì, s'est autoproclamée, sous l'influence des intellectuels dìì, « la capitale des Dìì ». Dans une brochure publicitaire touristique vantant le parc national de la Bénoué, un intellectuel dìì se glorifie que tout son peuple n'ait jamais été vaincu par les Peuls. Cette unité postulée des Dìì est encore appuyée par une nouvelle tradition prétendument historique qui inverse les mythes fondateurs des chefferies dìì que nous avons analysés au chapitre premier (Muller 1992). Dans cette version, activement propagée par les intellectuels de l'arrondissement de Mbé, tous les villages dìì auraient été localisés à l'origine sur les pentes du mont Mgbaŋ sìì, d'où Mbé et plusieurs autres chefferies s'enfuirent suite aux attaques de Rey-Bouba, laissant le site désert. Les Peuls auraient donc dispersé les Dìì qui formaient une unité libre, avec ses chefferies distinctes mais groupée en un seul lieu. Ajoutons à ceci que les députés dìì à Yaoundé ont tous été des résidents de Mbé. Le premier, M. Dourmani Belmont, fut député jusqu'en 1973. Se présentant aujourd'hui comme un des « libérateurs » des Dìì, il fut d'abord parmi les premiers scolarisés de 1934 à 1938, puis instituteur quelques mois avant d'être engagé en 1939 comme agent recenseur. Le second, Alhadji Kofa Saïd, lui succéda pendant quinze ans sous la bannière du RDPC, étant désigné comme candidat par le parti gouvernemental. Il fut suivi de 1988 par M. Pierre Sadou, aussi candidat unique. Le multipartisme ayant été réintroduit pour les élections de 1992, il fut défait par Mme Marie-Paule Adji de l'UNDP, l'ancien parti nordiste de l'ex-président Ahidjo. Ceci montre une division entre les électeurs de l'arrondissement. Les tenants du RDPC présentent leur parti comme celui du progrès, qui pousse à la modernisation, à la création d'un lycée à Mbé (obtenu depuis septembre 1992), l'électrification rapide et l'ouverture d'un bureau de poste avec téléphones publics. Lors des élections de 1992, l'UNDP fit des promesses aux électeurs, promesses qui les incitèrent à élire sa candidate. La situation économique au Cameroun s'était dégradée depuis 1986 et Mbé avait été atteinte de plein fouet. Les promesses de l'UNDP tombèrent dans des oreilles favorablement enclines à les écouter : interruption de la capitation pendant cinq ans ; abolition du paiement des patentes pour les commerçants ; plus de vignette à payer pour les voitures, toutes ces mesures ayant pour but de « laisser le pays respirer ».

De plus, une rumeur largement crue laissait entendre qu'en cas de victoire, le chef de l'UNDP allait rapatrier le trésor prétendument emporté par l'ex-président Ahidjo lors de son départ. On reviendrait ainsi à la prospérité ancienne, un souvenir nostalgique souvent évoqué. Ces arguments donnèrent une courte victoire à l'UNDP, les autres électeurs ayant plutôt vu dans ce parti le spectre d'une réapparition des Peuls dans leurs affaires internes. La candidate avait été dûment instruite de ce qu'il fallait dire à ce propos lors de ses discours qui exaltaient la collaboration ancienne des Peuls et des Kirdi, terme par lequel sont désignées dans le nord et l'extrême nord du Cameroun les populations non islamisées. Malheureusement pour elle, ce terme n'a jamais été employé dans la région, les Peuls utilisant dans l'Adamaoua le terme *habe*, « païen », ou plutôt les noms de chaque ethnie particulière. L'emploi de ce terme soufflé à la future députée dans un sens inapproprié à la région fit rire aux larmes les progressistes de l'arrondissement. Ce rappel de la collaboration initiale était loin d'avoir effacé le souvenir de l'oppression qui suivit...

Mais, indépendamment des opinions politiques des uns et des autres, une volonté commune anime les intellectuels dìì : celle de réunir tous les Dìì sous une même administration pour faire de leur territoire une préfecture. Cette volonté de réunir tous les Dìì débuta par une tentative d'annexion du secteur de Gamba, le long de la transcamerounaise. Les faits, de la plume même de l'auteur qui les rapporte (Lode 1990 : 85), sont obscurs ; il dit : « En 1955, le chef [lamido] de Mbé se rendit à Gamba à Rey-Bouba. La raison de la visite n'était pas tout à fait claire, mais nombreux furent ceux qui comprirent qu'il se laissait proclamer chef de tous les Dìì. Baba Rey [le lamido de Rey] répondit immédiatement en chassant tous les catéchistes de Rey-Bouba [qui n'avaient été autorisés à y revenir que depuis 1952]. » En fait, le lamido de Mbé fut induit en erreur par un conducteur de route français qui supervisait l'asphaltage de la transcamerounaise. Il laissa entendre que l'administration allait rattacher les villages groupés autour de Gamba au canton de Mbé avec frontière nord au Mayo Mbam. Apparemment, le conducteur de route parlait uniquement de l'extension de ses propres travaux et non d'une transformation des frontières. Toujours est-il que le lamido de Mbé, non conscient du quiproquo, se rendit à Gamba muni d'une trentaine de robes avec lesquelles il habilla les chefs locaux, comme un lamido le fait avec ses chefs subordonnés. La réaction de Rey-Bouba ne se fit pas attendre et l'affaire fut close. Il est vrai aussi que les catéchistes expulsés, tous venus de la mission de Mbé, avaient fait de la propagande pour leur lamido en montrant les avantages d'être libres des pressions des lamibé peuls.

En 1983, ce même groupe de villages demanda la création d'un canton administratif dìì avec Gamba comme chef-lieu au lamido de Rey-Bouba qui accepta en principe. Le préfet et le sous-préfet chargèrent les gens de Gamba de trouver des lettrés comme candidats potentiels. Quelques princes de Gamba lettrés furent priés de se présenter mais le lamido de Rey voulut placer à la tête du nouveau canton un de ses fils. Une échauffourée s'ensuivit et le lamido refusa désormais toute idée de canton.

Le même scénario se répéta en 1992. Une demande de rattachement du secteur Guidjiba-Gamba à l'arrondissement de Mbé fut acheminée au gouverneur. Celui-ci fit les démarches préliminaires mais, comme la pétition venait d'ailleurs que de la sous-préfecture de Mayo-Rey, il demanda à ses instigateurs de Mbé de montrer que les habitants de Gamba eux-mêmes désiraient le rattachement. Ils trouvèrent un porte-parole de Gamba, fonctionnaire dans le sud, pour les appuyer. Malheureusement, la lettre qu'il écrivit alla dans le sens contraire puisqu'elle disait que les habitants de ce secteur ne voulaient pas entendre parler de rattachement, contrairement à l'évidence. Le projet semble enterré pour longtemps.

Ces tentatives d'agrandir le territoire de l'arrondissement de Mbé sont partagées et par les élites et par le lamido qui soigne aussi son image de lamido de tous les Dìì en organisant de grandes fêtes pour discuter des problèmes actuels auxquels est confrontée la société dìì dans un mélange très réussi de valeurs traditionnelles et de modernisme. Je donnerai ici le bref compte rendu d'une de ces festivités qui se tint du 26 au 28 juin 1992 à Mbé. En décembre 1990 et janvier 1991, le lamido se fit opérer à Ngaoundéré d'une cataracte. Il resta quelque temps à l'hôpital, visité par ses administrés. Un peu auparavant, des progressistes de l'arrondissement s'étaient cotisés, *sʉggɨ́*, pour acheter un mobilier comprenant chaises et fauteuils et meubler son parloir afin qu'il puisse y recevoir en grand style les représentants du pouvoir (sous-préfet, préfet ou gouverneur). Il décida de faire une fête pour les remercier de ce don, *sʉggɨ́ nag dẹ́ŋ́ɨ́*, « réunir/main/frapper, applaudir » ; ces agapes avaient aussi pour but de remercier les Dìì de Ngaoundéré qui étaient venus lui rendre visite à l'hôpital et, en distribuant libéralement des cadeaux, le lamido, en même temps, « faisait le chef », *gbaŋ kɔlɨ́*. C'était la troisième fois dans son règne de quinze ans qu'il « réchauffait la place de danse », *sàà buggɨ́*. La première fois eut lieu en 1978, deux ans après son accession au poste de lamido en 1976, comme il est normal après une installation de chef, la seconde en 1983. Pour cette troisième occasion, il invita les représentants des chefs des villages du plateau à la commune rurale de Ngaoundéré et vivant à Ngaoundéré qui n'avaient donc rien à voir directement, donc officiellement, avec le lamido de Ngaoundéré. Les élites vivant aussi à Ngaoundéré et préoccupées du sort et du développement de l'arrondissement de Mbé, groupées dans une association appelée ADECAM (Association pour le développement communautaire de l'arrondissement de Mbé), furent aussi nommément invitées et priées d'envoyer la liste des personnes qui se déplaceraient à Mbé. La mairie organisa minutieusement l'hébergement, chez les uns ou les autres, de ceux qui ne purent être accueillis par des parents ou qui n'en avaient pas à Mbé.

L'arrivée des invités était planifiée à trois heures de l'après-midi mais ils n'arrivèrent qu'à cinq heures trente, en cortège ordonné de douze voitures pleines, de cinq taxi-bus archibondés et quelques motos. Ils furent accueillis par le maire de Mbé et son conseil. Le comité d'accueil était aussi représenté par une trentaine de femmes de l'Association des femmes de Mbé (une sorte de tontine), toutes vêtues pour l'occasion de nouveaux pagnes identiques et par un orchestre de flûtistes et de tambourineurs. Ces femmes s'étaient portées volontaires pour faire la cuisine à la chefferie et porter les plats chez les invités. Le maire de Mbé, parlant au nom du lamido, leur souhaita la bienvenue en expliquant le propos de cette réunion, *sʉggɨ́* : les fléaux qui affectent aujourd'hui les Dìì. Il remercia la ville de Mbé et surtout ses habitants car c'était grâce à leurs efforts que Mbé était ce qu'elle était et qu'il en était le maire : « Je ne suis qu'un symbole, vous êtes les acteurs. C'est vous tous, les Dìì, qui êtes les moteurs du développement. Nous avons tous la même langue dìì, nous sommes nés dìì et nous mourrons dìì. Ceux de Rey, du plateau, d'ici, nous sommes tous dìì et il nous faut faire la promotion de l'homme dìì afin qu'il soit connu. Il faut faire l'union de tous les Dìì. » Les invités répondirent par le truchement du maire de la commune rurale de Ngaoundéré, un Dìì de Ngaoundéré, natif de Tʉ gbaga̧ (dans l'arrondissement de Mbé), qui est aussi premier adjoint du maire de la commune urbaine de Ngaoundéré : « Nous parlons ici sans distinction de sexe, de religion ou de parti politique. Je m'adresse aux élites et je parle en leur nom et au mien. Nous nous excusons d'être en retard. Nous sommes tous enfants de cette ville et nous sommes tous de la même tribu, ceux de Mbé, ceux du plateau, de Rey ou d'ailleurs. C'est pour prendre des décisions sur notre avenir et sur le développement de notre secteur que nous sommes là, pour toucher la réalité de la région par le dialogue entre nous, frères et sœurs et sympathisants (i.e. les missionnaires norvégiens) des Dìì. Il faut dialoguer et prendre des décisions fermes mais ne rien imposer. Il va faire nuit, nous reprendrons ceci à notre réunion de travail demain. »

Le lendemain matin, à neuf heures, devant la résidence du lamido, le maire de la commune rurale de Ngaoundéré et le maire de Mbé firent chacun un discours d'ouverture semblable à ceux du soir précédent, mettant l'accent sur l'unité des Dìì. Le lamido les remercia d'être venus. Le sous-préfet rappela le but de cette réunion et de ces discussions publiques. Le maire de Ngaoundéré fit remarquer qu'il était convenu de ne parler ni de politique ni de religion. Cependant, on en parla beaucoup, mais sous le vocable de la « tradition » des Dìì, *hȩn dikáb*, « choses anciennes, coutume », qu'il fallait restaurer et préserver. C'est cet aspect que nous allons développer après avoir donné un bref résumé des problèmes plus concrets qui furent évoqués lors de cette discussion plénière où les orateurs prirent la parole devant une foule nombreuse. Fut discutée la question du paiement d'une benne achetée en partie par l'État et la commune de Mbé. Comment la payer dans la présente situation de marasme économique affectant si gravement le Cameroun dans son entier que les gens ne paient plus l'impôt et les commerçants leurs patentes ? Des précisions furent demandées au sujet du nouveau lycée de Mbé. Le cycle d'études y sera-t-il complet et pourra-t-on y passer son baccalauréat sans avoir à aller se ruiner en ville ?

Un agriculteur demanda que la section agricole de la mission norvégienne augmente le nombre de ses tracteurs afin que chacun puisse les louer (c'est le contraire qui se produisit, la crise étant aussi bien mondiale que camerounaise). Le maire de Ngaoundéré suggéra que les élites achètent les tracteurs et en gèrent la location puisqu'il ne faut plus rien attendre du gouvernement en ces temps d'austérité. Les problèmes de raccordement de l'eau courante aux ménages de Mbé furent aussi abordés ainsi que les lotissements consentis dix ans auparavant aux élites de Mbé habitant à l'extérieur. Certains de ces lotissements n'avaient pas encore été mis en valeur, c'est-à-dire construits, même pas la dalle en ciment, et la mairie allait entreprendre une enquête sur l'utilisation future de ces terrains avant d'éventuellement en lotir une nouvelle série le long de la route. Ces discussions se terminèrent par une question adressée aux élites. Comment faire de Mbé une ville productive où l'on vendrait des planches, de la tôle, du ciment, de l'essence, de Waag à Sagzee ? Ce serait moins cher que d'aller s'en procurer soit à Garoua soit à Ngaoundéré.

Après deux heures et demie de discussions, les invités furent priés d'entrer un à un chez le lamido qui s'entretint avec chacun. On dansa toute la soirée et toute la nuit. Au matin du 28 juin eut lieu la réunion d'adieu, avec danse des invités devant la résidence du lamido qui habilla seize invités de marque. Le coût d'un costume trois pièces, gilet, pantalon et boubou, étant évalué à 25 000 CFA (moyenne basse), cela équivaut à 400 000 CFA. La lamido avait aussi donné deux bœufs pour les invités d'une valeur de 80 000 CFA ainsi que de la nourriture, thé, sucre, etc., en tout un peu plus d'un demi-million CFA. Les récipiendaires des costumes furent : le maire de la commune rurale de Ngaoundéré, les deux chefs des quartiers à prédominance dìì de Joli Soir et de la mission protestante de Ngaoundéré ainsi que les représentants des chefs des villages dìì du plateau : Gambuggu, Gangasao, Homee, Nyassar I, Nyassar II, Baosi, Berem, Warag I, Warag II, Nom, Kandi, Yen waa, ainsi qu'un homme de Gamba marié à une femme de Mbé et vivant à Ngaoundéré, représentant des gens de Gamba dans cette ville.

Un lamido se doit d'« habiller » les personnes qu'il veut honorer. Ses attributions officielles l'obligent, comme nous l'avons mentionné, à le faire pour tout chef de village sous son autorité mais il peut – et doit – aussi « habiller » les personnes qui se sont distinguées et qui ont contribué à la gloire ou simplement à la bonne marche de la chefferie, qu'elles soient de sa propre chefferie ou d'une autre. Le geste ici est politique pour augmenter son prestige dans un arrondissement qui n'est pas le sien. Habiller les chefs de village de Ngaoundéré, qui dépendent des chefs de Mbam-Mboum et de Ganha – pour ne rien dire de Ngaoundéré – aurait pu être vu comme une usurpation de prérogatives, comme ce fut le cas en 1955 avec les chefs des villages de Gamba et alentours. La solution était d'honorer, sous le prétexte de leurs visites au lamido de Mbé lorsqu'il était à l'hôpital à Ngaoundéré, les Dìì du plateau par l'entremise des représentants officiels des divers villages vivant à Ngaoundéré. Ceux-ci ne manqueront pas d'aller faire leur rapport à leur chef sur les libéralités que le lamido de Mbé leur avait octroyées en tant que citoyens ordinaires. Les gens de Gamba, dépendant de Rey-Bouba, ont aussi été honorés par l'intermédiaire de leur représentant à Ngaoundéré. Le lamido n'a oublié personne…

Cet intérêt à prôner l'unité politico-culturelle des Dìì a débouché sur des accords informels entre les élites de Mbé et celles du plateau. Chaque fois qu'une fête importante est organisée sur le plateau, une délégation de Mbé y est envoyée et vice versa. Il est plus difficile d'établir ce type de coopération avec les Dìì de Rey-Bouba, leur lamido faisant des tracasseries à ceux qui assistent à ces réunions. Une association toute récente, appelée Tág daga, « Tige une », regroupe des représentants de l'ADECAM, de l'arrondissement de Mbé, du CODERSAZO (Comité de développement régional du Mayo Salah et Mayo Zoro), les Paan du long de la route Garoua-Ngaoundéré sous Rey-Bouba, les autres Dìì sous Rey-Bouba à Tchollíré et une autre association du plateau. L'été 2003, cette association en était à faire ses premières armes. Mais cette unité des Dìì leur fait problème, l'essence de ce qu'ils voient eux-mêmes comme l'expression de leur identité profonde est l'objet de discussions privées mais aussi publiques, abondamment évoqué lors de la fête dont nous venons d'analyser quelques facettes. Il est temps d'aborder un point important : le positionnement des Dìì face à la mondialisation.

Chapitre VII

LE DILEMME DES DÌÌ

Les Dìì sont aujourd'hui activement engagés dans leur siècle. Dans l'arrondissement de Mbé, le taux de scolarisation primaire se montait à plus de 95 % en 1985. Les missionnaires ouvrirent la voie avec succès en 1934 et les parents envoyèrent leurs enfants à l'école missionnaire en même temps qu'ils se firent christianiser. Même les parents musulmans de cette époque, qui n'étaient pas nombreux, comme nous l'avons dit, y inscrivirent les leurs. Les propos du lamido de Mbé, Zubeïrou Kún mbàà, recueillis en 1949 par l'administrateur Prestat (1949 : 157) montrent bien cet intérêt : « Je prie Allah parce que c'est un dieu important qu'il faut se concilier ; mais je continue à m'adresser au diseur de choses sacrées pour éloigner les sorciers et pour que les génies de la terre me soient favorables. Enfin j'envoie mes enfants à l'école protestante pour qu'ils apprennent le français et qu'ils deviennent des lettrés. » Un de ses fils, Mohaman, qui lui succéda comme lamido en 1976 après avoir été page chez le lamido de Ngaoundéré et le belaka de Ganha, comme nous l'avons mentionné, fut inscrit à l'école – mais brièvement – alors qu'il était dans la vingtaine avancée...

Il y eut un peu de réticences à la scolarisation obligatoire lors de l'ouverture des deux premières écoles publiques de Waag en 1949 et de Mbé en 1953 et de quelques villages avoisinants où des écoles publiques furent aussi ouvertes. Les emplois et les opportunités offertes aux finissants firent rapidement le succès de l'enseignement pour aboutir aux chiffres que nous avons donnés. Nombre de Dìì occupent aujourd'hui des postes importants dans la fonction publique camerounaise et, malgré les licenciements dans l'administration, la dévaluation du franc CFA en 1994 et le chômage dans le privé, l'école est toujours vue comme essentielle à la réussite, qu'on soit chrétien ou musulman[1].

1. Pour un panorama complet de l'histoire de la scolarisation dans l'arrondissement de Mbé, voir la thèse de maîtrise, par endroits contestable, de Saliou Amaoundé (1989).

En effet, il faut être, aujourd'hui, soit l'un soit l'autre pour pouvoir se dire « moderne ». Il faut adhérer aux « choses nouvelles », *hẹn 'maŋ*, pour ne pas être taxé d'arriéré ou de « traditionaliste » bien que ce terme soit aussi empreint d'ambiguïté. Débrouillons cet écheveau en disant que, bien qu'il faille se dire soit chrétien soit musulman, il n'y a pas de terme générique dìì qui recouvre notre concept de religion, sauf celui de *ɗína*, dérivé de *dìína*, « croyant » en foulfouldé, mais ce terme est ambigu car, pour les musulmans en général et pour les Peuls en particulier, il signifie musulman et n'inclut pas les chrétiens. Le terme *zuldo* veut aussi dire musulman pour la plupart des Dìì, bien qu'il ait fugitivement désigné, pour les païens, aussi bien les musulmans que les chrétiens durant les premières années qui suivirent l'implantation des missions chrétiennes. Je l'ai encore entendu dans cet ancien sens lors de la prière de clôture d'une circoncision à laquelle assistaient chrétiens et musulmans. L'imam fit la prière musulmane après l'avoir justifiée par le fait que tous les assistants étaient aujourd'hui des croyants, *zuldo*. Les chrétiens se disent soit *nán misyọn*, « personne de la mission », ou *nán krìstén* ou *kìrtén*, « personne chrétienne », et les musulmans « personne musulmane », *nán ɗíní*. Le terme « traditionaliste » est surtout traduit aujourd'hui par défaut, en relation aux deux autres religions qui sont prépondérantes, en disant d'un païen qu'« il ne prie pas musulman », *ɗígi né*, qu'« il ne suit pas l'islam », *dùn dìína né*, qu'« il ne va pas à dimanche », *lààn àlàd né*, ou encore qu'« il ne suit pas la mission », *dùn misyọn né*. Le terme qui s'en rapproche le plus, *nán hẹn díkáb*, « personne qui (suit) les choses coutumes, la tradition », est toutefois ambigu parce qu'il désigne aujourd'hui à la fois une personne qui se conforme aux pratiques traditionnelles et y croit et une autre qui les pratique tout en n'y croyant pas – ou qui prétend ne plus y croire. Le contexte seul permet de préciser. Mais ce terme désigne aussi globalement une personne qui ne veut pas changer, qui vit dans le passé et le ressasse. On dit aussi que les traditionalistes sont des « hommes vides, sans valeur », *nán lee*. Les missionnaires et les évangélistes les désignent, eux, comme *nán gàà tayɨɨ sa*, « homme/connaître/Dieu/pas », mais cet usage ne se retrouve pas ailleurs puisque tous les Dìì affirment croire en Dieu.

Un terme englobant chrétiens et musulmans est celui qui les différencie le mieux des traditionalistes, *nán moo tayɨɨ ɓá'ɨ́*, « personne/parole/Dieu/prier, demander ». En effet, c'est la prière directement adressée à Dieu, sans intermédiaire, qui distingue les uns et les autres des « anciens » Dìì. Les Peuls appellent la prière *do'a*, les Dìì *tayɨɨ ɓáɨ́*, « prier, demander à Dieu », étant entendu que l'une comme l'autre vont directement à Dieu qui est seul concerné. On demandait certaines choses aux ancêtres – en mentionnant Dieu – dans des circonstances précises, en particulier lors de cérémonies appelées « sacrifices », *hẹn pʉ̀''ɨ́*, ou « bénédiction », *hẹn bàggɨ́*, ce dernier terme signifiant plus précisément les gestes faits lors des « sacrifices » ou des offrandes. Ces deux occasions s'accompagnaient de demandes ainsi que de remerciements aux ancêtres et étaient désignées par des noms spécifiques. Or, le terme *ɓá'ɨ́* signifie simplement « demander quelque chose à quelqu'un ». Ces demandes ne se faisaient jamais sans un « sacrifice » et une « bénédiction » alors que la prière chrétienne ou musulmane peut être dite sans l'un ou l'autre.

Comment se présente actuellement l'interrelation entre les deux religions ? On a vu que les chefs sont en grande majorité musulmans ou tendent à le devenir s'ils sont chrétiens. Les chefs peuls et la plupart des autres étant aussi musulmans, on peut parler ici d'un effet d'entraînement et certains des intéressés l'admettent volontiers. Mais il en va autrement des gens ordinaires qui choisissent personnellement leur religion. Plusieurs facteurs interviennent dans ce choix et bien des familles abritent à la fois des chrétiens et des musulmans, chacun faisant comme bon lui semble. Par exemple, le village de Kaana'a gbo̩o̩ était majoritairement musulman dans les années 1950 mais l'ouverture d'une école missionnaire catholique et d'une autre protestante a tout changé, la génération suivante devenant chrétienne. Tous les enfants du chef de village, un musulman zélé qui avait fait détruire le masque fà̩à̩ en 1958, sont devenus chrétiens. Il y a des villages majoritairement musulmans et d'autres majoritairement chrétiens mais les deux religions coexistent, en proportions variables, dans la plupart. Dans l'arrondissement de Mbé, les deux imams sont étrangers : celui de Mbé, un Haoussa, est *goni*, c'est-à-dire qu'il peut réciter le Coran d'une traite et celui de Ngawyanga, lui aussi étranger, mais du Bornou, est *moodibbo*, c'est-à-dire interprète reconnu des textes islamiques. C'est à lui que les musulmans de l'arrondissement se réfèrent pour les questions épineuses, à moins qu'ils se tournent vers des imams réputés de Ngaoundéré. Tous deux s'occupent d'une école coranique mais celle de Mbé n'accueille que quelques enfants de musulmans non dìì établis à Mbé alors que celle de Ngawyanga enseigne aussi le Coran à quelques enfants dìì. Le *moodibbo* m'a confié qu'aucun n'avait appris le Coran en entier, se bornant au mieux à quelques sourates. Une autre école coranique fut ouverte à Mbé en 1992 par le frère de la députée de l'époque, Marie-Paule Adji, mais elle ne fonctionna que deux ans, l'enseignant étant allé poursuivre ses études à l'université de Ngaoundéré. Deux ressortissants de la famille des chefs du village récemment ressuscité de Ndiu, établis aujourd'hui à Ngawyanga Taparé, un quartier excentrique de Mbé, sont devenus imams et en font fonction, un à Tagbuŋ et l'autre à Ngaoundéré ; un troisième prince a repris la chefferie et fait la circoncision musulmane mais sur un *təə* séparé, pour bien montrer qu'il est un chef. La plupart des villages prennent comme *malum* pour diriger la prière du vendredi un musulman du village reconnu pour être un peu plus savant que les autres.

La situation est différente sur le plateau où il y a plusieurs écoles coraniques. À Gambuggu, on en trouve trois dont deux avec des imams dìì qui enseignent le Coran en entier et une avec un imam mboum puisque le village est biethnique. Ici, il y a davantage de musulmans que de chrétiens à cause de la proximité de Ngaoundéré. Plusieurs imams dìì ont fait des études plus approfondies, quelquefois à Yola, qui garde un grand prestige. C'est un des imams du plateau qui parle en langue dìì chaque vendredi après-midi à la radio de Ngaoundéré et de Garoua dans une courte émission intitulée « Connaissance de l'islam » où se suivent des porte-paroles musulmans des diverses ethnies des alentours de la ville (Foulbés, Gbaya, entre autres).

Dans la région soumise à Rey-Bouba, nous avons mentionné qu'il avait même interdit les conversions au XIXe siècle dans certains villages. Plus tard, il ne fit rien pour propager l'islam sauf d'envoyer une ou deux fois des imams dans l'un ou l'autre des villages, imams ignorés de la population qui repartirent bientôt sans avoir pu ouvrir des écoles coraniques.

Depuis l'année 2000, l'Arabie Saoudite a déployé de grands efforts pour construire des mosquées dans les villages qui avaient des résidents musulmans, les mosquées locales étant le plus souvent des enclos minuscules entourés de secco, négligés la plupart du temps. Un centre culturel islamique a été érigé en 2003 à Mbé, abritant une bibliothèque d'écrits religieux. Ceci avait été précédé, dès les années 1980, par l'éducation, en Arabie même, de volontaires majoritairement peuls qui y devinrent des imams d'obédience wahhabite, à la grande inquiétude de plusieurs intellectuels peuls (Adama 1997). La construction de ces mosquées a coïncidé avec un nouvel afflux de ces missionnaires musulmans dont un est devenu professeur d'arabe au lycée de Mbé. Les autres font des réunions d'évangélisation dans les villages pendant la saison sèche en prêchant la version wahhabite de tenir le culte et la prière. Ils ont été assez mal accueillis à Rey-Bouba ; le Rey aurait détourné à son profit une partie de l'argent donné pour la construction d'une mosquée dans sa ville. Plusieurs missionnaires de retour d'Arabie, quelques-uns Dìì et plusieurs dits « Arabes », dirigent maintenant les nouvelles mosquées du district de Mayo-Rey.

Il est difficile de mesurer aujourd'hui leur impact réel. Les premiers à rentrer à Ngaoundéré ont d'abord essayé de discréditer l'islam tel que localement pratiqué en tentant de montrer aux populations locales, surtout les Gbaya, que les Peuls les avaient trompés. Ceci est considéré, à juste titre, comme une tentative de remplacer l'élite peule traditionnelle par ces nouveaux prosélytes wahhabites mais les événements du 11 septembre 2001 les ont considérablement refroidis, cet islam intégriste ayant été unanimement dénoncé par les imams « traditionnels », à la radio comme à la télévision.

On trouve plusieurs Alhaji dans l'arrondissement de Mbé, le premier fut Alhaji Kofa, aussi premier député dìì, ainsi que sa femme dont les voyages furent payés par le gouvernement Ahidjo pendant que le député était en fonction. Ensuite vint l'ancien chef de Waag, aussi devenu Alhaji, tous frais payés par le gouvernement, juste après sa conversion. Un ancien capitaine fit le pèlerinage à ses frais au moment de sa retraite. L'imam de Mbé est aussi Alhaji ; son voyage a été financé par une personne de Ngaoundéré. Quatre autres sont des commerçants dìì et le dernier un commerçant haoussa. Il y en a autant, sinon plus, sur le plateau mais seulement deux dans le territoire de Rey-Bouba.

On voit donc, en l'absence quasi totale d'écoles coraniques, que l'islam se borne, pour la plupart des musulmans, aux manifestations minimales, en particulier savoir faire la prière. Ceci n'empêche en rien les tenants d'offices traditionnels de se livrer à leurs tâches et de se proclamer musulmans. Lors de la circoncision de ses petits-fils à Mbé, un de ces Alhaji – habitant Mbé mais du lignage des circonciseurs d'un autre village – est venu participer à l'aiguisage des couteaux au site de Mbé, puisque les circonciseurs des villages voisins sont en général invités pour prêter main-forte.

Du côté chrétien, dans l'arrondissement de Mbé, il y a deux pasteurs locaux à Mbé, un à Waag, un à Sassa Mbəəsi' et un catéchiste ou un évangéliste dans chaque village ayant une église. Il reste encore quelques missionnaires polonais à Kaana'a alors que les missionnaires norvégiens sont tous partis de Mbé dans la décennie 1990. Dans la région sous Rey-Bouba, ce sont surtout les catéchistes et les évangélistes qui prédominent mais il y a un pasteur à Gamba et un autre à Tcholliré. Ceci sans compter avec quelques sectes surtout fréquentées par les nouveaux immigrants des provinces de l'extrême-nord et du nord, comme les adventistes, des groupes « messianiques », et les membres de la Vraie Église de Dieu, la plupart des adeptes de cette dernière étant des étrangers. L'église protestante a aussi son émission religieuse à la radio, tout comme l'islam. Des groupes d'évangélisation donnent une instruction religieuse de base le soir pour ceux qui sont intéressés.

La religion n'est pas un obstacle aux mariages interreligieux qui sont assez communs bien que les Dìì tiennent pour acquis que les adhérents de chacune des deux religions principales tendraient plutôt à se marier entre eux. On trouve donc des chrétiens mariés à des musulmanes et l'inverse, des musulmans mariés à des chrétiennes. Malgré l'interdiction de l'Église, il y a des chrétiens polygames qui, bien qu'interdits de communion, n'en deviennent pas musulmans pour autant. Les enfants, comme nous l'avons dit, choisissent leur affiliation religieuse à l'adolescence, souvent d'après celle de leurs amis. Une famille avec douze enfants vivants, dont le père fut un des premiers à se convertir à la religion musulmane, a six de ses enfants musulmans alors que les six autres sont devenus chrétiens. L'un d'eux s'est fait chrétien car il voulait pouvoir lire les textes sacrés et, comme il ne savait pas l'arabe, il a choisi d'étudier la Bible en français. L'appartenance religieuse n'est donc pas un problème politique entre deux blocs opposés. C'est une affaire d'abord privée.

Mais si l'on peut se dire aujourd'hui chrétien ou musulman, comment peut-on se dire Dìi ? C'est une préoccupation des élites qui veulent, si l'on peut employer un néologisme, se « positionner » face à un monde dont elles n'ignorent plus rien grâce aux diverses radios – soigneusement sélectionnées, car on croit davantage Radio France Internationale que les stations camerounaises – et à la télévision. Les Dìi veulent autant se faire connaître des autres peuples que se définir à partir d'eux, tout en ayant un regard très critique – à leur sens – sur ce qu'on peut dire d'eux. Par exemple, les intellectuels en poste à Mbé me convièrent à un souper dès le début de mes enquêtes, juste après avoir été invité, dès le premier jour, à participer à une cérémonie de circoncision. Il est vrai que j'avais brièvement parcouru le pays dìi l'année précédente et déclaré à certains des représentants de l'intelligentsia locale que je reviendrais travailler à leur histoire si je pouvais trouver des fonds. Je n'étais donc pas en pays totalement inconnu et eux non plus. On me demanda d'expliquer mon travail et de dire pourquoi j'avais choisi les Dìi plutôt qu'une autre population. À cette question je répondis que les Dìi représentaient un « trou ethnographique », expression qui signifiait qu'un observateur extérieur ne pouvait savoir qui étaient les Dìi puisque rien n'avait été écrit sur eux – ou presque –, contrairement aux voisins qu'ils connaissent, les Moundang, Mboum, Gbaya, Chamba et Dowayo, sur lesquels il y avait des livres, et aux Péré et Duupa, alors sous étude. Mes interlocuteurs furent très choqués d'apprendre que les Dowayo avaient eu un ethnographe avant eux, car ils les considèrent, en se comparant à eux, comme très arriérés. Je fus sommé sur-le-champ de commencer mes travaux… J'ai aussi entendu par hasard des propos similaires proférés par une personne qui disait, pensant que je ne pouvais l'entendre : « Nous devons certainement valoir quelque chose puisque les Blancs ont "détaché" un des leurs spécialement pour nous étudier. » On pourrait ironiser ou philosopher longtemps sur l'attitude de colonisé que cachent ces propos ; je ne moraliserai pas ici en me bornant à exposer simplement une « situation de terrain ». Cette préoccupation de se faire reconnaître comme peuple sérieux qui ne le cède en rien aux autres sur le plan de l'originalité est constante chez les Dìi[2].

2. Ironiquement, elle semble être tout à fait la même chez les voisins Dowayo, vus par les Dìi comme des campagnards un peu simplets. Barley (1986 : 48-49) nous dit, après avoir fait un discours d'ouverture semblable au mien : « As I left, an old woman fell on the ground and embraced my knees. "What did she say?" I asked. Matthieu giggled, "She said God had sent you to hear our voice". It was a better start than I had dared to hope for. »

Mais comment se faire reconnaître comme Dìì en se prétendant chrétien ou musulman ? Comment être Dìì et chrétien ou musulman, sans toutefois apparaître à soi-même et aux autres comme païen ? Que faut-il garder et abandonner de cet ancien héritage ? Cette question fut vigoureusement évoquée lors de la grande réunion que nous avons décrite au chapitre précédent. Un participant l'exprima en ces termes, dramatiquement forcés de manière rhétorique : « La culture traditionnelle va à la dérive. Pourquoi ne fait-on plus la tradition, *hẹn díkáb*, au village ? Qu'est-ce qui entrave cela ? Il n'y a plus de culture dìì. On ne respecte plus les vieux au village. Il faut reprendre les traditions. Ailleurs, la culture traditionnelle n'empêche personne d'être chrétien ou musulman, mais ceci peut-il se faire comme autrefois ? » Bonne question à laquelle un haut responsable de l'administration missionnaire protestante de Ngaoundéré, secrétaire de l'École normale d'instituteurs et de l'École normale d'instituteurs adjoints (ENI/ENIA), natif d'un des lignages autochtones de Mbé, répondit par une harangue enflammée : « Depuis que les Blancs ont inventé la télévision, on y voit les Bamiléké y faire leur tradition. Tous ces fonctionnaires bamiléké, qu'ils soient gendarmes, militaires, sous-préfets ou autres rentrent chez eux le soir, enlèvent leurs uniformes et se remettent dans la tenue de leurs ancêtres. On voit aussi à la télévision les Massa, les Toupouri et leurs combats au bâton ainsi que les autres peuples du Cameroun, mais on n'y voit pas les Dìì. Ici, on a honte de la tradition. Pourquoi ? Vous les vieux, il vous faut à nouveau souffler le *gà' waa zaga* (sorte de sifflet), sonner le *mbɔ́ẃ* (double cloche), entonner le *gbaŋ gbɔ́ yạạlɨ́* (cri déformé pour effrayer et éloigner les femmes), faire sortir le gə́g et le fạ̀ạ̀ lorsqu'on se rend à la circoncision pour que les jeunes sachent comment on la pratiquait autrefois. Les enfants nés ailleurs doivent être circoncis au village. Ils sauront comment pratiquaient nos grands-pères et posséderont ainsi tous quelque chose en commun. Ils seront alors de vrais Dìì. Si on circoncit aujourd'hui, les enfants ne savent plus ce que c'est. Mais même ceux qui vont à l'université s'intéressent à ces questions, comme Maïna qui a fait sa thèse de maîtrise sur les traditions des Dìì[3]. Si vous ne conservez pas les choses de la tradition, personne ne vous connaîtra. Ici, vous avez la tradition mais vous demandez de l'argent. Même quand les Blancs viennent, vous quémandez et cela nous fait du mal. Quant aux prohibitions alimentaires, certains ont l'hippopotame, *zó'óm*, d'autres l'élan de Derby, *lɛɛg*, mais ils ne les respectent plus. C'est ce qui va les perdre [litt. "les faire entrer dans l'eau"]. Nos pères ne veulent plus se comporter en sorte que les Dìì aient une identité. Nous voulons au contraire

3. Il s'agit d'un mémoire de maîtrise (Maïna 1998) discutant de la circoncision traditionnelle dìì à laquelle l'auteur, rejeton d'une famille très chrétienne, n'a jamais assisté. Son intérêt réside dans ce qu'il a tiré des commentaires que ses informateurs lui ont faits ainsi que de ce qu'ils ne lui ont pas dit.

qu'ils organisent à nouveau la tradition et l'expliquent aux enfants, même à ceux qui vont à l'université. Vous avez honte et peur du *sẹ́w* (maladie qui se traite à l'hôpital et par des voies traditionnelles, ce qui est une grande source de débats animés, voir Muller 2001a). C'est la schistosomiase, une maladie qu'on guérit et c'est la foi qui guérit ».

Ce discours coloré et auto-flagellant est passablement exagéré. La circoncision se fait toujours au village et le tribun parle surtout pour les quelques chrétiens et les quelques musulmans qui ont abandonné son enveloppe traditionnelle, les danses, les doubles cloches, les masques et autres sifflets. La récrimination débute par une diatribe contre les Dìì qui, à l'encontre des autres peuples camerounais, ne sont pas encore apparus à la télévision nationale. La référence ici est à la très populaire émission de l'époque, *Tam-tam Week End*, dont le propos était de montrer les particularités des divers peuples camerounais. L'orateur parle des Bamiléké, une ethnie fort dynamique au Cameroun, bien connus et appréciés des Dìì car plusieurs instituteurs bamiléké enseignent en pays dìì, et des Massa et Toupouri que les Dìì connaissent bien aussi car ils sont voisins et plusieurs d'entre eux sont postés en pays dìì. Cet accent mis sur les traditions, *hẹn dikáb*, « chose/tradition, coutume », l'est sur les manifestations visibles de celles-ci, les cérémonies traditionnelles. Plusieurs informateurs m'ont expliqué spontanément que les Dìì avaient deux « traditions » principales, la circoncision et le traitement du *sẹ́w*, la référence étant les cérémonies publiques et les danses, donc ce qui se voit. Dans cet esprit, on m'a reproché de ne pas avoir de caméra pour filmer ces occasions mais cet inconvénient était mineur car les événements publics importants, comme la réunion dont nous discutons et une circoncision antérieure, furent filmés à l'aide d'un appareil vidéo appartenant à un des représentants de l'élite de Mbé vivant à Ngaoundéré. Les jeunes dìì enregistrent aussi leur musique avec des radios de type « ghetto blaster ». Depuis une quinzaine d'années, deux radios communautaires, l'une à Ngaoundéré et l'autre à Garoua, diffusent une heure de « programme culturel » en passant de la musique dìì, en racontant les potins des villages (naissances, mariages, décès) et en annonçant les circoncisions, enjoignant à la foule d'y assister nombreuse.

Ces radios envoient quelquefois sur place un technicien pour faire les enregistrements. J'ajouterai que l'année suivante, la télévision a enfin filmé les Dìì et leurs danses. Bien que peu d'entre eux se virent à l'écran – les possesseurs de postes sont relativement rares – ce fut un soulagement collectif pour les élites de savoir que les Dìì étaient aussi dignes d'attention que les autres peuples du Cameroun. Mais ces efforts pour se faire reconnaître comme peuple distinct et résolument engagé dans la modernité ne doivent pas nous cacher ce que cette identité dìì hautement revendiquée cache comme ambiguïtés, à l'endroit précis où elle dit se montrer à son plus pur, les cérémonies de circoncision. À l'issue de la première circoncision à laquelle j'assistai, quelques jours après mon arrivée chez les Dìì, le circonciseur qui pratiqua l'opération, un musulman, présenta, comme le requiert la coutume, les enfants à la nombreuse assistance masculine qui attendait à l'entrée de la place de circoncision. Cette présentation s'accompagna d'une harangue dénonçant vigoureusement « ceux qui viennent ici pour nous inciter à changer nos manières de circoncire ». Il termina par un plaidoyer fort apprécié sur l'ancienneté des traditions que les circonciseurs ont respectées malgré les forces étrangères adverses. Le maître circonciseur, son cousin paternel, un instituteur adjoint retraité chrétien, fit aussi une allocution en langue dìì qui me fit sursauter par deux fois à l'occasion de deux phrases incongrues dites en français très clair mais dont le sens était pour moi des plus cryptiques : « Nous faisons ceci sous forme de théâtre » et « C'est un jeu qui n'est pas une occasion de chute ». Comme les discours continuaient, je dus différer mes questions que je posai quelques jours plus tard à un nouvel ami dìì, instituteur catholique : « Que signifient aujourd'hui ces cérémonies que l'on continue à faire tout en se réclamant de deux religions qui les combattent et dont on parle comme d'une chose qui ne doit pas "être prise comme une occasion de chute" et qu'il faut perpétuer sans se laisser influencer par des idéologies véhiculées par des "étrangers" ? » La réponse me sidéra : « On continue à les faire, mais il y a une grande différence : autrefois, c'était mystique alors qu'aujourd'hui, c'est symbolique. » Réponse stupéfiante ! Mon interlocuteur, un des catholiques minoritaires du village, aurait-il lu Lucien Lévy-Bruhl et Victor Turner ? Aurait-il médité sur la différence entre une intense participation mystique, selon les idées du premier, et une simple promenade dans la forêt des symboles, si chère au second ? Que signifiait cette déclaration lapidaire ? Ce fut assez facile à élucider : quand on fait une cérémonie de façon mystique, c'est qu'on y croit, mais c'est seulement symbolique quand on n'y croit plus et, dès lors, ce n'est plus « une occasion de chute » ainsi que l'avait souligné l'orateur, c'est-à-dire un péché selon l'Église. Autrefois on y croyait, aujourd'hui on n'y croit plus. Mon interlocuteur m'avait déjà dit, à l'issue de la circoncision citée plus haut, qu'auparavant c'était « mystique », mais que ce mystique s'était mué aujourd'hui en « représentatif ». Mais alors pourquoi continuer à faire ces cérémonies si, selon mon ami, plus personne n'y croit ? C'est précisément pour se montrer Dìì à soi-même et aux autres qu'il faut les préserver et même en restaurer certains aspects négligés. Les cérémonies sont le marqueur identitaire le plus visible dans une société nationale, ou plus précisément régionale, où le vêtement et les marquages corporels n'en sont plus. La langue est un autre marqueur identitaire, mais il n'est pas visible…

Ces marqueurs identitaires qu'on veut aujourd'hui préserver ou restaurer ont été combattus par les deux nouvelles religions introduites chez les Dìì, mais de manières différentes et le résultat actuel est un compromis en évolution entre la tradition dìì, le christianisme et l'islam.

Voyons ce que l'une et l'autre ont interdit, tenté d'interdire ou de modifier, ce que les Dìì en ont pensé et ce qu'ils ont transformé d'eux-mêmes sans qu'on le leur demande. L'introduction de l'islam, comme nous l'avons fait remarquer, se fit *après* la colonisation européenne et ce de manière d'abord personnelle. Les imams, tous étrangers, Haoussa ou Bornouans, qu'abritèrent les rares villages dont les chefs avaient embrassé l'islam d'une façon un peu plus que nominale, comme Ndʉʉm, Ndiu, Ngawyanga, les instruisirent de ce qu'il fallait éliminer des pratiques païennes qualifiées de *sááfi* – du peul local *safiiru*. La question la plus importante tourna autour de la pratique de la circoncision mais moins sur le fait de circoncire, puisqu'il est recommandé par l'islam, que sur la manière de procéder. Les imams ont très vite compris l'importance proprement théologique des couteaux de circoncision dìì puisqu'ils servaient aux ordalies. Faisant fonction de juges suprêmes, les couteaux n'entraient pas dans la loi coranique et devaient être éliminés. Quelques villages du plateau les abandonnèrent et les laissèrent dans leur cache (Podlewski 1971 : 26-29) ; les trois autres villages cités plus haut les jetèrent dans la rivière et les remplacèrent par de simples couteaux de barbiers.

La question des masques fut aussi abordée, mais avec moins de passion, du moins à cette époque. Leur utilisation fut aussi taxée d'anti-islamique mais elle était plutôt considérée comme un amusement par beaucoup de Dìì musulmans. Seuls quelques rares villages ne les firent plus sortir lors de la circoncision et inaugurèrent ce qu'on appelle aujourd'hui une « circoncision peule » dans laquelle ne figure aucune des réjouissances publiques associées aux masques et aux danses. C'est à peu près tout ce que les aînés ont pu me dire au sujet des interférences musulmanes avant les années 1960. Il ne semble pas, au dire de mes informateurs, que les exhortations en faveur d'une orthodoxie islamique plus marquée aient été plus loin avant la tentative de conversion forcée du président Ahidjo – sur laquelle nous reviendrons.

Quant aux chrétiens, ils adoptèrent une autre politique au sujet de la circoncision. Ils se trouvaient aussi – comme les musulmans orthodoxes – dans un contexte biaisé pour plusieurs raisons. La circoncision est abondamment mentionnée dans la Bible ; elle n'est donc pas intrinsèquement mauvaise puisque les anciens juifs et les premiers chrétiens la pratiquaient. De plus, elle est recommandée aussi, pour des raisons thérapeutiques, dans quelques segments de la société occidentale et certains représentants missionnaires la prônent pour tous les garçonnets juste après la naissance. Les chefs de village étant tous musulmans – officiellement du moins –, les chrétiens tentèrent d'infléchir la circoncision à leur profit (Frerichs 1982 : XIII). Elle ne fut pas interdite mais, pour la purger des éléments païens, les missionnaires conseillèrent aux chrétiens de faire circoncire leurs garçons au dispensaire de la mission protestante pendant les vacances scolaires, mettant même une classe d'école à la disposition des jeunes circoncis comme substitut au camp de brousse où les enfants demeurent en réclusion jusqu'à complète cicatrisation. L'expérience fit long feu mais il y a toujours quelques parents qui font circoncire leur enfant au dispensaire avant de l'envoyer rejoindre, dans le camp de brousse, les autres garçons circoncis de manière traditionnelle. La circoncision chrétienne pratiquée au dispensaire, telle que la voyaient les missionnaires, avait toutes les caractéristiques des circoncisions occidentales thérapeutiques. Plus hygiénique, elle se pratiquait sous anesthésie et dans des conditions sanitaires optimales. De plus, elle évitait le recours aux couteaux locaux, chargés de connotations diaboliques.

Les missionnaires attaquèrent aussi le culte des ancêtres en s'en prenant notamment aux rites propitiatoires et aux remerciements à l'occasion des moissons. Ils expliquèrent aux Dìì que les anciens n'avaient rien à voir dans ces transactions puisque tout vient de Dieu. En priant leurs ancêtres, les gens se trompaient simplement d'adresse. Il suffisait de changer le destinataire lorsqu'on devenait chrétien. Quant aux dons les accompagnant, ils étaient plus efficacement adressés à Dieu par l'intermédiaire de la caisse missionnaire. Aucune mention d'interférence active ne m'a été rapportée au sujet des masques, mais les chrétiens les plus fervents se tenaient en dehors des cérémonies au cours desquelles ils étaient exhibés.

Bien que la Bible fasse abondamment mention de la polygynie, les chrétiens imposèrent la monogamie aux convertis. Avoir plusieurs femmes ne les chassait pas cependant de l'Église mais les empêchait de recevoir la communion. Cette interdiction a provoqué plusieurs conversions d'hommes chrétiens à l'islam, après qu'ils eurent pris une seconde épouse.

Ce passage d'une religion à l'autre s'explique facilement car l'impact de ces deux nouvelles religions est aujourd'hui abondamment commenté par l'élite lettrée, musulmane ou chrétienne, qui voit entre elles plus de similarités que de différences. Elles furent aussi mises dans le même sac dès l'introduction du christianisme car la prédication chrétienne, telle qu'interprétée par bien des Dìì – mais pas nécessairement par les missionnaires –, mentionnait qu'il n'y avait qu'un seul Dieu mais qu'il existait deux voies pour y accéder, le christianisme et l'islam. Ce qui fait dire à certains que ce sont les missionnaires qui ont ouvert les yeux des Dìì afin de leur permettre de devenir non seulement chrétiens mais aussi musulmans, vu le peu d'empressement – et parfois le refus – des Peuls à les convertir.

Les choses changèrent lors de l'islamisation étatique dont il faut présenter le contexte. Après les enquêtes menées, en 1965, sous l'égide des Nations Unies, l'esclavage fut enfin aboli dans le nord du Cameroun. Le président Ahidjo supprima également les travaux collectifs imposés sur les champs des lamibé ainsi que les corvées communautaires ordonnées par les chefs. Mais, dans la même foulée, il tenta d'islamiser les peuples païens du nord du pays en les soumettant à des persécutions religieuses qui varièrent selon les régions. Les chefs locaux furent chargés de cette répression mais ils ne le firent pas tous avec la même intensité ni la même perversité. Cette répression du paganisme, qui dura chez les Dìì de 1967 à 1969 environ, s'accompagna d'une intense activité missionnaire : l'État construisit des mosquées dans les chefs-lieux qui n'en avaient pas. C'est ainsi que Mbé fut nantie de sa mosquée actuelle, sise en face du bâtiment de la chefferie, dont la construction s'acheva en 1972. Le lamido de l'arrondissement de Mbé de l'époque était musulman et traditionaliste à la fois, comme nous l'avons mentionné ; il avait même encouragé les missionnaires protestants, en 1951, à venir établir leur siège à Mbé plutôt qu'à Ngawyanga, dont le fils du chef, un musulman plus militant, voyait les missionnaires d'un mauvais œil. L'État envoya aussi des imams dans les villages importants et Mbé reçut l'imam Moussa, un Toupouri converti, pour islamiser la population.

Cette activité missionnaire s'accompagna de brutalités et de vandalisme. Les autels personnels, *gbaa*, et ceux des chefferies furent catalogués comme « idoles » puisqu'on leur adressait des prières. Ces autels étaient composés de briques rectangulaires de terre séchée sur lesquelles étaient plantés des morceaux de pierre et de bois. On couchait entre les pierres un vieux bracelet de fer d'un des défunts du lignage et c'est là-dessus que se faisaient les libations. Leurs possesseurs furent priés de les détruire : en cas de refus, les imams les supprimaient. Il en alla de même pour les piquets d'entrée des chefferies. Comme on leur faisait aussi des libations, ils furent déterrés et détruits comme « idoles ». Les imams continuèrent leur campagne contre les couteaux. Ils furent soit lancés dans des cours d'eau soit confisqués, comme à Mbé et dans les chefferies avoisinantes, pour être remisés dans le placard d'un des bureaux de l'administration de ce qui était alors le canton de Mbé. Ils furent restitués plus tard, sur demande des intéressés. Plusieurs villages échappèrent à ce sort funeste en disant que les couteaux avaient déjà été détruits ou n'en présentant que quelques-uns. Cette période dura deux ou trois ans et elle eut pour résultat d'effacer les symboles les plus apparents de l'« idolâtrie ». Mais rien n'empêche quiconque de faire ses libations sur le lieu d'ancrage traditionnel des autels, la base du grenier principal de la maison, comme le disent malicieusement ceux qui les font encore… Les circoncisions continuèrent de se pratiquer sans les anciens couteaux – qui réapparurent peu après ici et là, quelquefois avec des modifications. Les couteaux de barbier qui les avaient remplacés étaient plus coupants et certains circonciseurs continuèrent de les employer mais ils emportent aussi avec eux les anciens couteaux, en placent un sous l'enfant et s'assurent qu'une goutte de sang le touche, afin qu'il joue toujours un rôle.

Les imams combattirent aussi la cure thérapeutique du *sẹ́w*, une maladie causée par un esprit qu'il faut exorciser. Ils assimilèrent le traitement à des transactions anti-islamiques avec des mauvais génies et tentèrent de persuader les chefs de village de l'abolir. Ils s'y refusèrent.

Un problème qui ne fut résolu ni par une religion ni par l'autre est celui de la sorcellerie. Les missionnaires eurent beau clamer qu'elle était dénuée de fondement, personne ne les crut. Les peines encourues pour faits de sorcellerie sont dûment énumérées dans le code pénal camerounais (art. 251) contribuant ainsi à faire de la croyance une réalité officiellement reconnue. L'église de l'arrondissement de Mbé a même été récemment secouée par des affaires internes de ce type où un pasteur fut accusé d'avoir tué par sorcellerie un de ses confrères.

Il demeure un dernier point à noter. Les Dìì sont un peuple convivial chez qui toutes les fêtes et les nombreux travaux agricoles collectifs sont libéralement accompagnés de bière, engloutie joyeusement en grande quantité. Lors de leur arrivée, les Peuls n'ont pas interdit sa consommation et les chrétiens non plus, sauf pour prêcher la mesure et une certaine modération. Mais les imams de l'islamisation forcée voulurent réformer les Dìì musulmans en les empêchant de boire de l'alcool. Ceux-ci résolurent le problème très facilement, avec un luxe d'arguments sophistiqués qui m'ont été récités un à un comme étant la réponse structurée faite à l'imam Moussa à l'occasion de ses sermons d'abstinence : a) il est de notoriété publique que les lamibé et les grands hommes politiques musulmans sont des ivrognes – y compris le président Ahidjo (Gaillard 1994 : 55) –, il faut donc d'abord balayer devant sa porte ; b) la langue peule possède plusieurs termes pour désigner diverses sortes de boissons alcoolisées ; l'alcool n'est donc pas étranger à leur culture puisqu'ils peuvent nommer de telles boissons dans leur propre langue ; c) c'est le président Ahidjo – musulman complet qui a fait le pèlerinage à La Mecque –, qui introduisit en 1962, par le truchement de la firme *Les Brasseries du Cameroun*, la fameuse bière de marque « 33 », après son élection en 1960. Un tel signe ne peut tromper : si un Alhaji – de surcroît président –, se montre ouvert à une telle entreprise cautionnée par l'État, on ne voit pas ce que les imams auraient à y modifier.

La plupart des musulmans dìì partagent cette opinion. Ils accusent les Peuls d'avoir introduit leur propre interprétation du Coran pour profiter davantage de leur travail. À part quelques rares musulmans qui s'abstiennent de boire de l'alcool, les autres voient cette interdiction comme un complot des Peuls pour mieux les manipuler. Quelques-uns m'ont assuré qu'ils étaient abstinents, non par conviction religieuse, mais pour des raisons médicales, leur médecin leur ayant déconseillé la consommation d'alcool. Un musulman convaincu m'a expliqué que les Peuls, éleveurs de bétail, ne comprenaient rien à l'agriculture, donc aux Dìì : la bière est source de vie car elle permet les travaux collectifs qui donnent du grain et, sans grain, pas de bière et sans bière, pas de grain. Cette assertion est un raccourci saisissant de l'argument d'une thèse portant sur les Duupa qui vivent à quelques kilomètres au nord de mon interlocuteur (de Garine 1995).

À part ces refus très circonstanciés et publics, il reste que certaines croyances officiellement abandonnées ne l'ont pas toujours été des individus eux-mêmes. Si la circoncision est admise par les chrétiens et les musulmans, chacun proposant sa propre conduite de la chose, les Dìì sont placés en porte-à-faux, ces deux religions décelant dans la circoncision dìì des pratiques et des croyances païennes. Ceci ne pose pas de problèmes pour ceux qui font circoncire leur enfant au dispensaire ou en privé. Mais les Dìì, chrétiens ou musulmans, qui tiennent aux cérémonies traditionnelles, ont à répondre à leurs adversaires du problème des couteaux. Ils le font d'une manière qui est loin d'être uniforme. Dans certains villages, les anciens couteaux sont toujours employés et on se réfère à la tradition, *hẹn díkáb*, pour justifier l'emploi des vieux instruments tout en disant qu'on ne croit plus en leur pouvoir. Cette croyance n'est plus une « chose vraie », *hẹn yẹ̀n*, comme autrefois, mais est une « chose fausse », *hẹn vbád*. Les anciennes pratiques, dissociées de la croyance, sont même jugées par les Dìì les plus scolarisés comme tout à fait prémonitoires et dignes d'illustrer la sagesse des anciens, validant ainsi *a posteriori* l'usage des couteaux traditionnels. Par exemple, les circonciseurs emmènent avec eux deux couteaux par enfant ; ces instruments sont passés à la flamme avant l'opération pour les « réveiller ». Ceci est interprété comme une version ancienne de la désinfection moderne que les aïeux auraient inventée seuls. D'autres expliquent les deux couteaux de la même manière prophylactique : si l'un d'eux tombe, on emploie le second. Les ancêtres avaient compris qu'en touchant terre, le premier pouvait recueillir les germes du tétanos, une preuve supplémentaire de leur sagesse. Nous avons déjà parlé de l'utilisation conjointe du couteau de barbier pour son efficacité et des couteaux traditionnels pour représenter en même temps la tradition. Mais il n'en reste pas moins que la croyance en leur pouvoir persiste, au moins chez certains. Aujourd'hui relégués en brousse par l'islamisation forcée, ils sont soigneusement gardés dans des poteries (Podlewski 1971 : photos p. 27 et 28) et l'endroit est interdit aux femmes. Une chrétienne très pratiquante m'a raconté qu'elle avait ressenti un malaise et de curieux frissons un jour où par mégarde elle s'en était approchée de trop près. Le décès d'une chrétienne, nouvellement arrivée au village, leur fut aussi attribué. Les femmes du quartier négligèrent de lui indiquer l'endroit de la cache qui la contamina et la tua lorsqu'elle passa tout près par ignorance. On dit même, douce revanche pour les traditionalistes, que l'imam Moussa, le musulman envoyé par l'État pour convertir les Dìì de Mbé, mourut à cause de ces couteaux. Lorsqu'il alla les chercher dans leur cache, il fut piqué par un essaim de guêpes qui y avait élu domicile – une chose fort commune – et décéda peu après, comble d'ironie !, au dispensaire chrétien.

Les couteaux ne sont pas seuls en cause : chaque chefferie est caractérisée par sa place de circoncision qui en est le signe distinctif. Cet endroit, toujours utilisé, est interdit aux femmes et aux non-circoncis ; il connote toute une partie du « sacré » traditionnel. Cependant, on continue d'y aller pour les raisons pragmatiques qui l'ont fait choisir – un ruisseau pour que les circonciseurs puissent se laver du sang versé – mais aussi, disent musulmans et chrétiens à l'unisson, parce qu'il est éloigné du village : les femmes ne doivent pas savoir ce qui s'y fait car elles seraient gênées d'entendre les plaintes et les pleurs des enfants, au cas où un peureux se mettrait à crier. On est donc, ici aussi, justifié de perpétuer la tradition pour des raisons qui n'ont rien à voir avec la « religion ».

Quant aux masques, ils sont encore aujourd'hui une pomme de discorde. La plupart des villages les sortent toujours, en particulier le masque gə́g qui est considéré actuellement comme un simple amusement. Le masque fạ̀ạ̀, aussi considéré maintenant comme un amusement, a presque disparu sous l'assaut de l'islam, mais aussi et surtout parce qu'il coûte fort cher à fabriquer et entretenir, comme nous l'avons vu. Quelques chefs de village ont interdit les masques après la campagne d'islamisation mais leurs successeurs se sont montrés plus souples et les ont réintroduits sous la nouvelle étiquette de divertissement. On hésite encore çà et là. Ce ne sont pas les chrétiens qui ont méprisé les masques mais les musulmans. La jeune génération musulmane, à peu d'exceptions près, les voit cependant comme des témoins historiques dignes d'être préservés.

La situation est plus compliquée dans le cas du traitement de la maladie du *sẹ́w*. Cette maladie exige une cure de plantes médicinales accompagnée d'un exorcisme semi-privé au cours duquel la patiente entre en transe. L'ensemble est suivi d'un défilé coloré lors de sa clôture. Cette maladie, caractérisée par une dysenterie souvent rebelle, a été diagnostiquée, dans ses cas les plus aigus, comme la bilharziose intestinale ou schistosomiase. Les missionnaires ne firent rien pour interdire le traitement local mais, depuis qu'il existe des remèdes, le dispensaire traite cette maladie. Aujourd'hui, les patients, des femmes pour la plupart, vont d'abord au dispensaire et, si le traitement échoue, se rabattent sur la méthode traditionnelle. Personne ne met en doute l'efficacité de la cure d'herbes qui est une de ces « choses vraies » dont nous venons de parler, mais certains musulmans et chrétiens à l'unisson rejettent vigoureusement l'exorcisme qu'ils tiennent pour une « chose fausse » et inutile en soutenant que la cure végétale suffirait. On est ici divisé mais aucun des chefs de village n'a interdit l'exorcisme.

Mais c'est surtout sur la circoncision et ses aspects publics et visibles qu'insistent les Dìì modernistes qui veulent montrer son aspect festif et dépaganisé, compatible avec le christianisme et l'islam, tout en restant profondément dìì. Le « théâtre » et le « jeu » auxquels sont aujourd'hui assimilés officiellement les aspects publics de la circoncision se disent en langue dìì, *hẹn fọ̀ọ̀lí*, « chose/plaisanterie, chose/jouer ». On se contente de mimer ce à quoi on ne croit plus. C'est aussi ce que voulait dire mon interlocuteur, parlant de « symbolique » en traduisant le terme en langue dìì par *hẹn fọ̀ọ̀lí*. Quant au terme « mystique », on le traduirait malaisément en langue dìì par *hẹn sàga*, comme il le fit aussi[4]. Cette expression signifie « miracle » ou « merveille » (Bohnhoff et Kadia 1991 : 1919) mais aussi un événement annonçant un malheur ou une chose jamais vue comme deux serpents ou deux tortues s'accouplant. Elle exprime aussi la crainte, la magie, le mystère. Le « mystique », c'est le mystère dont on veut faire table rase en le remplaçant par le jeu. Mais peut-on en faire totalement abstraction ? La variation des réponses individuelles répond à la question. Mais l'honneur est sauf : on peut montrer les masques et faire la circoncision si on comprend ces manifestations à la façon dont les Dìì se sont évertués – de manière plus ou moins convaincante – à les « dépaganiser ».

Cependant, cette façon de raisonner n'est valable qu'en regard des interdictions ponctuelles des représentants de l'islam ou du christianisme. Certaines pratiques traditionnelles, même si elles n'ont pas été stigmatisées par les deux religions universelles, jurent avec leur esprit. Dans cet ordre d'idées, les Dìì ont introduit eux-mêmes – ou sont en train d'introduire – des transformations dans leurs pratiques. Par exemple, la recirconcision des chefs après leur élection n'a été officiellement combattue ni par l'islam ni par le christianisme. Cependant, certains chefs ne veulent plus la subir en se réclamant indirectement de l'islam. Ils arguent que si on ne la fait pas pour les lamibé peuls, les représentants les plus en vue des musulmans, rien n'indique qu'il faille la faire chez les Dìì. Mais d'autres encore sont obligés

4. Ces deux termes « mystique » et « symbolique » viennent tout droit du sud du Cameroun, véhiculés par des instituteurs sudistes qui eurent bien plus tôt que les Dìì des dilemmes similaires à résoudre.

de s'y soumettre pour respecter la tradition, *hẹn díkáb*, sans référence ici à la religion. On remarquera que le terme de la comparaison est les Peuls et non pas les Blancs qui ne sont pas pris comme étalon de valeur. Les Dìì restent ici bien ancrés en Afrique…

Comme nous l'avons dit plus haut, certaines chefferies dìì gardaient les crânes de leurs chefs défunts ; cet usage tomba en désuétude sans que l'islam ni le christianisme n'y aient été pour rien. Ceux qui abandonnèrent cette coutume se contentèrent de faire comme ceux qui ne la pratiquaient pas, se bornant à balayer les tombeaux. Les tenants du respect de la tradition qui désirent la perpétuer disent alors que la tradition n'est pas la religion, *ɗína man kan díkáb né*, « la religion n'est pas la tradition ». Ceci permet un jeu subtil entre le dit et le non dit, présents dans les préceptes et l'esprit des deux nouvelles religions et la tradition proprement dìì.

L'islam n'accorde pas une grande place aux femmes dans les cérémonies alors que les chrétiens les incluent. Cependant, il n'y a pas de discours dìì dans l'une ou l'autre des deux religions en ce qui concerne leur place dans la pratique traditionnelle qui reste inchangée malgré sa « dépaganisation » plus ou moins partielle. La tradition continue d'exclure les femmes de toutes les activités traditionnelles, en particulier dans ce qui est devenu le marqueur le plus visible de l'identité dìì : la circoncision dans son aspect public et festif. L'accès au *təə* leur est toujours interdit – et on a vu les rationalisations qui expliquent aujourd'hui cet interdit. Grand soin est pris à ce qu'elles ne voient pas les hommes qui se cachent sous les masques. Le « secret » est ainsi toujours jalousement gardé. La cueillette des feuilles qui constituent le costume du masque est entourée de mille précautions car si les femmes y assistaient, elles pourraient deviner de quoi il s'agit. Celles-ci ne doivent officiellement pas savoir ce qu'est réellement la circoncision et les hommes font en sorte, comme autrefois, de ne jamais parler de l'opération devant elles, bien qu'ils avouent qu'elles sont aujourd'hui informées, parce que des femmes étrangères leur en ont révélé les secrets ou qu'elles en ont compris la nature à l'occasion d'une circoncision au dispensaire. Il n'en reste pas moins que cette fiction du secret est respectée par les deux sexes qui feignent de le partager[5].

Dans le but avoué de se montrer moderne et de divulguer les mystères de la circoncision aux femmes, le chef circonciseur de Mbé fit venir une caméra vidéo de Ngaoundéré, propriété d'un de ses fils, et s'improvisa metteur en

5. Des femmes m'ont plusieurs fois repris lors de mes mentions irréfléchies des modalités techniques de la circoncision en leur présence en me rappelant que je ne devais pas parler de ces choses publiquement devant elles. Lorsque la conversation roulait sur ces matières avec un couple scolarisé de bon niveau, mari et femme échangeaient des sourires entendus et complices. On est à la fois un couple traditionnaliste – il ne faut pas en parler en présence de l'autre sexe – et moderne – on en parle quand même, même si on sait qu'il ne faudrait pas. Personne n'est dupe de cette ambiguïté présente aussi dans la vie sociale, un « jeu » comme le proclamait le circonciseur lors de son discours.

scène pour la phase préparatoire de l'aiguisage des couteaux. Il permit de filmer toutes les activités spectaculaires, défilé des circonciseurs, forgerons, maîtres de la terre en grande tenue, discours, etc., mais interdit toute vue des couteaux et des masques non portés. La caméra fut ostensiblement laissée sous bonne garde à l'entrée de la place de circoncision. Le film montre uniquement les préparatifs les plus anodins du point de vue des hommes dìì. Lors du visionnement des séquences, le réalisateur fit supprimer un très court passage dans lequel on voyait, par inadvertance, un des danseurs retirer son masque.

Il faudrait pourtant se garder de voir là un machisme primaire. Du côté des femmes, rien non plus ne transpire de ce qui se passe lors de la « circoncision » des femmes – fort courte – qui se fait en secret des hommes. Ce rite, qui porte le même nom que celui des hommes et lui est subordonné, se fait le jour du retour définitif des garçons de leur camp de brousse. Ceux-ci vont se laver et se faire raser la tête pendant que les circonciseurs remisent les couteaux dans leur cache. À la même heure, les fillettes vont aussi se baigner dans un autre ruisseau au bord duquel les plus grandes reçoivent des instructions de la part des sœurs des circonciseurs sur le comportement sexuel qui sied à une vraie femme. Les « circonciseuses » leur piquent la vulve avec une pince de crabe de terre et leur tiraillent le clitoris pour leur faire mal. Elles disent alors aux fillettes que si elles font l'amour impétueusement et sans préliminaires, elles souffriront pareillement (Muller 1993 ; 2002). Mais comme cette séquence du rite est secrète et soumise à une interdiction sévère et que celui-ci inclut, par ailleurs, après le retour des femmes au village, des aspects manifestes de « jeu » entre les sexes – dont de réelles relations à plaisanteries, *yąg fọ̀ọ̀lí*, « parler/jouer, plaisanter », et quelquefois des renversements de rôles dans lesquels les femmes « jouent » de façon comique et débridée celui des hommes –, les Dìì voient tous ces aspects comme des jeux et non comme un objet que nous appellerions religieux. Au demeurant, je n'ai pu apprendre qu'avec de grandes difficultés de quoi il était question dans les cérémonies féminines. La barrière entre les hommes et les femmes est ici érigée de manière maximale, les femmes chassant sans pitié quiconque s'approche de leur groupe.

Du point de vue des deux nouvelles religions, il y a bien « dépaganisation », mais qui varie selon les circonstances et les cérémonies. Les Dìì en ont abandonné plusieurs et réfléchissent encore sur l'opportunité d'en perpétuer quelques-unes, dont la recirconcision des chefs, les uns en les refusant sous prétexte de paganisme, les autres voulant les maintenir au nom de la tradition.

Cependant, si les Dìì ont expurgé leur principale cérémonie, la circoncision, de toutes sortes d'aspects non conformes aux deux nouvelles religions, ils en ont pourtant gardé l'essentiel : la séparation entre les hommes et les femmes sans qu'aucun argument religieux, qu'il soit chrétien ou musulman, n'intervienne. La circoncision est un marqueur de genre par lequel chaque sexe préserve son « secret » avant d'être un marqueur ethnique entre sociétés qui la pratiquent et celles qui la refusent, dont les Dìì connaissent plusieurs exemples. La division entre les sexes a été perpétuée avec la complicité des plus actives des femmes qui ne veulent pas plus divulguer leurs secrets que les hommes les leurs. Un pan essentiel de la culture dìì a été ainsi conservé. Est-ce de la religion ou de la tradition ? Pour mes interlocuteurs, il n'y avait aucun doute : il n'y a rien de religieux dans ces façons mais seulement de la tradition. Les jeunes hommes, surtout ceux éduqués à l'occidentale, ne font aucune objection au fait que les femmes sachent aujourd'hui les secrets de la circoncision, puisqu'elles les connaissent de toute façon. Mais ils s'appuient sur la tradition pour refuser de suggérer que les femmes puissent y assister. J'ai posé la même question aux femmes qui m'ont fait la même réponse, en plus négatif : il est tout aussi interdit de voir ce qui se passe chez elles que de simplement le savoir... Toutefois, on ne court aucun danger à montrer ostensiblement sur vidéo ou à la télévision, à titre de marqueur ethnique dans le monde contemporain, les entours qui accompagnent la circoncision : les cortèges, les danses et les masques. Les Dìì ont donc louvoyé pour pouvoir se dire soit musulmans soit chrétiens et ainsi faire partie du XXIe siècle en en employant toutes les caractéristiques – vidéo, enregistrements sonores et photographiques – pour pouvoir se dire semblables aux autres en adhérant à l'une ou l'autre des deux religions mondiales présentes dans leur contrée tout en gardant les caractéristiques principales qui les distinguent régionalement de leurs voisins sur le vocable de tradition, débarrassée des connotations négatives de paganisme.

Mais cette tradition peut-elle être récupérée par l'une ou l'autre des religions telles qu'elles sont vécues par les Dìì ? Il semble bien que oui. J'ai mentionné une prière musulmane récitée par un des rares nouveaux imams dìì à l'issue d'une circoncision, une innovation récente. Par contre, les pasteurs dìì de l'Église protestante me dirent que, bien qu'ils se rendent à la place de circoncision sans problème lorsqu'ils y sont invités pour des raisons familiales, ils se refuseraient à y faire une prière chrétienne car « la religion n'est pas la tradition », renversant la proposition qui veut que « la tradition n'est pas la religion », ce qui revient finalement au même. Au contraire, l'imam de persuasion nouvelle tente de légitimer la tradition en y introduisant l'islam, ne fût-ce que sous la forme d'une touche – mais c'est la touche finale. Cependant, lors des cérémonies publiques et officielles, on fait en sorte que les prières chrétienne et musulmane soient faites l'une et l'autre, chacun les écoutant toutes les deux avec respect. On prie le même Dieu – tous les Dìì sont d'accord là-dessus – mais de manière différente.

ÉPILOGUE

UNE CIRCONCISION SUPPRIMÉE ET UN INCENDIE RAVAGEUR

S'il n'y a pas de conflit entre christianisme et islam, la guerre se poursuit cependant entre islam et tradition. Le 31 janvier 2000, le lamido de Mbé décéda à plus de quatre-vingts ans, après un règne de vingt-cinq ans. Il fut enterré dans la chefferie, près de son père. Il n'y eut ni « circoncision sacrifice » ni la danse censée accompagner les funérailles d'un chef, son fils cadet, candidat à la succession, s'y opposant, proclamant que la chefferie était maintenant musulmane et qu'il fallait se débarrasser des choses inutiles de la tradition. Soutenu en cela par deux prééminents musulmans vivant à Mbé, mais originaires d'autres villages, l'opposition était ici entre islam et tradition. Quelques traditionalistes, tant chrétiens que musulmans, protestèrent contre cette entorse à la coutume, mais en vain. Le décès ne fut suivi d'aucune des prescriptions traditionnelles. Du point de vue administratif, le préfet demanda au sous-préfet de convoquer une assemblée de consultation des notables traditionnellement habilités à choisir le successeur. Une assemblée de neuf membres, tant chrétiens que musulmans, se réunit avec pour membres trois circonciseurs de Mbé (chrétiens), car ce lignage a un poids prépondérant, plus un membre de chacun des quatre autres lignages autochtones de Mbé, les Baa tɨɨ gọm, les Gbaga haga, les Gbaa doo et les Kạm yạga, les trois premiers chrétiens et le dernier musulman. On ajouta à la réunion deux membres respectés de la petite chefferie de Gʉʉ vee, « entrée » dans Mbé depuis bien longtemps, l'un chrétien et l'autre musulman.

Ce conseil recommanda à l'unanimité la candidature de Souman, musulman et frère cadet du décédé, Mohaman. Celui-ci avait été le préféré lors de la dernière compétition pour la chefferie, mais le conseil avait plutôt choisi le défunt car il avait davantage d'expérience que son cadet dans les affaires administratives. Ce précédent conseil avait aussi émis le vœu que Souman soit élu – s'il était encore en vie – comme successeur de Mohaman. C'est une opinion que j'avais déjà entendue plusieurs fois depuis plus de dix ans, sous la forme suivante : « On donnera la chefferie à Souman qui la prendra ou qui la donnera à qui il veut. » Le conseil n'avait fait qu'entériner une décision prise il y avait vingt-cinq ans. Mais c'était sans compter avec le fils cadet du précédent chef, Abbo, qui protesta et intrigua auprès du préfet de Ngaoundéré.

Le conseil avait plusieurs raisons pour écarter Abbo, parfaitement éligible puisque fils et petit-fils de chefs ayant régné : son refus d'accommoder l'islam avec les traditions dìì lui avait mis à dos les chrétiens et musulmans modérés. Nous avons mentionné qu'un chef dìì doit être de père et de mère dìì. Abbo avait épousé en premier mariage une femme dìì mais cette union se termina par un divorce pénible. Il épousa ensuite une femme kanouri et une femme hausa, deux mariages qui se terminèrent aussi chacun par un divorce. Bien qu'il ait eu deux fils de sa première femme, cet intérêt pour les femmes étrangères lui nuisit beaucoup aux yeux des membres du conseil électoral.

Mais le préfet invalida la décision du conseil en invoquant un règlement stipulant qu'un candidat devait être lettré pour accéder à la fonction de chef. Souman, qui avait été brièvement à l'école missionnaire mais avait tout oublié depuis belle lurette, se désista alors au profit d'un de ses fils, Maïdoki, candidat qui était allé à l'école et était pleinement lettré. Sa décision fut acceptée par tout le monde, incluant le conseil. Mais le fils cadet de Mohaman contesta cette décision et prépara un dossier qu'il envoya à Ngaoundéré. Pour ne pas être en reste, Maïdoki en fit aussi un, avec l'appui unanime du conseil. L'affaire traîna jusqu'en 2001, le préfet ne sachant que faire – on murmure qu'il avait reçu des sommes d'argent d'Abbo – mais rebondit lorsqu'un nouveau préfet, récemment nommé, fit remarquer que le texte invalidant Souman pour cause de manque d'éducation à l'occidentale n'avait jamais reçu le décret d'application. Le préfet pria Souman et Abbo de soumettre à nouveau leurs dossiers respectifs. Il descendit même à Mbé pour faire un vigoureux discours sur les coutumes et leurs valeurs. Le conseil, toujours unanime, vota à nouveau pour la candidature de Souman. Peu après, un incendie de brousse, au parcours « étrange », éclata et, dès qu'il se fut éteint tout seul à proximité des maisons, on découvrit les cadavres calcinés de quatre jeunes garçons qui s'étaient laissé surprendre par le feu en jouant en brousse. Un tel incendie est couramment décrit comme une des catastrophes qui punissent un village qui ne fait pas la « circoncision sacrifice » à l'occasion de la mort d'un chef. Le parcours erratique de cet incendie signifiait sans aucune erreur possible que son origine était la suppression de la « circoncision sacrifice ». Les musulmans qui l'avaient empêchée pour des raisons d'orthodoxie religieuse furent stigmatisés et une « circoncision sacrifice » fut immédiatement organisée par le conseil. Normalement, un enfant est suffisant mais, pour une telle occasion, les traditionalistes de tous bords en recrutèrent, à la hâte, sept d'un coup. La tradition avait gagné sur tous les fronts et Souman fut officiellement intronisé comme lamido de Mbé en mai 2002.

Annexe

HISTOIRE DE L'ÉTABLISSEMENT DES CHEFFERIES DÌÌ

Cette annexe montrera dans les détails, sur un plan très concret, comment les chefferies se sont établies dans chacun des groupes dialectaux dìì en se développant soit en chaînes par fissions qui ont donné les actuelles chefferies, soit en copiant simplement les voisins.

Cet examen pourra, dans une deuxième étape, nous éclairer sur les relations des groupes dialectaux dìì entre eux et sur celles des Dìì et de leurs voisins immédiats pour ainsi ancrer ces chefferies dans un contexte plus large en formulant quelques hypothèses sur la façon dont ces groupes ont réagi les uns par rapport aux autres.

Je précise à la fin, la localisation actuelle des différents villages en énumérant leurs positions respectives le long des routes, où ils sont maintenant presque tous. Les chefferies dìì étaient qualifiées d'« instables » par les administrateurs français (Muller 1996) et nombre d'entre elles ont disparu. Je mentionnerai celles dont on se souvient parce que leurs descendants connaissent encore le lieu d'où ils viennent. Il n'y a aucun doute que plusieurs autres m'ont échappé, les habitants étant simplement connus comme des « parents » établis dans des lignages d'autres villages plutôt que comme membres de chefferies rayées de la carte et attendant, peut-être, de revivre un jour comme villages.

CHEFFERIES MAM BE'

Nous décrirons les origines des chefferies en commençant par celles des Mam be'. Leur dialecte est maintenant dominant et compris de tous grâce aux écoles de Mbé et du fait que Mbé est chef-lieu d'arrondissement (Mbé n'a rien à voir avec le dialecte, comme nous l'avons souligné, puisque son nom dìì est Mbəə). Une des traditions d'origine mam be' fait état de six frères qui créèrent chacun leur chefferie. Cette version provient directement du chef, Kúń bàà, de l'arrondissement de Mbé (Mbəə) et fut recueillie par le premier sous-préfet en 1950. Elle est plus ou moins corroborée par celle de l'ancien chef (décédé en 1997) de Mbow qui fait état de cinq chefs seulement dont certains donnèrent leur nom à leur chefferie. La version de Mbé mentionne que le frère aîné était Mbow, le second 'Mạy, le troisième Tagbuŋ, le quatrième Ndiu, le cinquième Lʉʉ et le sixième Mbəə-mbəə. Tous donnèrent naissance à des chefferies, soit en choisissant dans le groupe de chacun des frères le plus généreux comme chef ou en se faisant élire par des groupes étrangers mais voisins à qui ils donnèrent du gibier ou en leur faisant des largesses. Selon les versions les plus fiables, Tagbuŋ, au contraire, fut sauvé de la famine par un groupe de Mboum dont ils firent leur lignage cheffal. Ces chefferies eurent des fortunes diverses. Tagbuŋ et Mbow respectivement se scindèrent chacune en deux pour diverses raisons ; Ndiu disparut pour renaître récemment comme quartier de Mbé ; le second Mbow et 'Mạy sont devenus chacun un quartier de Mbé mais 'Mạy planifie de redevenir une chefferie entière à l'intérieur de Mbé en élisant un nouveau chef. Le chefferie de Lʉʉ a disparu en tant que village ; les habitants restants sont dispersés dans les villages du nord de Tchollíré et se disent maintenant d'origine mam nà'a. Mbé est aujourd'hui sous-préfecture et n'a pas subi de fission, un fait dont la chefferie se glorifie.

Une autre origine commune est celle de Waag et de Dʉza' qui se disent issus de deux demi-frères de même père. Ils n'ont pas de lien de parenté avec les précédentes chefferies et leur « fraternité » avec elles viendrait du fait qu'ils vivaient simplement tout près les uns des autres et parlaient le même dialecte. Waag émigra à la fin du siècle passé sur le territoire de Ngaoundéré avec un autre village mam be' sans connexion, Ba ndaa, devenu trop petit et « entré » dans Waag où il est toujours, une partie ayant pourtant émigré plus tard dans le territoire gʉʉm près de Sagzee à l'époque des Allemands pour y créer une chefferie indépendante, aussi appelée Ba ndaa, maintenant exsangue. Après son arrivée dans le territoire de Ngaoundéré, au pied de la falaise du même nom, une partie du village se rendit sur le plateau et devint Warag, qui, lui aussi, se scinda en deux, Warag daga, Warag I et Warag idu, Warag II. Cependant ces deux Warag se disent maintenant mgbaŋ parce qu'ils parlent ce dialecte. Waag se scinda également en deux dans les années 1950, donnant Waag daga et Waag idu, deux villages qui sont restés néanmoins côte à côte et qu'une partie de la population travaille à réunifier, sans succès jusqu'ici.

Les autres villages originels mam be' ont des histoires individuelles comme celles de Hạạr, de Yạn (Nyan), de Gbẹ'ẹm et de Mbɛŋ. Nous parlons ici de Mam be' originaux car ils reçurent l'appoint de deux villages étrangers de pêcheurs ɓata établis sur la Bénoué et le Mayo Galké. Le village de pêcheurs de Ze'ed et son village frère de Gʉb devinrent par voisinage des Mam be' dont ils empruntèrent la langue pendant qu'ils perdaient la leur (qui était du groupe tchadique) ; ils se replièrent ensuite au sud et escaladèrent les contreforts du plateau pour mettre de la distance entre eux et les Peuls de Rey-Bouba. Très tôt, la chefferie de Gʉʉ vee se sépara de Gʉb et rejoignit Mbé, comme chefferie « entrée » dans Mbé tandis que Gʉb devint plus tard une chefferie importante qui se scinda en quatre entités indépendantes au tournant du XXe siècle, Gʉb nug, Gʉb manon, Gʉb gabdo appelée à l'époque, et encore aujourd'hui quelquefois, Gʉb saa ndaa, la plus importante mais presque éteinte aujourd'hui, et une petite chefferie entrée dans Berem, sur le plateau, qui porte simplement le nom de Gʉb/Berem.

On voit donc bien que les Mam be' – et tous les autres groupes dialectaux – ne constituent pas, comme le suggérerait la littérature historique (Hamadjoda et Mohammadou 1979 : 167), un clan mam be'. C'est un groupe dialectal local constitué de composantes ethniques diverses qui était à l'origine entre le Mayo Galké et la Bénoué.

CHEFFERIES MAM NÀ'A

Ce sont les chefferies les plus nombreuses. Leur berceau d'origine se trouve à l'est et au sud-est de l'aire peuplée par les Dìì. L'origine de plusieurs d'entre elles est un groupe de princes mboum venant de Hɔ̀b sọ̀ọ̀, (hɔ̀b signifie Mboum + terme d'une localité), un toponyme situé sur le plateau connu encore par son nom mais dont on a oublié la localisation exacte. Après des querelles internes, quelques princes mboum descendirent du plateau et furent bien accueillis par les autochtones dìì ; ils les firent chefs d'un village qu'ils appelèrent Kaa na'a, c'est-à-dire « la mère des villages ». Des chicanes, déjà avant l'arrivée des Peuls, donnèrent lieu à des scissions qui produisirent les villages de Leena et de Yạduu (Nyaduu). Entre 1877 et 1887, Kaa na'a se scinda en Kaa na'a waa « petit Kaa na'a » et Kaa na'a gbọọ « grand Kaa na'a », car ils ne s'entendaient pas sur la route à suivre pour fuir les exigences de Rey-Bouba. Les deux villages se retrouvèrent tout proches sur le territoire de Ngaoundéré mais restèrent séparés. Vers 1910, Kaa na'a waa retourna chez le Rey-Bouba suite à des frictions avec l'administration de Ngaoundéré, pour revenir dans ce territoire en 1945, laissant toutefois une minuscule chefferie, maintenant incluse comme quartier dans la ville de Tcholliré, dite Kaa na'a/Rey.

Cette version n'est pas partagée par les quelques survivants de Leena qui disent être issus de trois princes dont l'aîné donna Leena, le puîné Nabun et le cadet le village aujourd'hui disparu de Lạ'goy. Un autre prince fit sa chefferie, Yạduu, qui donna Kaa na'a, une histoire, comme nous venons de le voir, partagée seulement partiellement par Kaa na'a et Yạduu. La tradition de Nabun ne parle pas de prince immigrant mais de l'élection d'un homme généreux à l'office de chef. Une partie du village s'enfuit à cause des Peuls, se réfugiant sur le plateau pour y créer un village du même nom.

Dʉgọŋ doit son origine à la rencontre d'un prince dìì d'une chefferie non spécifiée qui inonda quelques autochtones de ses largesses, ce qui lui valut d'être choisi comme chef. Harassée par Rey-Bouba, une partie se rendit à Kaa na'a au tournant du siècle. Après une chicane avec leurs hôtes, ils établirent leur propre village juste à côté, non sans que deux princes s'en aillent avec leur suite pour constituer une petite chefferie, Dʉgọŋ, dans la chefferie gʉʉm de Ngawyanga. L'un de ces princes trouva refuge ensuite chez les Mboum Mana pour rentrer finalement à Ngawyanga. Une autre partie de la chefferie restée à Rey se rendit sur le plateau pour fonder Yạssar (Nyassar), dit aussi, par eux, Dʉgọŋ/Nyassar qui se scinda en deux, Nyassar I (daga) et Nyassar II (idu). Un prince de Nyassar se réfugia à Gangasao mais, mécontent du traitement qui lui fut accordé, il s'en alla créer une petite chefferie à Toumbéré appelée Dʉgọŋ/Toumbéré.

Sasaa résulte de la rencontre d'autochtones appelés Ndam avec un prince d'origine oubliée et que les Ndam font chef. Ils sont originaires des contreforts de l'est de la falaise de Ngaoundéré. Le village de Sasaa se scinda en trois : a) Sasaa gʉʉ gam, « Sasaa de la colline aux remèdes », aujourd'hui sur le plateau, b) Sasaa gaa daŋ « Sasaa/étranger/bouillie » « il n'y a que de la bouillie pour donner aux visiteurs », c) Sasaa mbəəsɨ́, « Sasaa du dernier des Mbéré », car un prince de ce village naquit juste après une défaite, prétendue totale, des Mbéré par les armées de Rey-Bouba dont Sasaa faisait partie, événement qui donna un nouveau nom au village. Ces deux dernières chefferies sont descendues dans la plaine il y a cinquante ans.

Ndʉ'ʉm vient d'un homme riche qui faisait du bien au village ; les habitants le nommèrent chef. Plus tard, une partie de ceux-ci, manquant de terres, fonda Ndʉ'ʉm soo tʉd, « Ndʉ'ʉm/chercher/mil. »

Les deux chefferies de Zabba et de ɓug, à l'extrême nord-est de l'aire de peuplement dìì avant l'arrivée des Peuls, ont émigré en direction sud-ouest au milieu des Paan. ɓug vient de trois frères dont l'un restait toujours à la maison. Comme c'est le devoir d'un chef de demeurer chez lui à ne rien faire, ses frères lui conférèrent l'office. On ignore l'origine de la création de Zabba.

Sìì est le résultat d'une rencontre entre un groupe de princes dìì non spécifiés et d'autres Dìì qui prennent un des premiers pour chef à cause de ses bons traitements.

Man a élu comme chef un homme de son groupe qui était plus généreux que les autres. Ce village est double ; il dit être originaire, à cause de son nom, des environs de Mana (le territoire des Mboum situés les plus à l'ouest sur la carte) donc en terre mam be' (ce mot signifie aussi « ouest »). Le principal village est en effet au sud-ouest du territoire dìì ; il prétend, après sa création, être allé près de Tchollíré et être retourné, sous la pression des Peuls, près d'où il était parti, laissant toutefois en arrière un noyau, maintenant chefferie/quartier à Tchollíré. Ceci est unanimement nié par les autres villages voisins qui affirment que cette chefferie est originaire des environs de Tchollíré et que la plus grande partie a fui avec les autres Mam nà'a et Mam be' qui se sont établis au sud-ouest du territoire dìì.

Tʉ gbạgạ doit son nom au chef qui restait chez lui pendant que les gens de la chefferie allaient dans leurs champs. Les petites antilopes, probablement des céphalopes, venaient près du village et le chef fut nommé « le surveillant des antilopes ». On ne connaît pas l'histoire de la création de la chefferie.

Kuug ou Kurug fait état de gens sans chefs rencontrant un prince dìì de provenance inconnue qui les persuade de le faire chef en associant leurs « pouvoirs » rituels respectifs.

Minaga, appelé aussi Binaga ou encore Couga, possède une histoire particulière. Il s'agit de trois frères qui sortent de terre. L'un avait un pot de bière, le second du mil et le troisième des fibres de *be' hag* (dont on fait des tresses et des cordes). Le premier fut fait chef, le second circonciseur et autochtone et le troisième, aussi devenu autochtone, fabriqua le masque fạ̀ạ̀.

Les quelques habitants restants du village disparu de Kabba ainsi que ceux de Lùù disent ignorer l'histoire de la création de leur chefferie.

La chefferie de Gandi ou Kandi ne m'a pas donné un compte rendu de sa création mais rapporte que, comme le village comportait beaucoup de forgerons, le lamido de Rey-Bouba les fit descendre des contreforts du plateau afin qu'ils soient plus près de lui, un restant demeurant sur le plateau.

Les gardes du lamido de Rey-Bouba m'ont empêché d'enquêter dans les deux derniers villages des environs de Tchollíré, Tam et Dʉfẹẹ. Quelques autres chefferies originaires de cet endroit sont montées en entier sur le plateau, fuyant les Peuls. Il s'agit de Gangasao dont les habitants, qui se prétendent des Dìì différents des Mam nà'a – ce que nient les autres Dìì –, disent être venus de la plaine. La chefferie aurait rejoint le gros des Dìì avant de monter sur le plateau. Un groupe de princes, mécontents du partage des esclaves razziés, s'exila pour former la chefferie de Yen waa.

Baosi, Berem, Gaga et Gengən sont des chefferies, aussi montées in corpore directement sur le plateau, dont l'origine est obscure. Nom est issu, selon deux versions, d'un groupe d'autochtones de ce nom ou d'un groupe de princes de Gangasao qui, mécontent des traitements infligés par le chef de ce dernier village, alla créer sa propre chefferie, Nom, qui devint Nom/ Gandi parce qu'elle partage la même école primaire que Gandi. Un autre segment alla créer Nom baraŋ.

Kɛŋ, après s'être créé d'un groupe de princes mam nà'a sans connexion connue et d'habitants des contreforts du plateau, vagabonda avant de descendre s'établir à l'entrée de Sasaa mbəəsị̂.

Deux dernières chefferies montées sur le plateau, Vogzom ou Nakee et ɗawan sont toujours en place, la dernière ayant perdu une partie de ses habitants qui a fait sécession et est redescendue dans la plaine pour fonder un village du même nom. Une autre, Ngaw ziŋ, fut obligée par Rey-Bouba de redescendre mais éclata, les habitants étant aujourd'hui dispersés.

Ces fuites sur le plateau ont plus ou moins été comblées par des villages parlant aujourd'hui mam nà'a que Rey-Bouba a regroupés le long de la route menant de Guidjiba à Tchollíré, directement dans son propre district. Ces villages, qui se dépeuplent, ont été formés de Dìì de provenances diverses ainsi que de Mboum Mbéré. Ce sont : Maradi, Buguma, Pan, Taparé (récemment disparu), Larki et Waafango.

Pour terminer, il faut mentionner un important apport étranger – en nombre de chefferies. Pas moins de sept chefferies mam nà'a et leurs avatars ont une origine yọg (nyok), du nom d'une population appelée aussi Lamé par les Dìì, établie à l'est de Tchollíré et qui possède aussi l'institution de la chefferie. Quatre sont originaires d'un groupe de princes de cette ethnie qui créèrent les chefferies de Mbi'ib, de Sọ'ọn, de Yugud, et de Yẹd. La première, très petite, est aujourd'hui accolée à Yugud ; celle de Sọ'ọn, maintenant un simple quartier de Tchollíré, est vacante, les habitants dispersés. Une partie de Yugud a fait sécession et a créé une chefferie indépendante du même nom près de Sasaa mbəəsí après avoir passé plusieurs années à Ngəsəg ŋgay, leur chef étant malade et voulant être proche du dispensaire de Mbé. La plupart des habitants le suivirent pour se disperser à sa mort, le noyau principal rejoignant Sasaa mbəəsị̂. Ce sont ces gens de Yugud qui sont mentionnés par Hata (1976 : 288) dans son recensement de Ngəsəg ŋgay.

Un Nyok fut fait chef de Holmbali qui se scinda en deux, une partie restant au pied des contreforts de la falaise, la seconde montant sur le plateau pour se diviser en deux Holmbali et donner ensuite aussi Kubaze I et Kubaze II.

Homee, dont on connaît seulement les origines nyok, s'est divisé en Homee et Homee galal, tous deux restés au bas du plateau alors qu'une partie est montée sur celui-ci pour donner Homee Alhaji, car il s'y trouve un commerçant qui a fait le pèlerinage à La Mecque, et le gros village de Wame, corruption de Homee.

La dernière chefferie nyok est celle de Gʉʉ hẹẹg qui est double. Le noyau originel est une petite chefferie, maintenant un quartier de Tcholliré, alors que la seconde, plus importante, se trouve sur la route de Mbé à Sasaa.

Quelques chefferies ont disparu et leurs habitants se sont dispersés. L'une, Zɛg, a éclaté dans les années 1950 et une autre vers la fin du XIXe siècle. Il s'agit de Gandog dont, dit-on, les habitants étaient clairs de peau ce qui leur valut la jalousie du Rey-Bouba qui gardait les jeunes gens dans son palais plus longtemps que de raison. Les habitants désertèrent les uns après les autres et rejoignirent d'autres villages sans jamais se regrouper.

CHEFFERIES GɄɄM OU VẠ'ẠNDIB

Les chefferies gʉʉm sont situées en majorité dans la plaine dìì, au sud-ouest, et quelques-unes résident sur le plateau. L'origine de plusieurs chefferies provient d'un groupe dirigé par trois princes de la chefferie mboum de Fu Nzui : les Léré, les Gambuggu et les Kal qui partent à l'aventure et descendent du plateau. Les Léré donnent les Mboum Léré, village resté mboum et voisin immédiat des Dìì au sud (remontés sur le plateau dans les années 1910 ou 1920), les Gambuggu créent le village de Gambuggu ou Njul (qui remonta sur le plateau dès le milieu du XIXe siècle) en se faisant élire par les autochtones locaux et, après scission, celui de Gavee (dit aussi Zoro Yaya) qui donna ensuite, aussi par division, Dəəna. Ce dernier village remonta sur le plateau avant de se scinder en deux, une partie y restant, l'autre redescendant plus tard dans la plaine. Un prince de ce dernier village fit sécession dans les années 1920 pour créer le village de Mazadu, minuscule chefferie près de Mbé (à ne pas confondre avec le village de dialecte naan du même nom).

Gambuggu était aussi demi-frère de trois autres princes : l'un fonda La sɨɨ qui se scinda ensuite pour donner Yẹse (Nyesse ou Tibang). Celui-ci subit une autre scission vers 1915, les sécessionnistes devenant le village de Soo, maintenant simple quartier de Mbé, après avoir laissé une partie du village près de Tcholliré. Le second demi-frère créa la chefferie de Mbaŋlaŋ et le troisième le petit village de Gangasao, disparu depuis les années 1950. Cette chefferie n'a rien à voir avec la grande chefferie de Gangasao sur le plateau, même si elle porte le même nom.

Comme les deux groupes précédents, les Kal descendirent aussi du plateau et rencontrèrent des gens sans chefs qui les élurent comme souverains grâce à leurs bienfaits. Ces princes fondent Ngawyanga, « la colline au cheval » en mboum, aussi appelé ɗɛŋ en dìì qui viendrait de *ɗɛ̀ŋ̀*, « se mettre sur la pointe des pieds (pour voir d'où ils sont venus) ». Une autre version précise que le prince fondateur exigea la chefferie en réparation d'un méfait commis par une femme du groupe qui les avait accueillis.

Un autre noyau de princes s'en alla et l'un d'entre eux se fit proclamer chef à Kalba kerwa qui, après une querelle, se sépara en deux branches, Kalba kerwa et Kalba babba. Ces deux chefferies, tout en se proclamant originaires du même groupe de princes, disent s'être créées en premier, Ngawyanga s'étant séparée plus tard. Une version minoritaire moderne de l'origine de Ngawyanga dit que les fondateurs n'étaient pas des princes mboum mais des chasseurs et guerriers dìì associés au prince mboum de Fu Nzui, ce qui est nié par les plus vieux de Ngawyanga et par les Mboum qui disent que les princes de cette chefferie étaient véritablement mboum (entretiens personnels avec les Mboum de Ganha ; voir aussi Faraut [1981 : 161 ; 167] qui fait plutôt dériver Ngawyanga de Ganha et non de Fu Nzui). Comme Ngawyanga n'a pas renoncé à la chefferie de l'arrondissement de Mbé sous prétexte que les gens de Mbé sont des nouveaux venus et que Ngawyanga est « autochtone » dans la région, on comprend ce souci de se dissocier des Mboum pour étayer des revendications politiques en faveur d'une reconnaissance administrative à la fois proprement locale et exclusivement dìì.

Les princes de Kal à Ngawyanga étant toujours nombreux, l'un se fait élire chef à Vʉdniɛ sẹw fu, une chefferie qui donna ensuite par scission Vʉdniɛ mamboum. Un autre de ces princes donna Ngəsəg qui se scinda en Ngəsəg tạd et Ngəsəg Ngay. La famille d'un autre village, nommé Ngəsəg 'maŋ, « nouveau Ngəsəg », se dit d'origine princière de Ngəsəg tạd mais cette origine est démentie véhémentement par les deux autres villages qui disent que ce chef est un roturier qui n'a aucun droit à la chefferie. Ceci semble confirmé car tous les habitants de ce village sont des nouveaux venus, tous les plus vieux étant nés ailleurs.

D'autres princes mboum, mais ceux-là de Ganha, descendirent aussi du plateau et l'un se fit élire chef de Vạ'. Après diverses péripéties, ce village se scinda et donna Vạ' zin (Banzugulu ou encore Banjukuri), puis Noo vee et Yɛ̣ kọọ, petite chefferie entrée dans Mbé, et enfin ɓoɓog et Lunda. Une partie de Lunda se réfugia comme chefferie près de Mbé au début du siècle, gardant toujours le même nom, mais s'éteignit en 1995 après être « entrée » dans Mbé.

Un autre groupe du plateau, appelé wari, vivait avec les Mboum et descendit, après des escarmouches avec Ngaoundéré, se réfugier près de Mgbaŋ sìì d'où ils s'enfuirent pour échapper à Rey-Bouba en se scindant en trois villages : Moo na'a la si', descendants de deux princes appelés les Wari ndɔ́g, Mayo-Alim, descendants de deux autres princes, les Wari soo ma et Fan ba'a, aussi descendants de deux autres princes, tous frères des précédents, les Wari fa̧a̧ naŋ, qui emmenèrent tous les forgerons des Wari pour créer leur village aujourd'hui disparu mais dont on voit encore les ruines près du village kolbila de Demsa. Ceci peut sembler singulier si on confronte cette tradition à l'une de celles des Mboum de Ganha. Celle-ci affirme que les habitants originels mboum étaient aussi, comme les Dìì, des gens sans chefs dénommés Wari qui furent fédérés par le prince mboum de Ganha et par les autres princes mboum arrivés plus tard (Faraut 1981 : 162 et informations recueillies personnellement à Ganha). Ces Wari originaux étaient, dit-on, de purs Mboum, comme les princes qui vinrent finalement les gouverner. Cependant, mes informateurs, aussi bien dìì que mboum, n'ont pu me dire si les Wari dìì étaient à l'origine des Mboum ou des Dìì, ou encore un groupe mixte.

Le village de Loo partit de Mgbaŋ Sìì dans le sillage de Mbé pour se scinder en deux groupes, l'un gardant son nom originel et qui, devenu trop peu peuplé, se joignit, comme petite chefferie, à la partie de Dəəna qui redescendit au bas de la falaise, et l'autre qui, après être resté sur le plateau, en redescendit aussi après avoir changé son nom sur le plateau en Ngaw zʉm, nom mboum signifiant « la colline de l'arbre *zʉm* (caroubier) » mais dont le chef reçoit encore aujourd'hui le titre de l'appellation chef de Loo, Bàa Loo.

Plusieurs chefferies ont des origines indépendantes et ne sont reliées à aucune autre. Deux de celles-ci, Kun dəə et Gʉʉ naa ont des traditions d'origine ne remontant pas plus loin que Mgbaŋ Sìì où elles étaient près de Mbé qu'elles ont suivi dans leur fuite commune pour finir, devenues trop petites, par en constituer deux quartiers. Une autre de ces chefferies mentionnées près de Mbé, à Ya̧g dɔ̀g, est Mbizaa qui monta sur le plateau où une partie se sépara pour donner Sola' qui périclita et rejoignit Mbizaa vers 1950. Ce sont deux chefferies moribondes incluses aujourd'hui dans celle de Gʉb gabdo.

La chefferie de Lenda est issue d'un forgeron mboum léré très riche qui descendit du plateau avec force bœufs. Il abandonna la forge lorsqu'il fut fait chef par des Dìì qui bénéficièrent de ses largesses d'où vient le nom de sa chefferie, « gaspiller/bœufs », *líd ndàà* en gʉʉm.

Celle de Ndʉŋ vient du plateau qu'elle a quitté après une querelle avec certains Mboum Mbéré non spécifiés. Cette chefferie se scinda ensuite aussi en deux à cause d'une dispute de chefferie.

Il reste encore trois chefferies indépendantes récemment disparues, d'abord Mbazii, dont le lignage princier n'avait plus que des filles, et Nyɛ' ndaa. Ces villages n'ont plus de chefs et il n'y reste presque plus personne. Quelques habitants de cette dernière chefferie ont créé la communauté multiethnique d'orpailleurs de Duru Saka, près des Mboum Mana. On peut y associer Waa vọm « la plate-forme des mouches » ainsi nommée parce que ses chasseurs très habiles construisaient de nombreuses claies pour boucaner la viande de chasse qui attirait les mouches (indiqué sur la carte Moisel de 1912). Cette chefferie fut détruite par les Allemands et deux personnes seulement survécurent : un forgeron et un prince dont un des descendants, résidant à Mbé, les autres étant dispersés, cherche à regrouper ceux-ci pour faire revivre le nom de la chefferie.

Il faut aussi mentionner le petit village de Vagam, ou Vagamba, dont l'histoire est assez particulière. Il s'agit d'une famille de princes descendants d'un groupe de Peuls nomades djafun venus du Nigeria. Sur le plateau de Poli, leur troupeau fut anéanti par une épizootie ; ils se rapprochèrent de Lunda, se sédentarisèrent et devinrent des Dìì. Il ne reste présentement que le lignage des princes qui vivent à côté de Lunda.

Une autre petite chefferie, Marr ou Mal, « entrée » dans Ngawyanga, se dit aujourd'hui d'origine peule du Tchad et se serait jointe aux Dìì, puis serait redevenue musulmane au contact des Peuls. Mais les autres chefferies dìì voisines disent toutes qu'elle a toujours été gʉʉm et qu'elle s'est repliée au sud depuis les environs de Sagzee.

Pour terminer, disons encore un mot de ce qui reste du village de Wạ' situé à la fin du XIXe siècle sur le plateau, à la frontière des territoires de Rey-Bouba et de Ngaoundéré (voir chapitre II). Refusant de payer les tributs exigés par Rey-Bouba, ils furent tous exterminés sauf un lignage d'autochtones qui se sauva à Ngəsəg tạd. Ses succès et son implication dans sa chefferie d'adoption incitèrent le chef de ce village à décerner au membre le plus méritant de ce lignage un titre personnel, celui de Bàa sʉg duu (Monsieur/rassembler/foule) car il faisait des fêtes importantes lors de ses récoltes, le groupe devenant connu sous le nom de son chef. Il déménagea plus tard à Mbé, chez les parents de sa femme où sa famille grossit. Le chef de Mbé lui renouvela son titre. Plus tard, des princes de Ngəsəg tạd vinrent habiter Mbé et, avec Sʉg duu comme groupe autochtone, créèrent une petite chefferie à l'intérieur de Mbé, avec un des princes dûment enturbanné par le chef de Mbé comme chef de Sʉg duu.

CHEFFERIES NAAN

Les chefferies naan sont toutes situées le long de la route entre Ngawyanga et Gamba. Elles étaient sur les premiers contreforts sud du massif de Poli avant de descendre pour rejoindre la route Ngaoundéré-Garoua.

Mbazəə, No'tọọ, Geeri disent chacune que leur chefferie vient d'un homme naan de leur voisinage qui fut élu chef en vertu de ses largesses.

Soota prétend descendre d'un homme naan d'un village sans chef mais dont la mère était originaire d'un autre village naan qui possédait l'institution de la chefferie. Ce village, appelé Seŋva (qui a disparu et n'est ni l'un ni l'autre des deux villages kolbila voisins de même nom), a incité les gens de Soota à le copier et à faire leur chefferie.

Ganani était une localité où se trouvaient des lignages mboum originaires de Mana (les Mboum les plus occidentaux du plateau de Ngaoundéré) et des lignages naan. Ils accueillirent un lignage princier des Mboum Mana dont ils tirèrent leur chef.

Lieimbee vient d'un Dowayo marié à une femme naan d'une chefferie non spécifiée. Son fils se rendit chez son oncle maternel et copia la structure de ce village pour faire sa propre chefferie. Celle-ci est récente et daterait, d'après le comput de la longueur du règne des chefs, des années 1950. Une querelle de chefferie donna Wạre, une minuscule chefferie qui remonta dans la montagne et est située aujourd'hui à l'est de Poli.

Mazadu se créa à la fin du XIXe siècle avec un homme généreux qui est soit un Dìì soit un prince mboum. Personne ne peut préciser son origine exacte et cette indécision est partie intégrante de la version officielle. Un groupe du lignage des circonciseurs de cette chefferie eut des problèmes dans les années 1950 avec certains fonctionnaires de Rey-Bouba et partit créer une pseudo-chefferie près de Mbé. Comme les gens de Mbé classifient tous les Dìì du nord-ouest comme paan, ils nommèrent le village Paan waa, « petit paan », ce qui est une erreur.

CHEFFERIES PAAN

Trois princes mboum de Mana sont descendus chez les Paan en suivant la chaîne de montagnes. Le premier s'est établi à Gam (Gamba), le second à Koti et le troisième à Dɔgɔba. Ces Paan étaient au pied des montagnes mais montèrent sur les contreforts par crainte des Peuls. Ce sont des chefferies récentes si l'on suit la version de Koti qui spécifie que les gens de ce village choisirent le prince mboum parce qu'il savait le foulfouldé et que cette connaissance servirait dans leurs contacts avec les Peuls qui brutalisaient les gens qui ne comprenaient pas leurs ordres. Une partie de Koti se scinda ensuite et élut comme chef un des hommes riches du village qui n'était pas du lignage cheffal pour donner Koti idu (Koti II ou encore Koti waa, « Koti petit ») le reste se nommant alors Koti daga (Koti I ou encore

Koti gbọọ, « Koti grand »). Une partie de Koti waa partit plus au nord pour fonder le village de Lagba.

Un autre groupe de Paan, situé plus haut sur les contreforts du sud du massif de Poli, reçut aussi un prince mboum de Mana qu'ils élurent chef pour ses bienfaits. Il n'eut pas de fils et son successeur fut choisi parmi les autochtones pour ses largesses. La chefferie prit le nom de Mbuzii, du nom peul pour désigner la race locale de bœufs sans bosse, à cause du grand nombre qu'elle possédait. Plus tard, le village se divisa en deux pour donner Mbuzii II. Dans ce village existait un lignage de descendants d'esclaves du chef de village à qui il avait donné quelques-unes de ses filles en mariage. Ces descendants devinrent nombreux et, vexés de se faire rappeler leurs origines mi-serviles, quittèrent Mbuzii II pour fonder la chefferie de ɓoko.

Après une querelle, Koti waa donna récemment (années 1950) un village temporaire, Kodwa, qui disparut car ses habitants revinrent au village d'origine.

Un troisième groupe de Paan – tenu pour tel par le reste des Paan – est celui qui prétend parler un dialecte différent, le sagzèè. Il s'agit du village du même nom, Sagzee, qui voisinait avec un berger peul. Celui-ci faisait paître son troupeau aux alentours et donnait quelquefois des bêtes à ses voisins qui l'élurent chef. Nous reviendrons sur cette particularité. Il fédéra cinq minuscules chefferies qui donnèrent celle de Sagzee, située à l'origine le plus à l'est de l'aire paan, près de la Bénoué, aux environs de ce qui est aujourd'hui le Campement du Buffle Noir. Un autre village, Mɔɔŋ, parle le même dialecte mais on ne connaît pas ses connexions avec Sagzee. D'autres disent qu'il est mam nà'a et relié à ɓug mais je n'ai jamais réussi à élucider ce mystère. Ce village a donné par corruption le village de Moungba, tout près de Gouna, village qu'il partage avec les gens de Balda qui sont d'un autre groupe dialectal, les Hụụn, que nous verrons plus tard.

Pour compléter le panorama des chefferies paan, il faut mentionner deux villages dont l'origine est étrangère. Le premier, Wạạni, raconte qu'il était situé à l'extrême ouest des Dìì sur la route qui mène à Yola. Ils se connaissaient et commerçaient ensemble mais n'étaient pas de la même ethnie, bien qu'ils se comprissent un peu. De fil en aiguille, ils se rapprochèrent et copièrent les institutions dìì, parlèrent le paan et oublièrent leur langue dont ils ne savent plus le nom. Certains disent aujourd'hui qu'ils étaient peuls mais cette version est combattue par les tenants de la version d'une origine ethnique inconnue.

Le second village, Kundini, a pour origine un riche Dowayo qui descendit de sa montagne. Sa famille habitait un toponyme appelé Sissiwa (indiqué sur la carte Moisel) nom encore aujourd'hui employé par les anciens pour désigner Kundini, bien que la localisation ait changé. Il fut rejoint par des fugitifs dìì mam nà'a des villages de Dʉkee et de Man/Tchollíré qui constituèrent une chefferie vers 1930 en prenant le nom de Kundini. Ce village n'a originellement rien de paan mais est inclus dans ce groupe car il en parle maintenant la langue.

CHEFFERIES HỤỤN

Ce groupe dialectal se trouvait à l'arrivée des Peuls de Rey-Bouba à Duuri, sur la rive droite de la Bénoué, près de l'actuel barrage électrique de Lagdo, à l'extrémité nord-est du territoire dìì. Plusieurs villages furent détruits ou dispersés pendant les premières guerres peules et il n'en reste plus que trois aujourd'hui qui, après s'être réfugiés à Alhajin Galibou avec les Sagzee, vinrent se placer le long de la route avant Gouna en direction de Garoua. Il s'agit de Gəzəg (Guidjiba), Wạn (Buuri) et Balda dont le noyau est aujourd'hui dans la chefferie de Moungba après avoir résidé dans un lieu nommé aussi Balda. Bien des habitants y sont retournés en appelant aujourd'hui ce lieu Balda lori qui veut dire « Balda revenir ». Il y a donc deux Balda, le village principal à Moungba avec le chef et un hameau. Contrairement aux deux autres villages qui ne savent rien de l'histoire de leur création, les Balda disent qu'ils donnèrent la chefferie en récompense à un homme riche et généreux qui vint distribuer des biens aux villageois. D'après Balda, les autres villages les copièrent en voyant leur exemple. Quelques Hụụn étaient plutôt agriculteurs et d'autres plutôt pêcheurs, experts chasseurs d'hippopotames et excellents nageurs mais tous ne l'étaient pas au même degré. Les meilleurs des derniers étaient une partie de Balda.

CHEFFERIES SAAN

Les chefferies saan sont, à part quelques exceptions, minuscules. La plupart d'entre elles sont entre la route et la face nord-ouest du massif de Poli, mêlées à des établissements duupa. Une partie d'entre elles parlent un dialecte dénommé haɗin et sont d'origine duupa. Leur dialecte est maintenant plus proche du dìì que du duupa mais ils se comprennent les uns les autres ; ce sont Haari, Ongba, Zogba, Zimi et Dembare. Ils sont considérés depuis longtemps comme des Dìì et parlent, dit-on, davantage le saan que leur propre dialecte.

Les chefferies de Selba, Gani, Daba et Kebi sont composées de Naan, tous sortis indépendamment, comme les autres Naan, de la montagne Gani au sud-ouest de Poli mais remontés un peu plus au nord. Ils se disent maintenant Saan car ils parlent ce dialecte.

Les chefferies de Loubi et de Buni sont d'origine paan et résultent de la fission respectivement de Koti I et de Lagba. Comme le groupe précédent, tous parlent maintenant saan et se définissent comme tels.

Les villages qui ont donné leur nom au dialecte saan sont les trois dont les habitants, incluant les agriculteurs, fondaient le minerai de fer, *sa̜n*, c'est-à-dire Mamtəəba, Binsiri et Wasere (Saari ou Sere). Ces trois villages étaient à l'est de la route actuelle lors de l'arrivée des Peuls. Ils se retirèrent vers le massif pour se mettre à distance mais revinrent près de la route lors de sa construction. Le premier s'est créé autour d'un riche étranger, dont on ignore aujourd'hui l'origine, qui faisait du bien aux gens du village qui l'élurent chef ; le second choisit l'homme le plus généreux du village alors que le troisième reçut un Mboum de Mana qui resta un soir près d'eux, devant un feu qu'il avait allumé. Comme il venait de loin et paraissait connaître des choses intéressantes, les gens commencèrent à lui parler par gestes et le prirent pour chef alors que le second village élut l'homme le plus riche de la population pour pouvoir en profiter. Les autres copièrent ces trois villages mais ceci ne va pas sans mal car ces villages sont très petits, environ trente personnes par village, et ils doivent souvent emprunter un autochtone, un circonciseur ou un forgeron pour leur circoncision. Ce sont donc des chefferies imparfaites, en voie de constitution, mais leur fonctionnement est similaire à celui des autres chefferies dìì.

D'autres Dìì, appelés Dìì gʉʉ, « Dìì de la montagne », se trouvent dispersés sur les premiers contreforts du massif de Poli. Je ne les ai jamais visités. Ils parlent naan, paan ou saan mais ils sont souvent mélangés et forment non pas des villages groupés mais se déploient en habitat dispersé sur les pentes. Ils auraient, comme les Saan de la plaine, de minuscules chefferies, ainsi que nous l'avons dit de Wa̜re, remonté de la plaine il y a quarante ans.

LES DÌÌ ET LEURS VOISINS

Cependant, les petites chefferies saan se disent et même proclament avec vigueur qu'elles sont dìì depuis longtemps. À l'intérieur du groupe linguistique dìì, l'institution de la chefferie est donc relativement récente à l'extrémité nord-ouest du groupe. Les Dìì ont progressé d'ouest en est en pénétrant et repoussant les membres du groupe linguistique Adamawa 6. Cependant, comme nous l'avons dit en introduction, Raymond Boyd, dans une communication personnelle, fait remarquer que « rien dans les faits ne permettrait de distinguer *a priori* entre une telle pénétration et un double mouvement de contournement par des locuteurs du groupe 6 (repoussant peut-être d'autres locuteurs du groupe 4) sous une pression venue de l'est, soit des Gbaya, soit des Sara. » Les deux hypothèses sont pensables chacune pour soi mais, plus encore, elles le sont aussi simultanément, la pénétration dìì s'effectuant dans le même temps que le contournement par les autres. « Mais, ajoute Boyd, pour les faits de contact, l'attribution du mouvement n'a pas d'importance. »

Or ce contact nous intéresse ici car, comme nous l'avons vu, les Dìì ont acquis l'institution de la chefferie de princes étrangers, la plupart étant des princes mboum venant, disent-ils, des principautés mboum déjà installées sur leur frontière sud, Ganha, Fu Nzui et Mana. Dans les traditions orales, c'est donc après l'établissement des uns et des autres que se serait transmise cette institution, les Dìì ayant créé leur propre variation de la place de la circoncision et du régicide dans ce schème commun pour modifier la première et récuser le second (Muller 1997). Remarquons que l'apparition de la chefferie dans la région est aussi une variation sur un thème commun : des gens qui se nomment ensuite « autochtones » reçoivent un prince étranger et l'adoptent. Chez les Moundang, c'est un prince guidar qui leur montre la vraie royauté (Adler 1982). Chez les Mboum, en plus d'autres versions radicalement divergentes, ce sont des Mboum « autochtones », les Wari, qui reçoivent des princes migrants mais de la même ethnie. On trouve les deux solutions chez les Dìì où, comme nous l'avons vu, un prince étranger ou un prince dìì peut devenir le chef de gens qui en étaient dépourvus ou, encore, des Dìì sans chef copient ce qu'ils ont vu ailleurs et prennent pour chef l'un d'eux.

Il est bien difficile de dater ceci et tout ce qu'on peut en dire, c'est que la majorité des Dìì prétendent avoir déjà possédé la chefferie lors de l'arrivée des Peuls à la fin du XVIIIe siècle. Certains villages racontent leur arrivée pacifique et une des explications du nom Dourou viendrait du terme foulfouldé *duuri* qui signifierait « rester longtemps (ensemble en paix) ». Nous disons la majorité des villages car la version officielle de la chefferie de Sagzee dit, elle, que c'est un berger peul qui fit bénéficier les villageois de ses largesses et qu'ils l'élurent chef. Mais une partie du village ne voulait pas l'écouter et il envoya son fils demander de l'aide au lamido de Yola de l'époque, Sanda, monté sur le trône en 1872 et qui régna jusqu'au tournant du siècle. Celui-ci, selon la version de Sagzee, ne punit pas seulement les rebelles mais ravagea par ignorance toute la contrée, ce qui motiva le repli de Sagzee au flanc de la montagne. Sagzee fut, après cette conquête, chargé par Yola d'administrer nombre de chefferies dìì qui refusèrent de lui obéir (Passarge 1895 : chap. XIV). Si l'histoire du chef peul est exacte, la chefferie de Sagzee serait tardive, mais il peut s'agir d'un chef peul nomade dont l'arrivée est antérieure à la conquête elle-même et le « fils » qui alla demander l'intervention du lamido Sanda, serait un de ses descendants plus lointains car il arrive souvent qu'un descendant soit simplement dit « fils » chez les Dìì. Similairement, quelques chefferies paan et naan disent que l'adoption d'un chef mboum se fit d'autant mieux qu'ils pourraient l'utiliser à atténuer les heurts entre eux et les Peuls parce que ce chef connaissait le foulfouldé. Ceci indiquerait que ces Dìì du nord-ouest – sauf les Hụụn qui sont les migrants dìì du nord-est chassés par les Peuls avant les autres Dìì – ont souscrit à l'institution de la chefferie plus tard que les autres, ce que confirme encore le fait que les Dìì prétendent que plusieurs petits villages dits haɗin, d'origine duupa, sont encore en train de se « dìifier ».

Un autre indice est le suivant : les chefferies mam nà'a, mam be' et gʉʉm expliquent leur création en donnant des fonctions à tous leurs groupes fondateurs – circonciseur et autochtones, ces derniers ayant chacun des fonctions différentes à remplir. On a ici une adéquation qu'on pourrait qualifier d'organique entre mythe et organisation sociale. À l'inverse, les chefferies paan, naan et saan citent leurs lignages fondateurs mais plusieurs n'ont aucune fonction à exercer dans la chefferie bien qu'ils aient été présents dès l'origine, ce qui indique l'emprunt d'une institution qui ne se soucie pas d'intégrer tous les lignages dans un même ensemble de responsabilités partagées.

Tout ceci suggère que la chefferie s'est diffusée et développée chez les Dìì en suivant simplement l'exemple – mais en modifiant quelques rites (Muller 1993 ; 1997b) – des voisins possédant ou non cette institution qui l'introduisirent par le sud dans le cas des princes mboum et par l'est dans celui des Nyok ou Lamé. Dans le cas des Mboum, bien des villages ont emprunté un seul titre mboum, *kpạ̀ŋ*, qui signifie en mboum « majordome » et, en dìì, « distributeur de nourriture » lors des festins organisés par le chef, un de ses devoirs, éminent et toujours rappelé, réminiscent du mythe de création des chefferies. Les chefferies d'origine lamé se sont sociologiquement calquées sur les chefferies dìì mais elles ont peut-être apporté leur contribution à l'idéologie car les notes (Lami 1945 ; Adler 1982 : 383-84) sur les manipulations positives du crâne du chef lamé rappellent celles que font quelques chefferies mam nà'a et mam be' qui étaient les plus voisines des Lamé. La représentation idéologique du corps du chef dìì s'est aussi raffinée en interaction avec les idées des Moundang voisins sur le même sujet. Nous avons montré au chapitre IV que les masques fạ̀ạ̀ des Dìì et leurs homologues moundang étaient en relation dialectique. Ces masques ont été donnés aux Moundang par les Dìì qui les ont créés, c'est-à-dire des Dìì connaissant les Moundang, nommément les Mam be', les Mam nà'a et les Hụụn, ce qui montre que les Dìì n'ont pas seulement emprunté aux chefferies voisines mais que chacune a fait de l'autre un créditeur pour fabriquer de la différence.

LOCALISATION ACTUELLE DES DIFFÉRENTS VILLAGES

Comme presque tous les villages sont maintenant le long des routes, je donnerai simplement leur localisation en en suivant le cours, sans m'occuper ici d'indiquer les tons :

a) route de Mbé à Sasaa : 1. Mazadu (gʉʉm) ; 2. Ngaw zʉm (gʉʉm) ; 3. Gʉb manon (mam be') ; 4. Gʉb nug (mam be') ; 5. Ngəsəg ŋgay (gʉʉm) ; 6. Vudnyɛ' sẹw fu (gʉʉm) ; 7. Gʉʉ hẹẹg (mam nà'a) ; 8. Homee (mam nà'a) ; 9. Vudnyɛ' mamboum (gʉʉm) ; 10. Tagbuŋ II (mam be') ; 11. Ngəsəg 'maŋ (gʉʉm) ; 12. Sasaa gaa daŋ (mam nà'a) ; 13. Ndʉ'ʉm soo tud (mam nà'a) ; 14. Yạ duu (mam nà'a) ; 15. Sasaa mbəə sị' (mam nà'a) ;

b) route de la falaise de Ngaoundéré à Mbé :

1. Gʉb saa ndaa (mam be') ; 2. Waag I ; 3. Waag II (mam be') ; 4. Ndʉŋ II (gʉʉm) ; 5. Man (mam nà'a) ; 6. Sìì (mam nà'a) ; 7. Dəəna II (gʉʉm) ; 8. Tʉ gbạgạ (mam nà'a) ; 9. Ndʉ'ʉm (mam nà'a) ; 10. Hạạr (mam be') ; 11. Kaa na'a gbọọ ; 12. Kaa na'a waa (mam nà'a) ; 13. Ze'ed (mam be') ; 14. Dʉgọŋ (mam nà'a) ; 15. Mbəə {Mbé] (mam be') ;

c) route de Mbé à Garoua :

1. Yẹsse (gʉʉm) ; 2. Paan waa (naan) ; 3. Moo na'a la sɨ' (gʉʉm) ; 4. Fubarka (léproserie mixte) ; 5. Ngəsəg tạd (gʉʉm) [la plupart des habitants sont des Lamé, parents des malades de la léproserie] ; 6. Noo vee (gʉʉm) ; 7. Ngawyanga (mboum), ɗɛŋ (gʉʉm) ; 8. Seŋva (Kolbila) ; 9. Gavee ou Zoro Yaya (gʉʉm) ; 10. Demsa I et II (Kolbila) ; 11. Kalba kerwa (gʉʉm) ; 12. Soota (naan) ; 13. Lien daa (gʉʉm) ; 14. Lieim bee (naan) ; 15. Mazadu (naan) ; 16. Mbazəə (naan) ; 17. Ganani (naan) ; 18. Mayo Alim (gʉʉm) ; 19. Nyɛ' ndaa [ruines] (gʉʉm) ; 20. No'tọọ (naan) ; 21. Geeri (naan) ; 22. Koti gbọọ (paan) ; 23. Kalba babba (gʉʉm) ; 24. Mbuzii I (paan) ; 25. Boɓog (gʉʉm) ; 26. Gam ou Gamba (paan) ; 27. Mbuzii II (paan) ; 28. Kundini (mixte) ; 29. Koti waa (paan) ; 30. Boko (paan) ; 31. Lunda appelée aussi faussement Nigba (gʉʉm) ; 32. Vagam (gʉʉm) ; 33. Ba ndaa (mam be') ; 34. Wạạni (paan) ; 35. Mbazii (paan) ; 36. Sag zee (paan) ; 37. Bug (mam nà'a) ; 38. Dogoba (paan) ; 39. Lagba (paan) ; 40. Zabba (mam nà'a) ; 41. Gəzəg ou Guijiba (hụụn) ; 42. Wạn ou Buuri (hụụn) ; 43. Balda lori (hụụn) ; 44. Gouna (Gʉʉ naa avec Mɔɔŋ [mam nà'a ou paan + hụụn]) ; 45. Wasere (saan) ; 46. Binsiri (saan) ; 47. Mamtəəba (saan). Les dernières chefferies saan sont entre la montagne et la route ; elles ne sont pas listées ici mais seulement mentionnées dans le texte ;

d) route de Guijiba à Tchollиré :

1. Mbuguma ; 2. Larki ; 3. Pan ; 4. Waafango ; 5. Maradi ; 6. Taparé (ruines). Ce sont des villages composites établis par Rey-Bouba et qui parlent mam nà'a et aussi, pour quelques-uns, mboum ;

e) route de Tchollíré à Touboro :

1. Kandi ou Gandi (mam nà'a) ; 2. Nabun ou Labun (mam nà'a) ; 3. Leena (mam nà'a), village dispersé ; 4. Kurug ou Kuug (mam nà'a) ; 5. Kabaa (mam nà'a) ; 6. Tạm (mam nà'a) ; 7. Naga (mam nà'a) ; 8. Minaga ou Binaga ou Couga (mam nà'a) ;

f) route de Tchollíré à la route Mbé-Sasaa :

1. Dʉfẹẹ (mam nà'a) ; 2. Dʉgọŋ (mam nà'a) ; 3. Homee (mam nà'a) ; 4. Dʉkee (mam nà'a) ; 5. Yugud (mam nà'a) ; 6. Yɛd (mam nà'a) ; 7. Tagbuŋ (mam be') ; 8. Mbow (mam be') ; 9. Yạn (mam be') ; 10. Dʉza' (mam be') ; 11. Mbɛŋ (mam be') ; 12. Vạ' (gʉʉm) ; 13. Vạ' zin ou Gbang zugulu ou Banjukuri (gʉʉm) ; 14. Gbẹ'ẹm (mam be') ; 15. Holmbalɨ (mam nà'a) ; 16. Laa sɨɨ (gʉʉm) ; 17. Mgbaŋraŋ (gʉʉm) [ces quatre villages sont aujourd'hui groupés ensemble] ;

g) route de Djalingo (embranchement avant Ngaoundéré sur la route venant de Mbé) à Ganha. Ces Dìì cohabitent souvent avec des Mboum dont ils parlent aussi la langue. Je donne seulement les villages dìì et pas les villages peuls qui sont nombreux mais je mentionne ici aussi les villages dìì ayant des chefferies (à Ganha) ou une minorité importante dans les villages mboum :

1. Nabun [sur la route de Saltaka] (mam nà'a) ; 2. Dʉgọŋ/Toumbéré (mam nà'a) ; 3. Gambuggu (gʉʉm) ; 4. Nom baraŋ (mam nà'a) ; 5. Sasaa (mam nà'a) ; 6. Gangasao (mam nà'a) ; 7. Mgbaŋ mboum (mboum et mam nà'a) ; 8. Dəəna (gʉʉm) ; 9. Baosi (mam nà'a) ; 10. Warag II [Mandoukoum] (mam be') ; 11. Berem (mam nà'a) ; 12. Nom/Gandi (mam nà'a) ; 13. Warag I (mam be') ; 14. Gengən (mam nà'a) ; 15. Holmbalɨ (mam nà'a) ; 16. Yen waa (mam nà'a) ; 17. Kubaze I (mam nà'a) ; 18. Dʉgọŋ/Yạssar II (Nyassar) (mam nà'a) ; 19. Kubaze II (mam nà'a) ; 20. Ganha (mboum, mam nà'a : chefferie de Gʉʉ hẹẹg et chefferie de Ngəsəg (gʉʉm), deux petites chefferies « entrées » dans Ganha) et sur la route Yen waa-Yạssar ; 21. Gaga (mam nà'a) ; 22. Wame [Homee] (mam nà'a) ; 23. Dʉgọŋ/Yạssar I (mam nà'a)

BIBLIOGRAPHIE

ABUBAKAR, Sa'ad, 1977, *The Lamibe of Fombina. A Political History of Adamawa 1809-1901*. Zaria, Ahmadu Bello University and Oxford University Press.

ADAMA, Hamadou, 1997, « Les nouveaux prénoms des Peuls du Nord-Cameroun : historique et essai d'interprétation », *Ngaoundéré-Anthropos. Revue de sciences sociales* II : 19-40.

ADLER, Alfred, 1979, « Le dédoublement rituel de la personne du roi » *in* Michel Izard & Pierre Smith, *La fonction symbolique. Essais d'anthropologie*. Paris, Gallimard (coll. « Bibliothèque des sciences humaines ») : 193-207.

—, 1982, *La mort est le masque du roi. La royauté sacrée des Moundang du Tchad*. Paris, Payot (coll. « Bibliothèque scientifique »).

—, 1994, « Levée de deuil et consécration de l'héritier », *Systèmes de pensée en Afrique noire* 13 : 89-119.

—, 1998, « Des rois et des masques. Essai d'analyse comparative (Moundang du Tchad, Bushong de l'ex-Zaïre) », *L'Homme* XXXVIII (4), 145 : 169-203. Repris dans Adler, A. (2000), *Le Pouvoir et l'Interdit. Royauté et religion en Afrique noire*, Paris, Albin Michel (coll. « Sciences des religions »).

ALLÉGRET, Marc, 1987, *Carnets du Congo. Voyage avec Gide*. Paris, Presses du CNRS.

AMAOUNDÉ, Saliou, 1989, *La Scolarisation dans l'arrondissement de Mbé (province de l'Adamaoua)*. Yaoundé, université de Yaoundé, département de sociologie.

BARLEY, Nigel, 1983, *Symbolic structures. An Exploration of the Culture of the Dowayos*. Cambridge-Paris, Cambridge University Press-Éditions de la Maison des sciences de l'homme.

—, 1986, *The Innocent Anthropologist. Notes from a Mud Hut*. Harmondsworth, Penguin Travel Library (1re éd. 1983).

—, 1995, *Dancing on the Grave. Encounters with Death*. London, John Murray.

BATAILLE, Georges, 1967, *La Part maudite,* précédé de *La Notion de dépense*. Paris, Les Éditions de Minuit.

BAUDELAIRE, Maurice, 1938, Rapport de tournée (17 octobre au 8 novembre). Manuscrit déposé à l'ISH, Garoua.

BERTHOUD, Gérald, 1982, « Gros hommes ganawuri et chefferies rukuba. Deux modes communautaires de consumation des richesses », *in* G. Berthoud (dir.), *Plaidoyer pour l'Autre*. Genève-Paris, Droz.

BERTOUDJIDA, Nestor, 1994, *Tableau synoptique de l'histoire des peuples mbum. Des origines à 1901*. Mémoire d'histoire. École Normale Supérieure. Université de Yaoundé I, département d'histoire-géographie.

BOHNHOFF, Lee E. et KADIA Mathieu, 1991, *Dictionnaire de la langue dìì (duru)*. Ngaoundéré, Équipe de littérature dìì.

BOSTON, John S., 1964, « The Hunter *in* Igala Legends of Origin », *Africa* XXXIV (2) : 116-126.

BOUIMON, Tchago, 1991, « Rôle du forgeron dans la société traditionnelle au Mayo-Kebbi », *in* Y. Monino (dir.), *Forge et forgerons*. Paris, ORSTOM (Colloques et séminaires) : 263-280.

BOYD, Raymond, 1989, « Adamawa-Ubangi », *in* J. Bendor-Samuel (dir.), *The Niger-Congo Languages. A Classification and Description of Africa's Largest Language Family*. New York, University Press of America : 178-215.

Von BRIESEN, 1982, « Contribution à l'étude de l'histoire du lamidat de Ngaoundéré » *in* Mohammadou E. (dir.), voir sous Strümpell, 1982 : 127-154.

BURNHAM, Philip, 1980, *Opportunity and Constraint in a Savanna Society : The Gbaya of Meiganga, Cameroun*. London and New York, Academic Press.

CHOLET, Ed., 1896, « La haute Sangha (Congo français) », Paris, *Bulletin de la Société de Géographie* 7 (17) : 188-215.

CLASTRES, Pierre, 1974, *La Société contre l'État*. Paris, Les Éditions de Minuit.

DAVIES, J.G., 1949, *The Bi Rom. A Study of a Nigerian Tribe*. Manuscrit déposé à la bibliothèque du musée de Jos.

DIEU, Michel et PATRICK Renaud (dir.), 1983, *Atlas linguistique de l'Afrique Centrale (ALAC). Situation linguistique en Afrique Centrale. Inventaire préliminaire : Le Cameroun*. Paris/Yaoundé, ACCT/Cerdotola.

DUMAS-CHAMPION, Françoise, 1986, « Dans les monts Alantika. Pierres de vie », *L'Univers du vivant* 8 : 48-61.

—, 1989, « Le mort circoncis. Le culte des crânes dans les populations de la haute Bénoué (Cameroun-Nigeria) », *Systèmes de pensée en Afrique noire* 9 : 33-73.

ÉCHARD, Nicole, 1965, « Note sur les forgerons de l'Ader (Pays Hausa, République du Niger) », *Journal de la Société des Africanistes* 35 : 353-372.

FARAUT, François, 1981, « Les Mboum », *in* Tardits, Claude (dir.) *Contribution de la recherche ethnologique à l'histoire des civilisations du Cameroun* I. Paris, CNRS (Colloques internationaux du CNRS nº 551) : 159-169.

FARDON, Richard, 1988, *Raiders and Refugees. Trends in Chamba Political Development, 1750-1950.* Washington, D.C., Smithsonian Institution Press (Smithsonian Series *in* Ethnographic Enquiry).

—, 1990, *Between God, the Dead and the Wild. Chamba Interpretations of Ritual and Religion.* Washington, D.C., Smithsonian Institution Press (International African Library).

—, 1999, *Contrast and comparison. Notes from a Middle-Belt West African Practice. An Inaugural Lecture delivered on 28 May, 1998.* London, School of Oriental and African Studies, University of London.

FRERICHS, Wendell, 1982, « Introduction » *in* A. Noss (ed.), *Grafting Old Rootstock.* Dallas (Texas), International Museum of Cultures.

FROELICH, Jean-Claude, 1956, « Le commandement et l'organisation sociale chez les Foulbés de l'Adamaoua (Cameroun) », *Études camerounaises* 45-46 : 3-91.

—, 1959, « Note sur les Mboum du Nord-Cameroun », *Journal de la Société des Africanistes* XXIX (1) : 91-117.

GAILLARD, Philippe, 1994, *Ahmadou Ahidjo. Patriote et despote, bâtisseur de l'État camerounais.* Paris, Jalivres (coll. « Destins »).

GARINE, Éric DE, 1995, *Le Mil et la bière. Le système agraire des Duupa du massif de Poli (Nord-Cameroun).* Thèse de doctorat, université de Paris X-Nanterre.

GARINE, Éric DE, LANGLOIS Olivier, RAIMOND Christine et DE GARINE WICHATITSKY Michel, 2003, « Nature fortuite ou paysage construit ? Écologie historique des savanes soudaniennes au nord Cameroun ». Communication au Colloque Méga-Tchad, 20-22 novembre 2002, université de Paris X-Nanterre *in Des milieux et des hommes : fragments d'histoires croisées.* Paris, Elsevier SAS.

GIDE, André, 1993 [1927], *Voyage au Congo – Le retour du Tchad – Retour de l'URSS – Retouches à mon retour de l'URSS – Carnets d'Égypte.* Paris, Gallimard.

GREENBERG, Joseph, 1966, *The Languages of Africa (2nd edition revised).* Bloomington/The Hague, Indiana University/Mouton and Co.

GRELIER, Élisabeth, 1999, *La harpe des forgerons dìì (Nord-Cameroun). Univers sonores et symboliques*. Mémoire de maîtrise, département d'ethnologie, université de Paris X-Nanterre.

Hamadjoda, Abdoullaye, A. A. et Eldridge Mohammadou, 1979, *Ray ou Rey-Bouba. Traditions historiques des Foulbés de l'Adamaoua*. Paris, Éditions du CNRS.

HATA, N., 1973, « The Swidden Crops and the Planting Pattern of Dourou Agriculture *in* Nord Cameroun », *Kyoto University African Studies* VIII : 93-115.

—, 1976, « The village community of the Dourou society *in* Nord Cameroun », *Kyoto University African Studies* X : 273-293.

—, 1980, « The Agricultural Complex and Ethnic Identity of the Dourou », *Senri Ethnological Studies* 6 : 161-195.

HEUSCH, Luc DE, 1963, « Réflexions ethnologiques sur la technique », *Les Temps modernes*, n° 211 : 1022-1037 [repris dans *Pourquoi l'épouser ? et autres essais*].

—, 1972, *Mythes et rites bantous. I., Le roi ivre ou l'origine de l'État*. Paris, Gallimard (coll. « Les essais » CLXXIII).

—, 1988, « Myth as Reality », *Journal of Religion in Africa* XVIII (3) : 2-21.

—, 1990, « Nkumi and Nkumu. La sacralisation du pouvoir chez les Mongo », *Systèmes de pensée en Afrique noire* X : 169-185.

—, 1991, « The King comes from elsewhere », *in* A. Jacobson-Widding, (dir.), *Body and Space : Symbolic Models of Unity and Division in African Cosmology and Experience*. Stockholm, Almqvist and Wiksell International : 109-117.

—, 1995, *Objets-signes d'Afrique*. Bruxelles, Snoek-Dukaju & Zoon.

—, 2002, *Du pouvoir. Anthropologie politique des sociétés d'Afrique centrale*. Paris, Société d'ethnologie (Sociétés africaines 15).

HINO, S., 1978, *The Classified Vocabulary of the Mbum Language in Mbang Mbum - With Ethnographic Descriptions*. Tokyo, ILCAA.

HUSSON, Pierre, 1957, « Notes sur la subdivision du lamidat de Rey-Bouba au 1er mars 1957 », *in* Hamadjoda A.A. et E. Mohammadou, 1979 : 325-333.

ISICHEI, Elizabeth, 1988, « On masks and audible ghosts : some secret male cults *in* Central Nigeria », *Journal of Religion in Africa* 18 : 42-72.

KANTOROWICZ, Ernest H., 1957, *The King's Two Bodies. A Study in Mediaeval Political Theology*. Princeton, Princeton University Press.

LACROIX, Pierre-Francis, 1950, Rapport de tournée. Manuscrit. ISH, Garoua.

—, 1952-1953, « Matériaux pour servir à l'histoire des Peul de l'Adamawa ». *Études camerounaises* 37-38 : 37-38 ; 3-61 ; 39-40 : 3-40.

LAMI, Pierre, 1945, « La chefferie pévé de Lamé (Tchad) », *Bulletin de la Société de recherches congolaises* I : 47-51.

LESSEL, Karl, 1913-1914, « Das Volk der Duru », *Jahresbericht des Vereins für Völkerkunde in Dresden* I : 29-41.

LESUR, Joséphine et LANGLOIS Olivier, 2002, « Une communauté d'agro-chasseurs au XIXe siècle dans la Haute-Bénoué : analyse du matériel zooarchéologique extrait du site de Hossere-Djaba », communication au Colloque Méga-Tchad, 20-22 novembre 2002, université de Paris X, Nanterre.

LÉVI-STRAUSS, Claude, 1955, *Tristes tropiques*. Paris, Plon.

—, 1958, *Anthropologie structurale*. Paris, Plon.

—, et CHARBONNIER Georges, 1961, *Entretiens avec Claude Lévi-Strauss*. Paris, Plon-Julliard.

LODE, Kare, 1990, *Appelés à la liberté. Histoire de l'Église évangélique luthérienne du Cameroun*. Amstelveen (Pays-Bas), IMPROCEP Éditions.

LODE, Lars, 1992, Aperçu des langues parlées dans le département du Faro. Ngaoundéré, EELC : 8 pages (document ronéoté).

MAÏNA, Paul, 1988, *Les Rites d'initiation dans les sociétés africaines : La pratique de la circoncision chez les Dìì du Nord-Cameroun. Approche psychosociologique*. Maîtrise en psychologie. Yaoundé, université de Yaoundé, faculté des lettres et des sciences humaines.

MARET, Pierre DE, 1980, « Ceux qui jouent avec le feu : la place du forgeron en Afrique Centrale », *Africa* 50 : 263-279.

MAUSS, Marcel, 1923-1924, « Essai sur le don. Forme et raison de l'échange dans les sociétés archaïques », *L'Année sociologique* (I) [Repris dans M. Mauss, *Sociologie et anthropologie*. Paris, PUF, 1960] : 143-279.

MIZON, Louis, 1895-1896, « Itinéraires de Yola à Dingui sur le Mayo-Kebbi. À Lagdé sur la Haute Bénoué et à Ngaoundéré et essai de cartes des régions voisines », Paris, *Bulletin de la Société de Géographie*, 3e trimestre 1895 ; 1er trimestre 1896 : 65-98 + carte.

MOHAMMADOU, Eldridge, 1983, *Peuples et royaumes du Foumbina*. Tokyo, ILCAA.

—, 1990, *Traditions historiques des peuples du Cameroun central, Vol. I, Mbere et Mboum, Tikar*. Tokyo, ILCAA.

MONINO, Yves, 1983, « Accoucher du fer. La métallurgie gbaya (Centrafrique) », *in* Nicole Échard (dir), *Métallurgies africaines : nouvelles contributions*. Paris, Société des Africanistes (Mémoire de la Société des Africanistes n° 9) : 281-309.

MOTAZE, Akam, 1999, « Laamiido, rapports sociaux et courtiers du développement au nord du Cameroun », *Ngaoundéré-Anthropos. Revue de sciences sociales* IV : 101-141.

MULLER, Jean-Claude, 1992, « Les aventuriers du mil perdu. Mythe, histoire et politique chez les Dìi de Mbé (Nord-Cameroun) », *Culture* XII (2) : 3-16.

—, 1993, « Les deux fois circoncis et les presque excisées. Le cas des Dìi de l'Adamaoua (Nord-Cameroun) », *Cahiers d'Études africaines* XXXIII (4) 132 : 531-544.

—, 1996, « Ideology and dynamics *in* Dìi chiefdoms. A study of territorial movement and population fluctuation (Adamawa Province, Cameroon) », *in* H.J.M. Claessen and J. Oosten (dir.), *Ideology and the Formation of Early States*. Leiden, E.J. Brill (Studies *in* Human Society n° 11) : 99-115.

—, 1997, « Circoncision et régicide. Thème et variations chez les Dìi, les Chamba et les Moundang des confins de la Bénoué et du Tchad », *L'Homme* XXXVII (1), 141 : 7-24.

—, 1997a, « "Merci à vous, les Blancs, de nous avoir libérés !" Le cas des Dìi de l'Adamaoua (Nord-Cameroun) », *Terrain* 28 : 59-72.

—, 1997b, « Changement de sens des interdits et des rites. Deux exemples contemporains chez les Dìi de l'Adamaoua », *Ngaoundéré-Anthropos. Revue de Sciences sociales* 2 : 41-51.

—, 1997c, « Un système crow patrilinéaire : les Dìi de Mbé (Adamaoua, Nord-Cameroun). Essai de triangulation méthodologique », *Anthropologie et Sociétés* 21 (2-3) : 125-141.

—, 1998, « Le mariage chez les Dìi de Mbé (Adamaoua, Cameroun). Un système semi-complexe inhabituel », *L'Homme*, (4) 148 : 47-78.

—, 1999, « Du don et du rite comme fondateurs des chefferies. Marcel Mauss chez les Dìi du Nord-Cameroun », *Cahiers d'Études africaines* XXXIX (2) 154 : 387-408.

—, 2000, « "Des chiffres et des lettres" : Discours locaux et ordinateurs », *in* « Question de parenté », *L'Homme* XL (2-3), 154-155 : 487-504.

—, 2000a, « Considérations sur deux philosophies matrimoniales africaines » *in* Jamard, Jean-Luc, Emmanuel Terray et Margarita Xanthakou (dir.), *En substances. Textes pour Françoise Héritier*. Paris, Fayard : 97-113 (coll. « Des essais »).

—, 2000b, « Comment "dépaganiser" sans christianiser ni islamiser. Un dilemme des Dìi de l'Adamaoua (Nord-Cameroun), *Gradhiva* 27 : 39-51.

—, 2001, « Inside, outside and inside out. Masks, rulers and gender among the Dìi and their neighbors », *African Arts* XXXIV (1) : 58-71.

—, 2001a, « Entre exorcisme et culte de possession. Le séw des Dìi de l'Adamaoua (Nord-Cameroun) », *in* Dupré, Marie-Claude (dir.), *Familiarité avec les dieux. Transe et possession (Afrique noire, Madagascar, La*

Réunion). Clermont-Ferrand, Presses Universitaires Blaise-Pascal : 79-138 (coll. « Anthropologie »).

—, 2001b, « Le foyer des métaphores mal soudées. Forgerons et potières chez les Dìì de l'Adamaoua (Nord-Cameroun) », *Anthropologica* XVIII (2) : 209-220.

—, 2001c, « Histoire de l'établissement des Dìì et de leurs chefferies en Adamaoua (Nord-Cameroun) », *Ngaoundéré-Anthropos. Revue de sciences sociales* 6 : 11-42.

—, 2002, *Les Rites initiatiques des Dìì de l'Adamaoua (Cameroun)*. Paris, Société d'ethnologie (coll. « Sociétés africaines » 16).

—, 2003, « Question d'identité. L'héritage de la veuve de l'oncle maternel chez les Dìì du Nord-Cameroun », *L'Homme* XLIII (1), 166 : 87-106.

—, 2005, « Quelques vérités sur les Dìì, prétendu "peuple de l'igname" (Nord-Cameroun) ». *in* Raimond, Christine, E. Garine et O. Langlois (dir.), *Ressources vivrières et choix alimentaires dans le bassin du lac Tchad*. Paris, IRD Éditions : 169-192.

PÂQUES, Viviana, 1967, « Origine et caractère du pouvoir au Baguirmi », *Journal de la Société des Africanistes* 37 (2) : 182-214.

PASSARGE, Siegfried, 1895, *Adamaua. Bericht über der Expedition des Deutschen Kamerun Komitees in den Jahren 1893/94*. Berlin, Dietrich Reimer (cité d'après la traduction française manuscrite de E. Mohammadou. ISH, Garoua), chap. XIV : 299-325.

PILASZEWICZ, Stanislaw, 1991, « The image of the Hausa smiths *in* some written sources », *in* Y. Monino (dir.), *Forge et forgerons*. Paris, ORSTOM (Colloques et séminaires) : 241-262.

PODLEWSKI, André Michel, 1970, *Un essai d'observation permanente des faits d'état civil dans l'Adamaoua. Recherche méthodologique sur la collecte des données démographiques dans les pays dépourvus de données permanentes*. Paris, ORSTOM (Travaux et documents de l'ORSTOM n° 5).

—, 1971, *La Dynamique des principales populations du Nord-Cameroun, 2e partie, Piémont et plateau de l'Adamaoua*. Cahiers ORSTOM, vol. VIII (numéro spécial).

—, 1978, « Note sur les objets sacrés traditionnels mboum (Adamaoua, Cameroun) », *Journal de la Société des Africanistes* 48 (2) : 102-120.

PRESTAT (administrateur adjoint), 1949, « Les Durus de N'Gaoundéré », *Pôle et tropiques* 12 : 156-157.

RACINE, Luc, 1992, « Relais et chaînes redistributives dans trois systèmes d'échanges cérémoniels mélanésiens », *Anthropologie et Sociétés* XVI (2) : 119-134.

ROUPSARD, M., 1983, « La culture spéculative de l'igname en pays dourou : Gamba », *in* Beauvilain A. *et al., Atlas aérien du Cameroun. Campagnes et villes*. Yaoundé, université de Yaoundé : 48-49.

—, 1987, *Nord-Cameroun. Ouverture et développement*. Coutances (Manche), Claude Bellée.

RUBIN, Arnold Gary, 1967, *The Arts of the Jukun-Speaking Peoples of Northern Nigeria*. Ann Arbor, Michigan, University Microfilms.

—, 1982, « Prologue to Art History *in* Plateau State » *in* Elizabeth Isichei (ed.), *Studies in the History of Plateau State, Nigeria*. London, Macmillan : 58-66 (les planches h.t. sont insérées entre les pages 144 et 145).

SACHNINE, Michka, 1982, *Le Lamé (Nord-Cameroun)*. Paris, SELAF (coll. « Langues et cultures africaines » I).

SCHILDER, Kees, 1994, *Search for Self Esteem. State, Islam and Mundang Ethnicity in Northern Cameroon*. Leiden, African Studies Centre.

SEIGNOBOS, Christian, 1982, *Nord-Cameroun. Montagnes et hautes terres*. Paris, Éditions Parenthèses (coll. « Architectures traditionnelles »).

—, 1991, « Les Murgur, ou l'identification par la forge (Nord-Cameroun) », *in* Y. Monino (dir.), *Forge et forgerons*. Paris, ORSTOM (Colloques et séminaires) : 43-225.

—, 1991a, « La forge et le pouvoir dans le basssin du Tchad, ou du roi-forgeron au roi-fossoyeur », *in* Y. Monino (dir.), *Forge et forgerons*. Paris, ORSTOM (Colloques et séminaires) : 383-384.

—, 1998, « Taurins du Cameroun, une extinction annoncée ? » *in* C. Seignobos et É. Thys. *Des taurins et des hommes, Cameroun, Nigeria*. Paris, ORSTOM : 351-384.

— et Éric THYS, 1998, *Des taurins et des hommes, Cameroun, Nigeria*. Paris, ORSTOM.

SHIMADA, Yoshihito, 1984, « Dynamique politique des États traditionnels sous l'Indirect Rule : du Pouvoir à l'autorité – étude de cas du lamidat de Rey-Bouba », *Senri Ethnological Studies* 15 : 289-359.

—, 1985, « Cité cosmopolite du Soudan central. Rey-Bouba, capitale d'un lamidat du Nord-Cameroun ». Thèse de doctorat de 3e cycle non publiée. Paris, EHESS.

—, 1992, « Formation de la civilisation "complexe" ». Islam et vêtements en Afrique sub-saharienne : étude du cas de l'Adamawa », *Senri Ethnological Studies* 31 : 373-422.

SIEBERT, Roy, 1974, *Interaction : the art styles of the Benue River Valley and Eastern Nigeria*. Lafayette, Indiana, Gallery II, Purdue University.

STERNER, Judy and NICHOLAS David, 1991, « Gender and Caste in the Mandara Highlands : Northeastern Nigeria and Northern Cameroon », *Ethnology* 30 (3) : 355-369.

STRÜMPELL, Kurt von, 1982, « Introduction au vocabulaire des païens du massif du Mandara (Adamawa) » *in* E. Mohammadou (dir.), *Peuples et états du Foumbina et de l'Adamawa (Nord-Cameroun). Études de Kurt von Strümpell et von Briesen. Traduites de l'allemand par Eldridge Mohammadou. Collection Archives Allemandes du Cameroun n° 1.* Yaoundé, Centre de Recherches et d'Études anthropologiques et historiques (département d'histoire). Travaux et documents de l'Institut des sciences humaines : 13-51.

—, 1982a, « L'histoire de l'Adamawa d'après les traditions orales », *ibid.* (voir Strümpell *supra*).

VEYNE, Paul, 1983, *Les Grecs ont-ils cru à leur mythes ?* Paris, Seuil (coll. « Des travaux »).

WALLAERT-PÊTRE, Hélène, 1998, *Femmes d'argile*. Bruxelles, La Venerie [catalogue d'exposition].

—, 2001, *« Mains agiles, mains d'argile. » Apprentissage de la poterie au Nord-Cameroun : modes d'acquisition des comportements techniques*, 3 vol. Thèse de doctorat, Bruxelles, Université libre de Bruxelles, faculté de philosophie et lettres.

TABLE DES MATIÈRES

Mise en page : EXEGRAPH, 31100 Toulouse

Achevé d'imprimer sur les presses de l'Imprimerie BARNÉOUD
B.P. 44 - 53960 BONCHAMP-LÈS-LAVAL
Dépôt légal : avril 2006 - N° d'imprimeur : 604055
Imprimé en France